Marco Bistacchia   Alessia Giacinti   Irene Landi   Rossana Matteucci

il Milione
A1-A2

Corso di lingua e cultura
italiana per cinesi

Libro dello studente
ed eserciziario

Traduzione in
lingua cinese
a cura di
Shijie Mao

audio e
risorse online

ornimi
EDITIONS

Marco Bistacchia ha insegnato italiano L2 presso le Università per Stranieri di Siena e di Perugia, l'Università di Camerino e la Libera Università di Bolzano. Si è occupato di programmazione didattica e di insegnamento della lingua italiana LS presso alcuni atenei stranieri tra cui la Bangkok University International, la Cairo University e la University of Languages and International Studies (Hanoi - Vietnam). Ha maturato una decennale esperienza didattica con apprendenti sinofoni del programma Marco Polo-Turandot, pubblicando anche un corso di microlingua dell'economia specifico per universitari cinesi. Attualmente lavora presso il Centro Linguistico dell'Università di Pisa e la Libera Università di Bolzano.

Alessia Giacinti ha insegnato italiano come lingua straniera presso la University of Chicago e la Sichuan International Study University di Chongqing (Cina). Ha svolto attività di assistente linguistica di italiano LS in istituti superiori in Austria e in Germania. In Italia ha lavorato come insegnante di italiano L2 presso scuole superiori e presso il Centro Linguistico dell'Università di Pisa nell'ambito del Programma Ciência sem fronteiras. Da anni si interessa alla lingua e alla cultura cinese. Attualmente svolge attività di docenza in scuole secondarie di primo e secondo grado.

Irene Landi insegna italiano LS/L2 dal 2004 presso istituti e università in Italia e all'estero. Negli anni si è occupata di tecnologie multimediali nell'apprendimento linguistico, language testing, creazione di materiali per la certificazione Plida, corsi di alfabetizzazione ai migranti e formazione a insegnanti di italiano a stranieri. Ha fatto parte di un progetto sperimentale sui processi di acquisizione dell'italiano da parte di cinesi adulti e ha maturato una decennale esperienza didattica con apprendenti sinofoni in vari contesti di insegnamento tra cui il programma Marco Polo-Turandot. Attualmente lavora presso il Centro Linguistico dell'Università di Pisa.

Rossana Matteucci ha collaborato con l'Università per Stranieri di Siena e da molti anni insegna italiano LS/L2 presso il Centro Linguistico dell'Università di Pisa. Oltre all'insegnamento nei vari programmi di mobilità si è occupata anche della costruzione delle prove di italiano per l'accesso degli studenti stranieri all'università e dell'insegnamento di italiano a studenti cinesi del programma Marco Polo-Turandot. Per anni ha coordinato il programma di lingua italiana per studenti americani, in collaborazione tra il Centro linguistico e la University of Chicago. Ha lavorato nel campo della formazione a insegnanti, sia in Italia che all'estero, del counselling e della formazione degli adulti. Ha al suo attivo varie pubblicazioni nell'ambito dell'insegnamento linguistico in tandem e della gestione delle emozioni nella classe di lingue.

Shijie Mao insegna lingua cinese e tecniche di mediazione linguistica scritta di testi in ambito socio-economico, giuridico, turistico e medico-scientifico presso la Scuola Superiore di Interprete e Traduzione di Pisa. Ha insegnato lingua e cultura cinese presso il Centro Linguistico dell'Università di Pisa ed è stata mediatrice linguistico-culturale nei corsi del Programma Marco Polo-Turandot. Ha inoltre lavorato come interprete simultanea e consecutiva e traduttrice presso la Camera di Commercio di Siena, l'Università di Siena, l'Università di Pisa e la Regione Toscana. Per conto del Miur si è occupata dell'elaborazione e della valutazione delle prove di lingua cinese per gli esami di maturità.

RINGRAZIAMENTI
Si ringraziano la direttrice del Centro Linguistico, professoressa Silvia Bruti, per aver creduto nel progetto e averlo supportato fin dall'inizio, e il collega e amico Maurizio Sarcoli per il contributo dato nelle prime fasi dell'opera.

Redazione:
Gennaro Falcone

Impaginazione e progetto grafico:
ORNIMI Editions

Progetto audio:
Redwood Studio di Registrazione (Torino)

Foto:
Shutterstock
ISBN: 978-618-5554-13-2

Copyright © 2022 ORNIMI editions
Lontou 8, 10681 Atene
Tel. +30 210 3300073
info@ornimieditions.com
www.ornimieditions.com

"non fotocopiando un libro aiutiamo tutti coloro che lo creano"

L'Editore è a disposizione degli aventi diritto che non è stato possibile rintracciare e per eventuali omissioni o inesattezze. Tutti i diritti di traduzione, memorizzazione elettronica, riproduzione e di adattamento parziale o totale, tramite qualsiasi mezzo (digitale o supporti di qualsiasi tipo), di quest'opera, sono riservati in Italia e all'estero.

il Milione A1-A2

Corso di lingua e cultura italiana per cinesi

Il Milione è un corso di lingua pensato per apprendenti cinesi adulti, universitari e non, che propone un percorso di graduale scoperta della lingua: l'approccio comunicativo-azionale che ne è alla base si fonde con numerosi giochi e attività della didattica ludica, per rendere il processo di apprendimento più divertente e motivante.

Selezionato in base ai criteri di frequenza, rilevanza e non marcatezza, il repertorio lessicale contenuto nel manuale è presentato in modo ricorsivo e sorvegliato, affinché l'apprendente possa sciogliere per via induttiva i nodi lessicali che di volta in volta incontra nei testi, senza ricorrere al dizionario o al traduttore elettronico.

Nelle prime unità sono tradotte in cinese le consegne, le spiegazioni grammaticali e alcune parole di difficile comprensione per renderne accessibile il significato nelle delicate fasi iniziali dell'apprendimento. Il ricorso alla traduzione si riduce progressivamente con l'avanzare delle varie unità.

Data la difficoltà degli apprendenti sinofoni a segmentare le sequenze foniche del parlato si è prestata particolare attenzione alla comprensione dei testi orali.

Alla fine di ciascuna unità sono presenti attività che prevedono in fase di ricerca l'utilizzo di internet e in fase di interazione e di presentazione il ricorso ai social network. Con questa scelta si è tenuto conto, da un lato, delle indicazioni del Volume Complementare del QCER che introduce l'interazione online come nuova e fondamentale dimensione della competenza linguistica e multimediale; dall'altro, sempre al fine di sostenere la motivazione e favorire il coinvolgimento degli apprendenti, si è scommesso sulle competenze digitali che, come è noto, per ragioni culturali e generazionali sono largamente padroneggiate dal pubblico sinofono.

I testi e i temi della comunicazione sono posti in relazione con aspetti e riferimenti che richiamano la Cina e la cultura cinese al fine di valorizzare gli input proposti, mantenere alta l'attenzione del gruppo classe e incoraggiare il confronto interculturale.

Fare leva strategicamente sul bagaglio di conoscenze dei discenti consente infatti di abbassare il filtro affettivo e dare riconoscimento alle competenze già possedute.

Struttura del manuale:

- **10 unità + 1 unità introduttiva**.
- **5 test intermedi** con soluzioni.
- **Eserciziario cartaceo con soluzioni**: segue la stessa progressione delle singole unità ed è utile anche per lo studio in autoapprendimento.
- **Audio** con tutti i brani di ascolto delle unità disponibile online.

Struttura dell'unità didattica:

- **Attività lessicale introduttiva**: per agevolare la comprensione globale del testo input mediante il ricorso ad immagini funzionali.
- **Ascolto o lettura** di uno o più testi input, con relative attività di comprensione globale e analitica.
- **Focalizzazione e reimpiego del lessico** presente nel testo e nelle unità precedenti.
- **Osserva**: lo studente viene guidato nella comprensione dei fenomeni e delle strutture grammaticali. Talvolta è chiamato in prima persona a ricostruire la regola a partire dagli esempi dati.
- **Analisi e reimpiego** comunicativo di funzioni e strutture.
- **Attività orali di potenziamento:** presenti nella sezione "Materiali per l'insegnante".
- **Rimandi all'eserciziario cartaceo e online**.
- **Gioco di riepilogo e/o attività web**.
- **Attività orale e scritta di riepilogo finale**.

Componenti extra e gratuite del corso:

- **Sezione di fonetica:** ad ogni unità è associato un approfondimento di fonetica che riutilizza testi e lessico dell'unità stessa, con lo scopo di consolidare, oltre a pronuncia e ortografia, anche strutture lessicali e morfosintattiche precedentemente introdotte.
- **Eserciziario online con soluzioni:** consistente in varie attività aggiuntive pensate per il reimpiego e il fissaggio dei contenuti presentati in classe.
- **Materiale per l'insegnante** con la descrizione delle attività, dei giochi e delle carte o schede da ritagliare.

Indice

0 — Per cominciare — pag. 9

Funzioni comunicative: dare e chiedere informazioni personali • formale e informale • presentarsi, presentare qualcuno in contesto informale e rispondere alla presentazione • salutare e rispondere ai saluti

Lessico, testi e cultura: oggetti della classe • parole utili in classe • formule di saluto

Grammatica: pronomi personali soggetto singolari • *essere* (prime tre persone) • numeri da 0 a 20

Esercizi: pag. 177

1 — Di dove sei? — pag. 19

Funzioni comunicative: presentazioni (chiedere e dire il nome) • chiedere e dire l'età e la nazionalità • chiedere e dire la provenienza geografica, l'indirizzo, l'email e il numero di telefono • chiedere di fare lo spelling

Lessico, testi e cultura: parole dello studio e dell'università (*aula, mensa*) • alcuni nomi di Paesi e città • nomi italiani di persona • scrivere un blog

Grammatica: alfabeto • pronomi personali soggetto singolari e plurali • aggettivi di nazionalità • alcuni interrogativi • numeri fino a multipli di 1000 • frase negativa • aggettivi e nomi a 2 e 4 uscite • genere e numero dei nomi e degli aggettivi • preposizioni di luogo *a, per, di, in* • opposizione *dov'è/di dov'è?* • *essere* e *avere* (coniugazione completa) • *ce l'ho*

Esercizi: pag. 181

2 — Prendiamo un caffè? — pag. 33

Funzioni comunicative: ordinare qualcosa al bar • chiedere informazioni riguardo agli alimenti e alle bevande (prezzo, ingredienti, ecc.) • esprimere gusti e preferenze

Lessico, testi e cultura: parole del bar (cibi e bevande, espressioni per ordinare) • alcune professioni legate agli esercizi commerciali • spazio culturale: il bar in Italia

Grammatica: *mi piace / mi piacciono* • verbo *bere* • articoli determinativi e indeterminativi (solo singolare) • confronto tra determinativi e indeterminativi • presente indicativo singolare di alcuni verbi regolari in *-are, -ere* e *-ire* • *vorrei* + nome • ripresa degli aggettivi qualificativi • *avere fame/sete* • posizione postverbale del soggetto: *oggi offro io!*

Test unità 0-2 pag. 161 • **Esercizi:** pag. 185

3 — Milano andata e ritorno! — pag. 47

Funzioni comunicative: esprimere l'intenzione di fare un viaggio • chiedere e dire l'ora • informarsi o dare informazioni su orari • chiedere e dare informazioni alla biglietteria della stazione • localizzare un ambiente nello spazio

Lessico, testi e cultura: parole ed espressioni legate al viaggio (*documenti, autobus,* ecc.) • parole della stazione (*valigie, biglietteria,* ecc.) • alcuni negozi (*farmacia, bar,* ecc.) • alcune professioni legate agli esercizi commerciali (*tabaccheria, edicola,* ecc.) • spazio culturale: i treni in Italia

Grammatica: articoli determinativi (singolare e plurale) • nomi invariabili al plurale (con vocale accentata e che finiscono per consonante) • congiunzioni (*e, o, ma*) • alcune preposizioni semplici e articolate (di luogo e per indicare la durata) • *partire per* • presente indicativo regolare completo • verbi in *-isc* • verbo *andare* • *essere + di* • *prima/dopo* • *prima di* + infinito • verbo *dovere* • avverbi di luogo e altri indicatori spaziali (*lontano da, vicino a, tra/fra, davanti, dietro, a sinistra, a destra*) • *scusa/scusi*

Esercizi: pag. 191

il Milione

A1-A2

4) C'è il sole: usciamo?!
pag. 61

Funzioni comunicative: parlare del tempo libero • concordare un appuntamento • invitare qualcuno • accettare e rifiutare un invito • insistere • esprimere e chiedere le date • parlare del tempo atmosferico • esprimere stati fisici e psicologici • descrivere il contenuto di un'immagine

Lessico, testi e cultura: parole del tempo libero (azioni, luoghi, sport) • parole del tempo atmosferico (*piove, sole*, ecc.) • giorni della settimana, mesi e stagioni • parole ed espressioni per esprimere stati fisici e psicologici

Grammatica: ripresa delle preposizioni di luogo e dei verbi regolari • alcuni verbi irregolari: (*fare, uscire* e *venire, stare*, ecc.) • verbi modali • avverbi di frequenza (*sempre, spesso, qualche volta*, ecc.) • articolo determinativo con i giorni della settimana • *che* relativo (*Gina vede Pino che legge un libro*, ecc.) • aggettivi relativi alla condizione psicologica (*annoiato, arrabbiato*, ecc.)

Test unità 3-4 pag. 164 • **Esercizi:** pag. 197

5) Peng cerca casa
pag. 75

Funzioni comunicative: esprimere una preferenza rispetto alla casa • comprendere un annuncio relativo alla casa • descrivere gli ambienti e gli oggetti domestici • associare le azioni quotidiane alle diverse parti della giornata • dire la data • localizzare oggetti e mobili nello spazio

Lessico, testi e cultura: nomi delle stanze, mobili, oggetti ed elettrodomestici della casa • aggettivi per descrivere la casa (*arredato, occupato*, ecc.) • faccende domestiche (*pulire, stirare*, ecc.) • parti della giornata • annunci per cercare casa • aggettivi per descrivere la casa

Grammatica: *c'è, ci sono* • vari usi della preposizione *da* • ordinali: *primo, secondo, terzo* • verbi regolari legati alla casa (*pulire*, ecc.) • *questo/quello* • le preposizioni articolate (ripresa e completamento)

Esercizi: pag. 203

6) Che giornata!
pag. 87

Funzioni comunicative: dare e chiedere informazioni relative alla giornata abituale propria e altrui • collocare le azioni abituali nel tempo • indicare la frequenza delle azioni abituali • fare una proposta e prendere accordi • dire che cosa diverte e che cosa annoia

Lessico, testi e cultura: verbi per parlare della giornata abituale • parole utili per esprimere azioni abituali • oggetti della vita quotidiana ed elettrodomestici (ripresa e approfondimento)

Grammatica: verbi riflessivi • verbo *dire* • *sapere* vs *conoscere* • *sapere* vs *potere* • *sapere* + infinito • differenza fra verbi riflessivi e verbi non riflessivi • aggettivi possessivi • *stare* + gerundio • *penso di sì, penso di no*

Test unità 5-6 pag. 167 • **Esercizi:** pag. 209

7) Gira a destra e poi sempre dritto!
pag. 101

Funzioni comunicative: comprendere, chiedere e dare indicazioni stradali • dare istruzioni e consigli • fare un'intervista su temi relativi alla città

Lessico, testi e cultura: luoghi della città (*fiume, chiesa*, ecc.) • uso dell'espressione *in bocca al lupo!* • alcune parole del lessico universitario (*esame, appunti*, ecc.) • professioni e luoghi di lavoro (*medico, fabbrica*, ecc.) • la cartina dell'Italia e alcune sue città

Grammatica: imperativo (tu) affermativo e negativo (verbi regolari e irregolari) • posizione del pronome con l'imperativo dei verbi riflessivi • pronomi diretti di terza persona • il verbo *riuscire* + preposizione *a* • posizione marcata del pronome diretto e del soggetto (*Chi fa i compiti? Li fa la studentessa!* ecc.) • presente indicativo del verbo *dare* • *ci* locativo

Esercizi: pag. 214

Indice

8) Che vacanza stupenda!
pag. 115

Funzioni comunicative: prendere e fare ordinazioni al ristorante • proporre di ordinare qualcosa • raccontare una vacanza al passato

Lessico, testi e cultura: parole del ristorante • alcuni piatti tipici della cucina italiana • il pasto tradizionale italiano (*antipasto, primo,* ecc.) • divisione dei pasti in Italia (*colazione, pranzo, cena,* ecc.) • parole italiane usate per descrivere elementi culturali cinesi (*bambù, muraglia,* ecc.) • alcuni regali tipici del Natale

Grammatica: preposizione *a+articolo* per indicare il gusto di un alimento (*panna cotta al caramello,* ecc.) • *di* partitivo (*del vino, degli amici*) • il passato prossimo • participi passati regolari e alcuni irregolari (*essere, prendere,* ecc.) • uso degli ausiliari *essere* e *avere* • alcune espressioni di tempo (*la scorsa settimana, ieri mattina, fa,* ecc.) • uso di *già, non... ancora* • pronomi indiretti • verbi costruiti come *piacere* (*mancare, sembrare,* ecc.)

Test unità 7-8 pag. 170 • **Esercizi:** pag. 220

9) Che taglia porti?
pag. 129

Funzioni comunicative: chiedere e dire come sta un capo di abbigliamento (*Come mi stanno questi pantaloni?* ecc.) • comprare in un negozio di abbigliamento • chiedere il prezzo • chiedere uno sconto • decidere cosa comprare in un negozio di alimentari o al mercato • parlare dei propri gusti nell'abbigliamento • parlare dei propri gusti alimentari

Lessico, testi e cultura: colori • capi di abbigliamento e alcuni accessori • aggettivi per descrivere l'abbigliamento: (*stretto, sportivo,* ecc.) • tessuti e motivi di alcuni capi di abbigliamento (*di lana, a quadri,* ecc.) • confezioni, contenitori e quantità dei prodotti alimentari • *fare la spesa* vs *fare spese* • lessico della frutta, della verdura (ripresa e approfondimento) e di alcuni alimenti (*prosciutto crudo, marmellata di more,* ecc.)

Grammatica: accordo nome e aggettivo qualificativo (ripresa e approfondimento) • preposizioni *di, con, a, in* con i capi di abbigliamento • uso dei verbi *stare* e *andare* con i capi di abbigliamento • *ne* partitivo • pronomi diretti (ripresa) • participi passati irregolari (approfondimento) • passato prossimo (ripresa e approfondimento) • accordo dei pronomi diretti con il participio passato • pronomi indiretti (forme atone e toniche) • confronto tra pronomi diretti e indiretti

Esercizi: pag. 227

10) In questa foto che cosa facevi?
pag. 145

Funzioni comunicative: parlare della famiglia • raccontare fatti abituali al passato • parlare della propria infanzia • descrivere l'aspetto fisico e il carattere • esprimere desideri e possibilità • dare consigli • fare una richiesta gentile • descrivere il partner ideale

Lessico, testi e cultura: nomi di parentela • nomi e aggettivi per descrivere l'aspetto fisico (*alto, biondo,* ecc.) e il carattere (*timido, socievole,* ecc.) • comprendere e rispondere a un annuncio in un forum

Grammatica: aggettivi possessivi con i nomi di parentela • imperfetto: verbi regolari e irregolari • usi dell'imperfetto: raccontare fatti abituali al passato, descrivere situazioni, dire l'età, descrivere la condizione psicologica/emotiva, descrivere l'aspetto fisico e il carattere, parlare del tempo atmosferico • *né... né* • condizionale semplice per esprimere desiderio, possibilità, dare consigli, fare una richiesta gentile • prime tre persone dei verbi *essere, potere, dovere, volere* • *mi piacerebbe/mi piacerebbero* • aggettivi e pronomi indefiniti

Test unità 9-10 pag. 173 • **Esercizi:** pag. 233

Chiavi Test pag. 239

Chiavi Eserciziario pag. 241

LEGENDA 缩略语表

SIMBOLO	SIGNIFICATO
	Attività generale 练习
	Attività di ascolto con numero della traccia 带有编号的听力活动
	Attività di produzione orale 口语练习
	Eserciziario sul libro 书面练习册
	Eserciziario online 网上练习册
	Fai il test! 自我测试！

il Milione

A1-A2

0

Per cominciare

Parole utili in classe. 课堂上有用的词语。

ascolta	scegli	in coppia	leggi
collega	in gruppi	scrivi	completa
gioco a squadre	sottolinea	correggi	indica

Frasi utili per la comunicazione. 交流中常用句

Ieri sono andato in questura. Oggi sono in questura. Domani vado in questura. 我昨天去警察局了。 我今天去警察局。 我明天去警察局。	Ieri ero malato. Oggi sono malato. 我昨天生病了。 我今天生病了。
Ieri stavo male per il ciclo. Oggi sto male per il ciclo. 我昨天身体不舒服。 我今天身体不舒服。	Domani non posso venire a lezione. 我明天不能来上课。
Ieri sono andato in banca. Oggi sono in banca. Domani vado in banca. 我昨天去银行了。 我今天去银行。 我明天去银行。	Ieri sono rimasto a casa per parlare con il proprietario. Oggi rimango a casa per parlare con il proprietario
Scusi, vado in bagno. 抱歉，我得去趟卫生间。	Domani rimango a casa per parlare con il proprietario. 我昨天留在家里与房东聊了聊。 我今天留在家里与房东聊聊。 我明天要留在家里与房东聊聊。

il Milione A1-A2

BENVENUTI IN ITALIA!

1 Quali parole conosci? **Collega le parole alle immagini.** 你认识哪些单词？把单词和图片连接在一起。

PIZZA • CAPPUCCINO • VENEZIA • CIAO! • CAFFÈ • SPAGHETTI • COLOSSEO • TIRAMISÙ • FERRARI • GUCCI • VINO • TORRE DI PISA • BOCELLI • MICHELANGELO • VESPA

1. _____ 2. _____ 3. _____ 4. _____ 5. _____

6. _____ 7. _____ 8. _____ 9. _____ 10. _____

11. _____ 12. _____ 13. _____ 14. _____ 15. _____

2 Leggi il dialogo. 读对话。

 **1 Osserva** 观察
- *E lui/lei chi è?*
- **Lui** è Michele! ♂ **Lei** è Anna! ♀

- Ciao, **io sono** Marco, e **tu** come ti chiami?
- Ciao, **io** mi chiamo Daniele. Piacere!
- Molto piacere! E **lui** chi è?

Per cominciare

2.1 **Presentazione a catena. Presentatevi in base alle indicazioni dell'insegnante.**
连串演讲。按照老师的要求进行自我介绍。

2.2 **Rileggi il dialogo 2 e completa la tabella con le forme mancanti.** 再读一遍对话然后填空。

	Essere 是
Io	
	sei
Lui/Lei	

2.3 **Completa il dialogo con le forme mancanti.** 填空

A: Ciao, io _____ Marco, e tu come ti chiami?
B: _____, io mi chiamo Daniele. _____!
A: Molto piacere! E lui chi _____?
B: _____ è Michele!

2 Osserva

In italiano per dire il proprio nome ci sono due modi 意大利语中有两种表达自己名字的方式: *Io sono Marco/Io mi chiamo Marco.*

3 **Chi è lei? Ascolta e scrivi i nomi di persona vicino ai dialoghi corrispondenti.**
听录音然后在对话旁边写下相对应的人名来。

Dialogo 1 (uno) _____
Dialogo 2 (due) _____
Dialogo 3 (tre) _____
Dialogo 4 (quattro) _____
Dialogo 5 (cinque) _____

3.1 **Ascolta e collega ogni dialogo all'immagine corrispondente.**
把每段对话和相应的图片连接起来。

a. _____ b. _____ c. _____ d. _____ e. _____

il Milione A1-A2

3.2 Ascolta e completa i dialoghi con le parole mancanti. 听录音并完成对话。

1
- A: Massimo!
- B: Ciao Alessandra, come _____?
- A: Bene… _____, e tu?
- B: Non c'è male.

2
- A: Buongiorno.
- B: _____, Lei è la professoressa…?
- A: Mi _____ Maria, Maria Rossi.
- B: Bene, professoressa Rossi, Lei ha lezione in aula 7.
- A: _____, arrivederci.

3
- A: Buongiorno signora Luisa, come _____ oggi?
- B: Bene grazie, e _____ signor Franco?
- A: Male, oggi male.
- B: Mi dispiace.

4
- A: Ciao Anna, chi _____ lei?
- B: Lei è Wang, la mia amica _____.

5
- A: Laura, come si _____ il tuo amico?
- B: _____ è Maurizio e questa è la mia amica Pina.
- C: _____ Maurizio!
- A: Molto piacere, Pina.

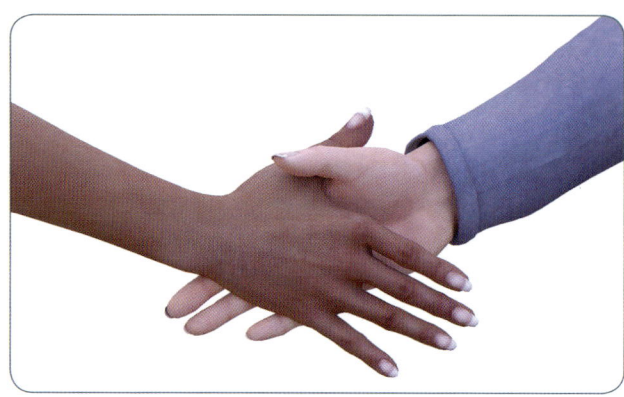

3.3 Per ogni dialogo indica se la conversazione è formale o informale.
指出每段对话中的表达方式是尊称还是非尊称。

	Formale o informale? 尊称或非尊称	Scrivi le parole che giustificano la tua risposta. 写出对应的词语来证明你的答案是对的
1		ciao, _____
2		_____, _____, _____, _____
3		_____, _____, _____
4		_____, _____, _____, _____
5	informale	il tuo amico

3.4 In coppia. Scegliete un'identità tra quelle sotto e salutatevi in modo formale. Seguite l'esempio dei dialoghi precedenti. 双人活动。参考着上面的练习，从下面的图片中选择一位人物身份，然后你们互用尊称来打招呼问候。

Professor Amedeo Rossi | **Professoressa Anna Bianchi** | **Signor Antonio Cella** | **Signora Laura Bini**

Per cominciare

4 Leggi i 3 dialoghi e scegli l'immagine corrispondente. Attenzione c'è un'immagine in più!
阅读这三段对话并选出与其相应的图片。 小心有一张多余的图片！

Dialogo 1 ☐

Studente 1:   Ciao!
Studente 2:   Ciao.
Studente 1:   La professoressa?
Studente 2:   Boh!?
Studente 1:   Ah, eccola!
Professoressa: Buongiorno.
Studente 1 e
Studente 2:   Buongiorno!
Professoressa: Lei è…?
Studente 1:   Io sono Zhang Cai, studente del corso di italiano.
Professoressa: Ah, piacere!
Studente 1:   Piacere!

Dialogo 2 ☐

Donna: Salve, il dottore c'è?
Segretaria: Sì, signora Antonini, Lei è la prossima.
Donna: Ah, bene, grazie.
Dottore: Avanti.
Donna: Buonasera dottore.
Dottore: Buonasera, come sta?
Donna: Eh, male dottore.

Dialogo 3 ☐

Amica: Lu Chan, ciao!
Amico: Anna, ciao, come stai?
Amica: Bene, e tu? Come va?
Amico: Non c'è male.
Amica: Anche tu in banca?
Amico: Sì, sono qui per cambiare gli yuan!
Uomo
Sportello: Il numero 6!
Amico: Il mio numero, scusa.
Amica: Certo, ciao. Ci vediamo.

a.

b.

c.

d.

4.1 In gruppi di tre. Assumete l'identità di un parlante e leggete le battute corrispondenti dei dialoghi dell'esercizio 4. 三个人一组。 每个人都扮演一个角色并读出与练习4对应的台词。

4.2 Completa la tabella con le espressioni nel riquadro, come nell'esempio. 仿照例句填表格。

come stai? • buongiorno • ciao • buonasera • buonanotte • salve • a dopo • arrivederci • ci vediamo • ci sentiamo • a presto • a domani • piacere • come sta? • come va?

Espressioni solo informali 只用于非尊称	Espressioni formali 用于尊称	Espressioni informali e formali 两种都可用
come stai?		

il Milione   A1-A2

4.3 Quando si usa? Indica con una ✓ quando usiamo ogni saluto.
何时用？根据下面列出的不同情况，标出正确的问候语。

	Mattina	Pomeriggio / Sera	Notte	Quando arriviamo 我们什么时候到？	Quando partiamo 我们什么时候出发？
Ciao					
Buongiorno					
Buona giornata					
Arrivederci					
Buonanotte					
Salve					
A presto/a domani					
Buonasera					
A dopo					

E ➔ 2 pag. 177

5 In aula. Osserva le immagini e ascolta l'insegnante che pronuncia le parole, poi leggi le parole anche tu ad alta voce. 课堂活动。观察图片，听老师读单词，然后你也大声读出。

libro — penna — lavagna — quaderno — sedia — computer*

matita — zaino — cestino — pagina — ascoltare — leggere

scrivere — parlare — capire — Cosa significa? 什么意思 — Come si dice? 怎么说 — Può ripetere? 重复一遍

in coppia — tutti insieme — giusto — sbagliato — Non ho capito! 我不明白 — Non lo so! 我不知道

parole 字 — lentamente — finito — facile — difficile — professore

Per cominciare

3 Osserva

In italiano si usano molte parole straniere, in particolare si usa l'inglese nel campo della tecnologia e dell'informatica. Queste parole mantengono la loro pronuncia originale.在意大利语中使用了很多外来，特别是在科学技术和信息技术领域使用英文，而这些词语还都保留着英文的发音。

5.1 Parole.

6 Cosa significa? Ascolta e rispondi alla domanda. 听并回答问题。

Dove sono? 在哪儿了？ ☐ in classe ☐ al bar

6.1 Ascolta di nuovo e scrivi le parole che riconosci, poi confrontatele in coppia. 再听一遍并写出你认识的词语，然后两人一组互相比较核对。

6.2 Ascolta di nuovo e completa il dialogo tra la professoressa (P) e Zhang Cai (Z) con le parole mancanti. 再听一遍，完成对话。

P: Ragazzi, aprite il **libro** a pagina 5.
Z: Scusi **professoressa**, *non ho capito, può ripetere*, per favore?
P: Certo, ripeto. Aprite il libro a **pagina** 5.
Z: *Cosa significa* pagina?
P: Questa è la ____pagina____ del libro.
Z: Ah, *ho capito*, pagina.
P: *Giusto, bravo!* Pagina 5. Sai cosa significa 5?
Z: _____ (1)
P: 5 è un numero. 1, 2, 3, 4 e 5.
Z: Ho capito, grazie.
P: _____ (2) 5 in cinese?
Z: 五个
P: Bene. *Leggete* i dialoghi *in coppia*. Sai cosa significa in _____ (3)?
Z: *Non lo so.*
P: In coppia significa due persone.
Z: _____ (4), grazie.

P: Scrivete le parole della classe.
Z: Parole della classe? Cosa significa _____ (5) della classe?
P: Parole come libro, **penna**, **lavagna**, **sedia**. Queste sono parole della _____ (6).
Z: Libro, penna, lavagna, sedia. Ho capito. Anche **zaino**?
P: Giusto, bravo!
Z: **Matita**?
P: Giusto! _____ (7), matita, **cestino**. *Capito?*
Z: Non ho capito. Cosa significa cestino?
P: Questo è il _____ (8). *Come si dice* cestino in cinese?
Z: 篮子
P: Bene. Prima leggete in coppia, dopo *scrivete*, dopo *ripetete* le parole. Capito tutto?
Z: Non lo so, è _____ (9) capire l'italiano.

6.3 Leggi e collega le parole in grassetto alle immagini. 读一读，并把粗体字跟图片连接在一起。

Ragazzi, (1) **aprite** il libro a pagina 5. Prima (2) **leggete in coppia**, dopo (3) **scrivete**, dopo (4) **ripetete** le parole. Capito tutto?

  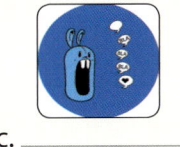 

a. _____   b. _____   c. _____   d. _____

il Milione A1-A2

6.4 Leggi la trascrizione del dialogo 6.2 e scrivi le parole nell'insieme appropriato.
读对话 6.2，填表格。

Parole della classe 课堂上有用的单词	Frasi utili in classe 课堂上有用的句子

6.5 Leggiamo.

6.6 In coppia. *A* domanda a *B* il significato delle parole della propria scheda usando l'espressione *Come si dice... in italiano?* Dopo, i ruoli si invertono. 按照示例互问。A同学用Come si dice...in italiano?（…用意大利语怎么说？）这句话问B同学，然后互换角色。

Esempio:
A: *Come si dice* 篮子 *in italiano*?
B: *Cestino*!
A: *Giusto*!

A	parole italiane	B	parole italiane
椅子		书籍	
黑板		笔	
对		背包	
开		铅笔	
阅读		撰写	
网页		你能重复一下吗？	

E → 3, 4, 5, 6, 7 pagg. 177, 178

7 Ascolta i dialoghi e completa la tabella con le parole mancanti. 听录音填空。

Dialogo 1	Dialogo 2	Dialogo 3	Dialogo 4	Dialogo 5	Dialogo 6
A: Parlare l'italiano per me è _____. B: Per me è difficile _____ il professore.	A: Sai cosa significa "_____"? B: Mi dispiace, _____ chiedi al _____.	A: Ciao, _____? B: Bene, e tu? A: Bene.	A: Apri il _____ a pagina 5. B: Non ho capito, quale _____? A: Pagina 5.	A: Quali _____ italiane conosci? B: Conosco _____, _____ zaino.	A: Buongiorno professore, _____? B: Oggi non sto bene, non posso _____

Per cominciare

7.1 Memory della classe.

8 Da 0 a 20. **Leggi e ascolta di nuovo.** 再读、再听。

Professore: *Pagina 5. Sai cosa significa pagina 5?*
Studente A: *Non lo so.*
Professore: *5 è un numero. 1, 2, 3, 4 e 5.*

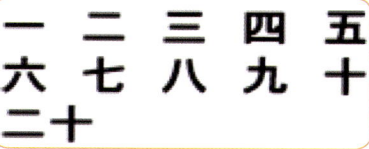

8.1 Ascolta più volte e scrivi i numeri mancanti in lettere. 多听几遍并用字母填空。

0 zero	1 uno	2 due	3 _____	4 quattro	5 _____
6 sei	7 sette	8 _____	9 nove	10 _____	11 undici
12 _____	13 tredici	14 quattordici	15 _____	16 sedici	17 _____
18 diciotto	19 diciannove	20 _____			

8.2 Ascolta e segna i numeri che senti. 听录音并写出听到的数字。

0	1	2	3	4	5	6	7	8	9	10
	11	12	13	14	15	16	17	18	19	20

8.3 Ascolta più volte le frasi e scrivi il numero che senti in ogni frase.
多听几遍并写出所听到的每个句子的数字。

a. _____   e. _____   i. _____   m. _____
b. _____   f. _____   j. _____
c. _____   g. _____   k. _____
d. _____   h. _____   l. _____

8.4 **Quanto fa?** In coppia. A scrive 5 operazioni matematiche e chiede a B: "Quanto fa?" Attenzione: il risultato non può superare il numero 20! B risponde. Dopo, i ruoli si invertono. A 同学写出五道数学运算题，然后问B同学: "Quanto fa?"（等于几？），B同学回答A同学。注意: 答案不能超过20！然后角色互换。

Esempio:
A: *Quanto fa 3 + 5?*
B: *8.*
A: *Giusto!*

A: *Quanto fa 19 - 5?*
B: *13.*
A: *Sbagliato!*
B: *14.*
A: *Giusto!*

> Come si leggono i simboli matematici?
> 数学运算符号怎么读？
>
> + più   - meno   x per
> : diviso   = uguale

il Milione A1-A2

9) Guarda e memorizza!

9.1 Disegna e indovina! Gioco a squadre. Ogni squadra elegge un rappresentante che sappia disegnare e dice il nome degli oggetti e delle persone presenti nel disegno che il rappresentante realizza alla lavagna. Vince la squadra che per prima riesce a verbalizzare correttamente tutti gli oggetti e le persone disegnati. Attenzione! I rappresentanti disegnano contemporaneamente alla lavagna!
Durante lo svolgimento dell'attività non potete consultare il libro né il cellulare. 绘画与猜测。 分组比赛。 每组选出一位会画画的代表，老师给代表一张图片，代表按照图片的物体和人物在黑板上画画，每组的其他成员要猜出他们的代表所画的意大利语名称。 谁第一个完成，谁赢。注意！代表们在黑板上同时画！其他同学在活动期间不能使用书籍和手机去查阅。

9.2 Caccia al tesoro! Gioco a squadre di 2-4 persone. Ogni squadra deve fare una foto seguendo le indicazioni date dall'insegnante e postarla sul gruppo social della classe. Vince la squadra che posta per prima la foto (una sola foto!) con tutti gli oggetti/le persone indicati.
寻宝游戏！。每组必须按照老师的要求拍照，然后把它上传到班级社交群体里。 赢者是第一位按照老师要求而发过来的一张图片的小组，仅限一张照片！

9.3 Ascolta la frase dell'insegnante e usa una delle frasi nel riquadro per rispondere o domandare. 听句子，然后选择下面的其中一句话去回答或提出问题。

Non lo so • Non ho capito • Cosa significa _____? • Come si dice _____ in italiano? • Può ripetere?

9.4 Beep! In coppia. A rilegge velocemente l'unità 0 e scrive cinque frasi come quella nell'esempio. Per ogni frase elimina una parola. Poi legge le frasi che ha scritto a B, dicendo *beep* per segnalare le parole mancanti. Per ogni parola indovinata, B conquista un punto. Dopo, i ruoli si invertono. Vince chi alla fine dell'esercizio ha più punti. 按照示例做练习。A同学再读一遍此单元并写出五句话来，每句话中删掉一个单词， 读给B同学听，当读到删掉单词的地方时，要说beep。B同学每猜出beep地方所属的一个单词来，得一分。然后互换角色。谁分数高，谁胜利。

Esempio: _Come_ ti chiami?
A: _beep_ ti chiami? (come)
B: _Come ti chiami?_
A: *Giusto!* ✔
A: _beep_ ti chiami? (come)
B: _Cosa ti chiami?_
A: *Sbagliato!* ✗

1. _____
2. _____
3. _____
4. _____
5. _____

9.5 Tombola! 宾果游戏! Ricevi una tessera e quando l'insegnante dice una parola contenuta nella tua tessera, segnala con una x. Se sentirai tutte le parole che hai nella tessera prima dei tuoi compagni di' "tombola!" e avrai vinto! 你会收到一张卡片，老师叫号，也就是说老师读你卡上的一个单词。当你听到单词，你就立刻在你自己的卡片上寻找这个单词并用X标出它。第一个在自己的卡片上找到所有单词的同学， 就立刻大喊tombola， 他就是游戏的赢家。

E 📖 ➔ 9, 10, 11 pagg. 179,180 / E 🌐 online ➔ 3, 4, 5, 6

il Milione

A1-A2

1

Di dove sei?

Che cosa impariamo?

Roma

biblioteca

studentesse

ragazza

professoressa

libri

Egitto

bacheca

Per comunicare

- Come ti chiami?
- Di dove sei?
- Qual è il tuo numero di telefono?
- Hai una penna?

Grammatica

- A-B-C-D…
- io, tu, lui, lei…
- italiano, cinese…
- Come? Dove? Quanti?
- a, per, di, in (luogo)
- io sono… , io ho…

Materiale extra online

- Esercizi supplementari online
- Materiale per insegnanti online

il Milione A1-A2

1 **Individua e colora i Paesi indicati nel riquadro.** 猜出框格中所指定的国家并在下图里涂上颜色。

Spagna • Argentina • Italia • Francia • Giappone • Cina • Tailandia •
Egitto • Turchia • Australia • Inghilterra • Russia • Corea

1.1 **Scrivi sotto a ciascuna immagine il nome del Paese corrispondente. I nomi dei Paesi si trovano nel riquadro sottostante.** 在每张图片下边写出其国家的名称。这些国家的名称能在下面的框格中找到。

Spagna • Argentina • Italia • Francia • Giappone • Cina • Tailandia • Egitto • Turchia • Australia

1. _____ 2. _____ 3. _____ 4. _____ 5. _____

6. _____ 7. _____ 8. _____ 9. _____ 10. _____

2 **Mi chiamo Mila, piacere!** Ascolta e indica se il dialogo è formale o informale.
听录音并指出对话中使用的是尊称还是非尊称的形式。

☐ FORMALE ☐ INFORMALE

Di dove sei?

2.1 Ascolta di nuovo e collega le informazioni nel riquadro alle persone corrispondenti.
再听一遍，把框格里的信息和人名连接起来。

argentino • Osaka • americana • Buenos Aires • giapponese

 Elisabeth

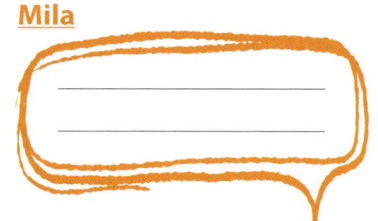 Mila

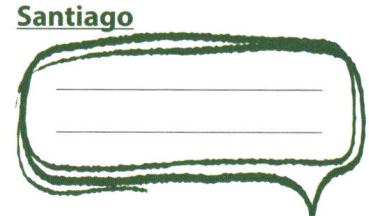 Santiago

2.2 In coppia. Assumete il ruolo di Santiago e Mila e leggete il dialogo.
扮演Santiago e Mila的角色，两人一组读对话。

Santiago: Ciao, scusa, dov'è la segreteria studenti?
Mila: Tu sei Santiago, vero? Sei l'amico spagnolo di Elisabeth, la ragazza americana.
Santiago: Sì, sono io; mi chiamo Santiago Fernandez Soto, piacere! Ma in realtà io non sono spagnolo, sono... argentino di Buenos Aires. E tu... come ti chiami?
Mila: Mi chiamo Mila, sono un'amica di Elisabeth, piacere!
Santiago: Piacere! Di dove sei, Mila?
Mila: Sono giapponese, di Osaka.
Santiago: Ah... bello il Giappone! Mi piace molto il cibo giapponese, soprattutto il sushi!

2.3 Completa la tabella con gli aggettivi di nazionalità nel riquadro. Attenzione: alcuni aggettivi devono essere scritti due volte, come nell'esempio. 用国籍的形容词完成下列表格。 注意;有些形容词就像范例那样要填写两次。

~~tailandese~~ • turco • egiziana • americano • italiano • argentina • australiana • cinese • francese • giapponese • spagnola • egiziano • argentino • australiano • italiana • spagnolo • turca • americana

Lui ♂ <u>tailandese</u>	Lei ♀ <u>tailandese</u>

1 Osserva e completa la regola

观察并完成规则。

A: *Di dove sei, Mila?*
B: *Sono giapponese, di Osaka.*

- *Di dove* + verbo *essere* per chiedere la nazionalità e/o la città di provenienza. 是用来问国籍以及/或者原籍城市的

- Per rispondere: verbo _____ + aggettivo di nazionalità e/o *di* + città di provenienza. 回答: verbo+国籍的形容词以及/或者di+原籍城市。

il Milione A1-A2

2.4 Completa le frasi con le parole mancanti. 完成句子。

1. Io _____ cinese, di _____. (ognuno scrive la propria città 每人写出他自己的城市)
2. Tu _____ giapponese, _____ Osaka.
3. Lui è americano, di New York.
4. Lei _____ _____, _____ Milano.

2.5 In coppia. Scheda A e Scheda B. A turno assumete le nuove identità e costruite i dialoghi, come negli esempi. 看范例，每人轮流扮演一个角色来做对话练习。

Esempio 1:
A: Come ti chiami?
B: Mi chiamo Mila.
A: Di dove sei?
B: Sono giapponese, di Osaka.

Esempio 2:
B: Come ti chiami?
A: Mi chiamo Santiago.
B: Di dove sei?
A: Sono cileno, di Valparaiso.

Scheda A
- Luigi – Italia – Roma
- Yuki – Giappone – Tokyo
- Pablo – Argentina – Buenos Aires
- Ayfer – Turchia – Ankara
- Claudia – Francia – Parigi

Scheda B
- Ana – Spagna – Madrid
- Wang – Cina – Shanghai
- Ahmad – Egitto – Giza
- Sarah – Australia – Sidney
- Aran – Tailandia – Bangkok

E → 1, 2 pag.181 / E online → 1, 2, 3

3 Ascolta la seconda parte del dialogo 2.2 e indica cosa cerca Santiago.
听对话2里的第二部分并指出Santiago在寻找什么？

a. ☐ La bacheca   b. ☐ L'aula studio   c. ☐ La segreteria

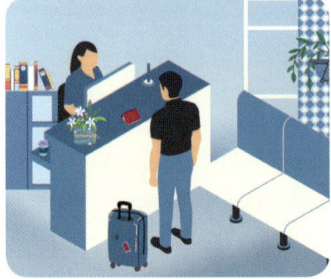

Di dove sei?

3.1 Ascolta di nuovo e indica quali di questi luoghi senti. 再听一遍，指出你所听到的是哪些地方。

☐ il bar   ☐ l'aula magna   ☐ l'aula studio   ☐ la biblioteca   ☐ le scale   ☐ la mensa

☐ l'ascensore   ☐ la portineria   ☐ il distributore   ☐ la segreteria   ☐ il bagno   ☐ la bacheca

E online ▶ 1, 2, 3

3.2 Come si dice?

3.3 Dov'è? o Di dov'è?

4 Sono qui per l'iscrizione. Ascolta e leggi il testo. 听读对话。

Segretaria: Buongiorno.
Mila: Buongiorno, sono qui per l'iscrizione al corso di italiano di livello B2.
Segretaria: Sì, come ti chiami?
Mila: Mi chiamo Mila Mashimoto.
Segretaria: Mashimoto è il cognome?
Mila: Sì, Mashimoto è il cognome e Mila è il nome.
Segretaria: Ma...shimoto. Come si scrive?
Mila: Emme-a-esse-acca-i-emme-o-ti-o.
Segretaria: Bene. E Mila come si scrive?
Mila: emme-i-elle-a.
Segretaria: Mila. Va bene. Nazionalità?
Mila: Scusi, può ripetere?
Segretaria: Sì certo, di dove sei, Mila?
Mila: Ah, sono giapponese. La mia nazionalità è giapponese.
Segretaria: Bene. Qual è il tuo indirizzo?
Mila: Io abito a Osaka in Giappone.
Segretaria: No, no, il tuo indirizzo in Italia! Dove abiti?
Mila: Ah, scusi! Abito qui a Pisa in piazza Pietro Gori numero 31.
Segretaria: Ok, allora… qual è il tuo numero di telefono e… la tua e-mail?
Mila: Il mio numero di telefono è 3-3-9-38-67-545 e la mia e-mail è mila2001@gmail.com.
Segretaria: Benissimo, quanti anni hai?

il Milione A1-A2

Mila: Ho 22 anni. Senta, quanto costa il corso per un mese?
Segretaria: Il corso di lingua… per un mese… sono 300 euro. Per il pagamento puoi pagare in contanti o con la carta di credito.
Mila: Perfetto… ecco i 300 euro.
Segretaria: Bene, il corso di lingua italiana è domani alle 10 in aula 16.
Mila: Grazie e arrivederci.
Segretaria: Di niente, ciao.

2 Osserva

- Mila dice *arrivederci* e la segretaria invece dice *ciao*: la conversazione è quindi formale per la studentessa (che dà del *Lei*) e informale per la segretaria (che dà del *tu*). Quando ci si rivolge ad una persona adulta che non si conosce o che è più grande di età o che ha uno status o un ruolo che nella società è considerato degno di rispetto, si usa il pronome personale soggetto *Lei*, indipendentemente dal suo genere. *Buongiorno, Lei è il professor Bianchi?*

Mila说arrivederci，而秘书处的老师回答ciao。这段儿对话里学生用尊称，而老师用的是非尊称。当你在称呼一位你不认识的、比你的年龄大的、或者在社会地位上有值得尊敬的成年人的时候，使用尊称Lei。*Buongiorno, Lei è il professor Bianchi?*

- @ si dice "chiocciola", come l'animale 🐌 蜗牛

4.1 Completa la tabella con le informazioni mancanti. 填空。

	nazionalità	città	anni	indirizzo in Italia	telefono	e-mail
Mila						

4.2 Collega le domande alle risposte. 把问题和答案连接起来。

1. Di dove sei?
2. Quanti anni hai?
3. Qual è il tuo indirizzo?
4. Qual è la tua e-mail?
5. Come ti chiami?
6. Dove abiti?
7. Qual è il tuo numero di telefono?
8. Come si scrive?

a. Mi chiamo Mila.
b. Il mio numero di telefono è 3397867545.
c. La mia e-mail è mila2001@gmail.com.
d. Piazza Pietro Gori n.31.
e. emme-a-esse-acca-i-emme-o-ti-o.
f. Io ho 22 anni.
g. Io sono giapponese.
h. Abito qui a Pisa.

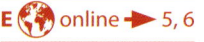

4.3 Rileggi il dialogo dell'attività 4 e completa la tabella con le forme verbali mancanti. 重读活动4中的对话并用漏掉的动词变位填入表格。

	io	tu	lui/lei
avere			ha

Di dove sei?

4.4 L'alfabeto. **Ascolta e ripeti.** 字母表。听并重复。

A-B-C-D-E-F-G-H-I-J-K-L-M-N-O-P-Q-R-S-T-U-V-W-X-Y-Z (lettere maiuscole 大写字母).
a-b-c-d-e-f-g-h-i-j-k-l-m-n-o-p-q-r-s-t-u-v-w-x-y-z (lettere minuscole 小写字母).

3 Osserva

- **J - K - W - X - Y** non sono lettere italiane, ma si usano per le parole di altre lingue.
- I nomi propri come i nomi delle persone e i nomi delle città si scrivono con la prima lettera maiuscola.
- Dopo il punto fermo (.), il punto interrogativo (?) e il punto esclamativo (!) la prima parola che segue inizia sempre con la lettera maiuscola.

A: *Di dove sei?*
B: *Sono di Pisa / La mia nazionalità è giapponese. Abito a Osaka.*

J - K - W - X - Y 不是意大利字母，但常用在其他语言的词汇中。人名、地名的专有名称的第一个字母要大写。
在句号(.)、问句（？）、感叹号（！）后面的第一个单词的第一个字母都要大写。

4.5 Ascolta e scrivi i nomi e i cognomi che senti nei dialoghi. 把对话中所听到的名字和姓氏写在下面。

1. _____   2. _____
3. _____   4. _____
5. _____   6. _____

4.6 In coppia. *A* sceglie un nome dalla lista qui sotto, legge lettera per lettera e *B* indovina, come nell'esempio. Dopo i ruoli si invertono.

cognome • insegnante • libro • studente • quaderno • indirizzo • nazionalità • telefono • arrivederci • piacere

Esempio:
A: *Pi-e-enne-enne-a*
B: *Penna!*
A: *Giusto!*

4.7 Nuove identità.

4 Osserva e completa la regola

- Per chiedere l'età, in italiano si usa il verbo 在意大利语中用动词 *avere*: *Quanti anni* **hai**?
- Per dire l'età, si usa il verbo 用动词 *avere* + il numero + la parola _____ 问年龄 。Esempio: **Ho** 18 anni.

5 A lezione di italiano. **Leggi il testo e riscrivi le parole in neretto sotto l'immagine appropriata.**
读对话，在图片下面重新写一遍相对应的词汇，词汇是那些黑体字。

Mila: Buongiorno **professore**, mi scusi, <u>sono</u> in ritardo.
Il professore: Buongiorno, benvenuta, come ti chiami?
Mila: Mi chiamo Mila, sono una **studentessa** giapponese.

il Milione A1-A2

Il professore: Piacere, Mila. Io mi chiamo Marco. Entra pure. Hai il libro?
Mila: Ho due **libri**, questi.
Il professore: Questo **libro** va bene.

*Questa è la prima **lezione** del corso di italiano. Le **lezioni** sono tutte in aula 8. I **professori** del corso di italiano sono tre: Marco e due **professoresse**, una **professoressa** si chiama Irene, una professoressa si chiama Rossana.*

*Gli **studenti** del corso di italiano sono dodici: tre **ragazze** cinesi, una **ragazza** australiana, una ragazza tailandese, due ragazzi egiziani, due **ragazzi** spagnoli, un **ragazzo** turco, un ragazzo argentino e un ragazzo francese. Due **sedie** sono libere ma Mila è timida.*

Ahmad: Mila, questa **sedia** è libera.

*Ahmad è uno **studente** egiziano gentile.*

Diego: Benvenuta, Mila, io sono Diego.

Tutti i ragazzi si presentano, tutti sono molto gentili. Adesso Mila è tranquilla.
*Mila non ha la **penna**:*

Mila: Ragazzi, avete una penna per me?

*Le **studentesse** cinesi hanno due **penne** per Mila.*

Mila: Grazie, siete molto gentili.

Le studentesse
cinesi: Di niente Mila!

Tutto è pronto, la lezione comincia.

1. _____ 2. _____ 3. _____ 4. _____ 5. _____

6. _____ 7. _____ 8. _____ 9. _____ 10. _____

11. _____ 12. _____ 13. _____ 14. _____ 15. _____

16. _____ 17. _____ 18. _____ 19. _____ 20. _____

Di dove sei?

5.1 Rileggi il testo dell'attività 5 e completa la tabella con le forme verbali mancanti.
再读一遍活动5的对话，用动词变位完成表格。

	io	tu	lui/lei	noi	voi	loro
essere				*siamo*		
avere				*abbiamo*		

 3 pag. 181

5.2 Completa le frasi con la forma coniugata opportuna di *avere* o *essere*.
用恰当的 *avere o essere* 变位形式完成句子。

1. Scusa, _____ una penna?
2. Loro _____ due studentesse egiziane.
3. Ciao, io _____ un cellulare nuovo.
4. Lui _____ uno studente giapponese.
5. Due studenti _____ una sedia sola.
6. A: _____ giapponesi?
   B: No, siamo cinesi.
7. Ragazzi, _____ il libro? Aprite il libro a pagina 5.
8. Ciao, noi _____ gli studenti del corso di italiano!
9. Lei _____ una penna grande!
10. Ciao, io _____ uno studente argentino.
11. Gli studenti _____ i libri.
12. A: Di dove _____ ?
    B: Sono cinese, di Qingdao.

 4 pag. 181 / E online → 8

5 Osserva e completa la regola

A: Hai una penna?   A: Hai il libro di italiano?   A: Hai un euro?
B: Sì, ce l'ho!   B: No, non ce l'ho, mi dispiace.   B: Sì, ce l'ho, eccolo!

Per rispondere a una domanda con il verbo *avere* (当你要回答一句有动词 avere 的疑问句时) seguito da un nome singolare (后面加上一个单数名词) (per esempio: "*hai una penna?*") è comune usare dopo l'avverbio sì (通常用在副词 sì后) la formula (句式) *ce l'ho* e dopo l'avverbio *no* (而在副词no后) la formula (句式) _____.

 online → 9

5.3 Qual è il pronome?

5.4 In coppia. Scrivete quante più frasi possibile combinando gli elementi di ciascun insieme.
组合各组的词语组句，尽可能的多组些句子。

lui • lei • noi • loro • io • tu • voi	16 anni • in classe • di Chicago • francesi • in via Pace 3 • a lezione • una penna • due libri • una professoressa • tre professori • un computer • cinesi • studenti • timida • in mensa • italiana • uno zaino • in aula 8 • studente • ragazzi • in biblioteca • giapponesi • in segreteria	sono • hai • siete • avete • è • sei • siamo • ho • ha • abbiamo • hanno

il Milione — A1-A2

5.5 Completa la tabella. 完成下列表格。

Maschile singolare	Maschile plurale	Femminile singolare	Femminile plurale
ragazz**o**	ragazz___	ragazz___	ragazz**e**
libr___	libr**i**		
cellular___	cellular**i**		
		penn___	penn**e**
		lezion**e**	lezion___
	studenti	studentessa	
professore			professoresse

6 Osserva e completa

ragazz**a**   ragazz**o**   ragazz**i**   ragazz**e**   ragazz**i** (1)   professoress**a**   professor**e**   professor…

(1) Per indicare gruppi composti da maschi e femmine si usa la forma del plurale maschile, ovvero si aggiunge alla radice della parola la vocale ___. 使用阳性复数形式来表达由阴、阳性组成的词组，在词根上加上元音___

5.6 Sottolinea l'opzione corretta. 在正确的选项下划线。

1. Mila è una *studente/studentessa*, lei è a *lezione/lezioni* di italiano ma non ha una *penna/penne*.
2. Diego e Ahmad sono due *studenti/studentessa* del corso. Diego è un *ragazzo/ragazze* spagnolo.
3. Ahmad è uno *studente/studenti* egiziano.
4. Sono tredici *ragazzo/ragazzi* e hanno tredici *libro/libri* e tredici *sedia/sedie*.
5. Due *professore/professori*, tredici *studente/studenti*… la prima *lezione/lezioni* comincia!
6. Due *ragazza/ragazze* cinesi hanno due *penna/penne* per Mila.

5.7 Trasforma le parole dal singolare al plurale o dal plurale al singolare, come nell'esempio. 把单词从单数转变为复数或从复数转变为单数。例如：

Esempio: *libro* → *libri*

1. studente	___	5. ___	spagnole
2. ___	penne	6. professoressa	___
3. cinese	___	7. ___	spagnoli
4. ___	aule	8. ___	francesi

Di dove sei?

5.8 Completa il testo con le parole nel riquadro, come nell'esempio.
仿照例子,使用框格中的单词完成短文。(♂=maschile ♀= femminile)

studenti • spagnoli • egiziana • professore • libro • francese • professoresse • studenti • aula

Jerome e Ahmad sono due ___studenti___ del corso di italiano: Jerome (♂) _____ (1) e Fatima (♀) è _____ (2). Jerome e Ahmad hanno il _____ (3) di italiano il corso di italiano è in _____ (4) 16. Gli _____ (5) del corso di italiano sono dodici. Due studenti del corso di italiano sono _____ (6). I professori di italiano sono tre: un _____ (7) si chiama Marco e le due (♀) _____ (8) sono Irene e Rossana.

7 Osserva e completa la regola

Gli studenti del corso di italiano sono dodici: tre <u>ragazze cinesi</u>, una <u>ragazza australiana</u>, una <u>ragazza tailandese</u>, due <u>ragazzi egiziani</u>, due ragazzi spagnoli, un <u>ragazzo turco</u>, un <u>ragazzo argentino</u> e un <u>ragazzo francese</u>.

- Così come il nome, anche l'aggettivo singolare che termina in (单数形容词就像名词一样词尾用) (1) -___ è maschile, in (2) -___ è femminile e in (3) -___ è maschile o femminile.

  • *Il ragazzo italiano*　　• *La ragazza italiana*　　• *Lo studente è francese*
  • *Lo studente è americano*　　• *La studentessa è americana*　　• *La ragazza cinese*

- L'aggettivo maschile singolare che termina in -o al plurale termina in (当阳性单数形容词 的词尾是-o转变为复数，它的词尾应该是) (4) -___; l'aggettivo femminile singolare che termina in (当阴性单数形容词的词尾是) (5) -___ al plurale termina in (转变为复数时，词尾是) -e; l'aggettivo maschile e femminile singolare che termina in (当阴性和阳性单数形容词的词尾是) -e (转变为复数时，词尾是) al plurale termina in (6) -___

  • *Il ragazzo italiano* → *I ragazzi*　　(7) _____
  • *La ragazza italiana* → *Le ragazze*　(8) _____
  • *Il ragazzo cinese* → *I ragazzi*　　　(9) _____
  • *La ragazza cinese* → *Le ragazze*　 (10) _____

5.9 Rileggi la seguente parte del testo e completa le frasi. 重读并完成句子。

1. Shū Lán (♀) e Yă Qín (♀) sono due ragazz___ cines___ di Shanghai.
2. Akin (♂) è uno student___ turc___ di Ankara.
3. Sarah (♀) è una studentess___ australian___ di Perth.
4. Francisco (♂) e Dario (♂) sono due student___ spagnol___.
5. Garance (♀) è una ragazz___ frances___ di Parigi.
6. Yuki (♂) è uno student___ giappones___ di Tokyo.
7. Alain (♂) e Claude (♂) sono due ragazz___ frances___ di Lione.
8. Mila (♀) è una ragazz___ timid___ e simpatic___.
9. Maria (♀), una studentess___ argentin___ e Hana (♀) e Emi (♀), due student___ giappones___, sono in segreteria.

Shangai

E → 5 pag. 181 / E online → 10, 11

il Milione A1-A2

6 Completa il dialogo con le preposizioni nel riquadro. 使用下面的地点前置词完成对话。

a • per • di • in

A: Senti, Mila, ma tu ___ (1) dove sei?
B: Sono giapponese ___ (2) Osaka, abito ___ (3) Italia da un anno, sono a Pisa per studiare l'italiano.
A: Parli italiano molto bene, brava! E… dove abiti qui ___ (4) Pisa?
B: Abito ___ (5) piazza Pietro Gori n.1. E tu, dove abiti?
A: Io abito ___ (6) Parigi, ___ (7) Francia, sono a Pisa ___ (8) un mese.
B: Qual è il tuo numero ___ (9) telefono?
A: Il mio numero di telefono è 3345687651.

6.1 Torna al punto 4 di questa unità e ascolta di nuovo la parte di testo evidenziata. 回到此单元的练习4，重新听一遍短文中重点突出部分。

6.2 Leggi ad alta voce i seguenti numeri. 大声朗读下面的数字。

22, 31, 38, 67, 300, 545, 2001

6.3 Da 20 a 1.000.000. Ascolta e completa con i numeri mancanti 补写出下面漏掉的数字。

20 venti	31 _____	60 _____	700 _____
21 ventuno	32 trentadue	70 settanta	800 ottocento
22 _____	33 trentatré	80 _____	900 novecento
23 ventitré	34 _____	90 novanta	1000 mille
24 ventiquattro	35 trentacinque	100 cento	1010 millediece
25 venticinque	36 trentasei	101 centouno	2000 duemila
26 ventisei	37 trentasette	200 duecento	2021 _____
27 _____	38 _____	300 _____	100.000 centomila
28 ventotto	39 trentanove	400 quattrocento	1.000.000 un milione
29 ventinove	40 _____	500 _____	
30 trenta	50 cinquanta	600 _____	

6.4 Che numero è?

6.5 Ascolta e scrivi i numeri che senti. 听录音并把听到的数字写下来。

a. _____   e. _____   i. _____
b. _____   f. _____   j. _____
c. _____   g. _____   k. _____
d. _____   h. _____   l. _____

6.6 Attenti al 3!

Di dove sei?

7 **I blog di Giorgia e Wang Fei.** Leggi i due blog e indica se le affermazioni appartengono a Giorgia, a Wang Fei o a tutti e due. 读Giorgia和王菲的两篇博客，并指出这些是属于Giorgia的、王菲的还是两人都属于。

Ciao a tutti!
Mi chiamo Giorgia, sono italiana di Firenze e ho 20 anni!
Firenze è la mia città♥♥♥, è bellissima e ha molti turisti. Io sono a Milano per studiare all'università. Studio moda! 🙂
Abito in un appartamento 🏠 in via Fiore numero 7 con Viola, una ragazza italiana, e Paul, un ragazzo australiano. Viola e Paul sono due ragazzi super!
Al corso di moda ho un professore e due professoresse. Loro sono bravissimi!. Il professore si chiama Antonio, è di Firenze come me!
Scusate, la lezione comincia a... presto!!

Ciao!!
Mi presento!
Sono Wang Fei, ho 18 anni e sono un ragazzo cinese di Chongqing.
Chongqing è una città grande e bella, ma adesso abito a Pisa per studiare italiano. Pisa non è una città grande. Abito con 4 ragazzi cinesi.
Il corso di italiano è interessante e siamo 25 studenti tutti cinesi!
I professori sono 3 e sono italiani, un professore è di Perugia, un professore è di Firenze e una professoressa è di Pisa.
Oggi è il primo giorno di lezione... a domani!

	Giorgia	Wang Fei	Tutti e due (两者)
1. È italiana di Firenze.	☐	☐	☐
2. Ha diciotto anni.	☐	☐	☐
3. Studia italiano.	☐	☐	☐
4. Abita con due ragazzi.	☐	☐	☐
5. Abita a Pisa.	☐	☐	☐
6. Studia moda.	☐	☐	☐
7. Ha tre professori.	☐	☐	☐
8. Un professore è di Firenze.	☐	☐	☐
9. Adesso (现在) ha lezione.	☐	☐	☐

7.1 Collega le parole della colonna di sinistra con quelle a destra e forma delle frasi aiutandoti con i testi dell'esercizio 7 e cerca di capirne il significato insieme all'insegnante. Attenzione: ogni frase completa ha solo un verbo. 在练习7的引导下组句。把下面左栏里的词语和右栏里的词语连接在一起。在老师的帮助下理解它们的含义。注意：每句完整的句子里只有一个动词。

1. Firenze...   come me.
2. Firenze e Pisa...   è interessante.
3. Sono a Pisa...   grande e bella.
4. Studio...   per studiare all'università.
5. Abito in un appartamento con...   3 ragazzi.
6. Il professore è di Firenze...   il primo giorno di lezione.
7. Il corso di italiano...   hanno molti turisti.
8. Chongqing è una città...   è la mia città.
9. Oggi è...   italiano.

7.2 Trasforma la frase affermativa in frase negativa, come nell'esempio.
仿照例句，把下面的肯定句转变成否定句。

Esempio: Maria è americana. Maria **non** è americana.

1. Io abito a Roma. _____
2. Giorgia è francese. _____
3. Santiago è italiano. _____
4. Lei abita a Firenze. _____

il Milione A1-A2

5. Loro hanno 25 anni. _____
6. Noi abbiamo un computer. _____
7. Lei è a Pisa. _____
8. Chongqing ha molti turisti. _____

E ▶ 7 pag. 182 / E online ▶ 15, 16

7.3 Anna scrive il suo blog: segui le indicazioni riportate qui sotto e scrivi la presentazione di Anna. Anna的自我介绍。

Ciao a tutti!
- Anna/italiana/ di Perugia/ 25 anni./
- Abito/ Perugia/ via Gramsci 7
- Perugia/studiare italiano.
_____
_____
_____

Saluti,
Anna

7.4 Il mio blog. Scrivi la tua presentazione seguendo l'esempio di Anna. 我的博客。模仿Anna所写的，编写你的自我介绍。

Ciao a tutti! Benvenuti nel blog di
_____
_____
_____
_____
_____

E ▶ 8...15 pagg. 182... 184 / E online ▶ 17, 18, 18.1

8 Rileggi l'unità, sottolinea tutte le espressioni utili per fare una presentazione personale e scrivile nella tabella. 再读一遍本单元，在用于自我介绍的所有有用的表达方式下划线，然后写在表格里。

8.1 In coppia. Intervistatevi a turno utilizzando le domande nel riquadro.
使用下面的疑问句两人一组互相采访。

Come ti chiami? • Dove abiti? • Qual è il tuo indirizzo? • Quanti anni hai? • Di dove sei? • Come si scrive il tuo nome? • Con chi (跟谁) abiti? • Dove sei adesso (现在)? • Cosa studi? • Dove studi? • Qual è il tuo numero di telefono? • Qual è la tua email? • Cosa c'è (有什么) in classe?

8.2 Aiutandoti con la traccia delle domande dell'esercizio 8.1, prepara una presentazione personale scritta e poi, senza leggere, ripetila all'insegnante. 使用练习8.1的疑问句，写一份自我介绍，然后别读，直接复述给老师听。

8.3 Chattiamo! In coppia. Mandatevi dei messaggi in italiano con il vostro telefono usando le domande che avete imparato in questa unità per chiedere informazioni personali. Dopo aver svolto l'esercizio, postate gli screenshot dello scambio sul gruppo social della classe. 聊天儿！依据在本单元所学过的如何询问对方的个人信息，用你们的手机互相发短信，必须是意大利语的。然后把聊天儿的截图发到班级的社交群里。

il Milione

A1-A2

2

Prendiamo un caffè?

Che cosa impariamo?

cappuccino

tiramisù

aranciata

ristorante

bistecca

pasta

panino

la spesa

Per comunicare

- Che cosa prendi?
- Vorrei un...
- Quant'è?
- Offro io!
- Ti piace?
- Grazie!
- Ho fame!

Grammatica

- un, uno, una, un'
- il, lo, la, l'
- verbi -are -ere -ire
- bere
- mi piace, mi piacciono

Materiale extra online

- Esercizi supplementari online
- Materiale per insegnanti online

il Milione A1-A2

1 Osserva l'immagine e scrivi le parole italiane che conosci relative al bar.
观看图片，写出你所知道的跟酒吧有关的意大利语词汇。

2 Completa i nomi sotto ogni immagine, con le parole nel riquadro.
使用下面 所给的字母完成图片对应的单词。

a. CAFFÈ b. CAPPUCCINO c. CORNETTO d. SCONTRINO e. BARISTA f. CAMERIERE g. CLIENTE
h. PIZZETTA i. PANINO j. BIRRA k. ACQUA l. TÈ m. ARANCIATA n. TIRAMISÙ o. SPRITZ

1. _ _ _ _ _ A
2. _ _ Q _ _
3. _ _ _ _ N _
4. _ I _ _ _
5. _ _ _ _ È
6. _ O _ _ _ _ _
7. _ _ _ _ _ _ C _ _ _
8. _ _ _ _ _ T _
9. C _ _ _ _ _ _ _ _
10. _ _
11. _ _ Z _ _ _ _ _
12. _ _ _ N _ _ _ _ _
13. _ I _ _ _ _ _ _
14. _ _ _ N _ _ _ _ _
15. _ _ _ _ T _

Prendiamo un caffè? 2

2.1 Riordina nella seguente tabella le parole dell'attività 2 in base alle categorie a cui appartengono. 把活动2里的单词重新分类填写。

Da bere 饮料	Da mangiare 食品	Persona 人物

2.2 **Per me un caffè!** Ascolta i dialoghi e completali con le parole mancanti. 听对话填空。

1
A: Buongiorno, vorrei un _____.
B: Subito.
A: Quant'è?
B: Un _____, grazie.

2
A: Paolo, che cosa prendi?
B: Io prendo uno _____, e tu?
A: Per me un' _____
B: Allora, uno _____ e un' _____.

3
A: Salve, che cosa prende da mangiare?
B: Un _____ vegetariano.
A: E da bere?
B: Una _____, per favore. Quant'è?
A: 5 euro.

4
A: Ciao Francesco, mangi qualcosa con me? Io mangio una _____
B: Perché no! Ordino subito un _____ e da bere un _____ americano.

2.3 In coppia. Leggete i due dialoghi e interpretateli sostituendo le parole in neretto con le coppie di parole riportate nei riquadri in basso. 阅读下面的两段对话，然后用下面的每组词语替换黑体字并演示给大家。

- Buongiorno, vorrei **un caffè**. - Certo! - Quant'è? - **Un euro**, grazie.	- Ciao, che cosa prendi? - Io prendo **un tiramisù**, e tu? - Per me **una pizzetta**. - Allora, **un tiramisù** e **una pizzetta**.
1. una birra – 3 euro 2. un cappuccino – 2 euro	3. un panino – un cornetto 4. un'aranciata – uno spritz

il Milione A1-A2

2.4 In coppia. Interpretate i dialoghi sostituendo le immagini con le parole corrispondenti. 用对应的词语替换图片来演示下面的对话。

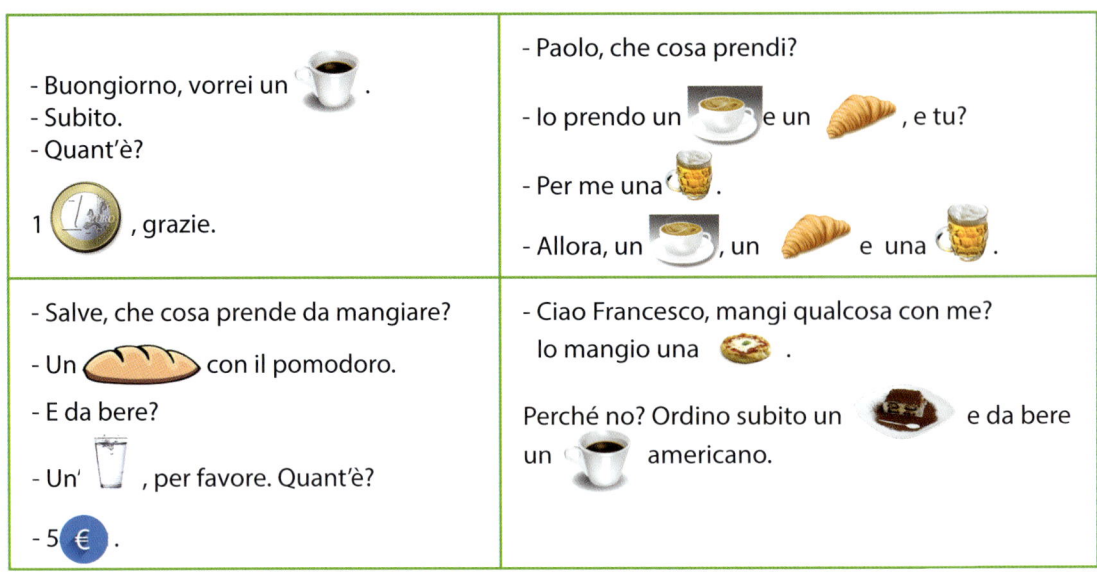

 1 pag. 185

3 Leggi i testi e completa la tabella. 阅读短文并填空。

1	2	3	4
A: Paolo, che cosa **prendi**? B: Io **prendo** uno spritz, e tu? A: Per me un'aranciata. B: Allora, uno spritz e un'aranciata.	A: Salve, che cosa **prende** da mangiare? B: Un panino vegetariano. A: E da bere? B: Una birra, per favore. Quant'è?	A: Ciao Francesco, **mangi** qualcosa con me? Io **mangio** una pizzetta. B: Perché no? Io **ordino** subito un tiramisù e da bere un caffè americano.	Monica ha fame: **ordina** due panini.

		io	tu	lui/lei
-ARE	ordinare 点	ordin___	ordin___	ordin___
-ARE	mangiare 吃饭	mangi___	mang**i**	mangi___
-ERE	prendere 拿	prend___	prend___	prend___

3.1 Leggi i dialoghi e sottolinea l'opzione corretta. 读对话并在正确的选项下划线。

A: Ciao Maria, che cosa *prende/prendo/prendi* da bere?
B: Allora, adesso *ordina/ordini/ordino* una birra e poi forse *prendi/prendo/prende* un caffè.
A: E da mangiare?
B: Ho fame, *mangio/mangia/mangi* un panino.

Prendiamo un caffè?

2
A: Buongiorno Signora, che cosa *prende/prendi/prendo*?
B: Una birra grazie. E *mangi/mangia/mangio* anche una pizzetta.

3
A: Buongiorno ragazzi.
B: Ciao Massimo! Io *prendi/prendo/prende* un'acqua frizzante e Michela *prende/prendi/prendo* un caffè macchiato.

3.2 Soggetto e verbo.

1 Osserva

In italiano non è sempre obbligatorio specificare il soggetto della frase (在意大利语中不需要指明主语): **Io prendo un caffè**, ma anche (但也) **prendo un caffè.**

3.3 Leggi i testi e completa con le forme verbali coniugate al presente.
阅读并使用现在时的动词变位形式来完成短文。

1
Marco (arrivare) _____ al bar: lui (entrare) _____, (salutare) _____ il barista e (ordinare) _____ un caffè.

2
A: Buongiorno signora, che cosa (prendere) _____?
B: Mah, oggi (mangiare) _____ un cornetto alla crema!

3
A: Paolo, (aspettare) _____ qualcuno?
B: Sì, intanto (guardare) _____ il menù e poi (decidere) _____ cosa ordinare.

4
Maria (chiedere) _____ un caffè al barista. Poi (mettere) _____ lo zucchero nel caffè.

5
Il cliente (guardare) _____ il menù e poi (parlare) _____ con il cameriere. Il cameriere (scrivere) _____ l'ordine.

il Milione A1-A2

2 Osserva

- *Io prendo **uno** spritz, e tu?*
- *Io mangio **una** pizzetta.*
- *Cosa prende?*
- *Per me **un** succo di frutta.*
- *Vorrei **un** caffè e **un** amaro.*
- ***Un** panino vegetariano e una birra.*
- *Ordino **un'**insalata e **uno** spiedino.*

Scrivi gli articoli indeterminativi appropriati. 写出恰当的不定冠词。

- Davanti a nome maschile singolare che inizia per **consonante** o per **vocale**. 在以辅音或元音开头的单数阳性名词前。 ⟶ (1) _____ *bicchiere/amaro*
- Davanti a nome maschile singolare che inizia per **s+consonante, PS, Y, Z.** 在以S+辅音、PS、Y、Z开头的单数阳性名词前。 ⟶ (2) _____ *yogurt*
- Davanti a nome femminile singolare che inizia per **vocale**. 在以元音开头的单数阴性名词前。 ⟶ (3) _____ *aranciata*
- Davanti a nome femminile singolare che inizia per **consonante**. 在以辅音开头的单数阴性名词前。 ⟶ (4) _____ *mozzarella/pasta*

4 Completa la tabella con gli articoli indeterminativi nel riquadro. 使用下面的不定冠词来完成表格。

un • uno • una • un'

 ____ succo di frutta
 ____ bicchiere di latte
 ____ pomodoro
 ____ amaro
 ____ barista
 ____ gelato
 ____ acqua tonica

 ____ scontrino
 ____ speck
 ____ zucchero
 ____ yogurt
 ____ spuntino
 ____ strudel
 ____ anguria

 ____ tazza di caffè
 ____ bottiglia di vino
 ____ Coca-Cola
 ____ piadina
 ____ pasta
 ____ mozzarella
 ____ aranciata

3 Osserva

In italiano la parola *pasta* ha due significati diversi: in pasticceria o al bar *pasta* significa 意大利语中*pasta*有两种含义：一种是在糕点店或在酒吧的甜点  , mentre al ristorante o a casa 另一种是在餐厅或在家里的面条:

4.1 Completa le frasi con gli articoli indeterminativi appropriati. 用恰当的不定冠词完成句子。

1. **A:** Io prendo _____ spritz, e tu? - **B:** Per me un succo di frutta.
2. **A:** Cosa prende? - **B:** _____ panino vegetariano e _____ birra.

Prendiamo un caffè?

3. Vorrei _____ caffè e _____ amaro.
4. Ordino _____ insalata e _____ spiedino.
5. Io mangio _____ pizzetta.

4.2 **Leggi il dialogo e sottolinea l'opzione corretta.** 读对话并指出正确的选项。

Barista: Ciao Lin, cosa *prendo/prendi/prende* oggi?
Lin: Ciao Stefano, prendo *un'/una/un* aranciata, grazie.
Barista: E cosa *mangi/mangio/mangia*?
Lin: Oggi *mangio/mangia/mangi* solo *un/un'/uno* panino vegetariano con **la** mozzarella e **il** pomodoro.
Barista: Perfetto. *Metto/Metti/Mette* anche **l'**origano?
Lin: Sì, grazie!
Barista: E dov'è Sara, la tua amica?
Lin: Sara *parla/parli/parlo* al telefono ora.
Barista: Anche lei *mangio/mangi/mangia*?
Lin: Quando Sara finisce al telefono, *guardo/guarda/guardi* il menù e *decidi/decide/decido* cosa ordinare.
Barista: Allora io *preparo/prepari/prepara* **il** panino per te e *aspetti/aspetta/aspetto* a prendere l'ordine di Sara. Forse lei *ordino/ordina/ordini* una piadina, lei *mangio/mangia/mangi* solo **le** piadine a pranzo.
Lin: Giusto! E da bere Sara forse prende **l'**acqua, *un/uno/una* bicchiere d'acqua naturale. Vero Sara?
Sara: Ciao ragazzi! Allora, per me *una/uno/un'* piadina con **lo** speck e da bere *uno/un/una* succo di frutta. **Il** succo di frutta freddo, grazie.
Barista: Va bene, ho capito, oggi non *prendo/prendi/prende* il bicchiere d'acqua! Lin, ecco **l'**aranciata e **il** panino. Sara, *uno/un/una* momento…ecco **la** piadina. Ragazze, *un'/un/uno* aperitivo (开胃酒) prima di mangiare? *Uno/una/un* spritz?
Sara: Per me sì, grazie!
Lin: Anch'io prendo **lo** spritz. *Offri/offre/offro* tu, Stefano?
Barista: Certo, ragazze, *offre/offro/offri* io **l'**aperitivo.
Sara: Benissimo! E Lin *offri/offro/offre* **il** caffè!
Barista: Benissimo! Ecco **lo** scontrino, ragazze!
Sara: Lin, dopo vorrei fare un po' di shopping! Andiamo ai negozi del centro commerciale?
Lin: Perché no? Buona idea.

4 Osserva

- Normalmente in italiano il soggetto precede il verbo 通常在意大利语中，主语在动词前: *io offro il caffè a Lin*.
- Nelle frasi 在句子 *"Offri tu, Stefano?"* e *"Offro io l'aperitivo"* la posizione postverbale del soggetto evidenzia chi fa l'azione tra diverse alternative 中主语的后置位置是用来突出在j几个选项中谁在操作 *Offro io l'aperitivo! (non tu/voi!)*.
- In classe l'insegnante chiede agli studenti 老师在课堂上问同学们 *"Ragazzi, chi legge?"* e Lin risponde 林回答 *"Leggo io!"*

Spazio culturale: il bar in Italia.

5 **Rileggi l'ultima parte del dialogo e completa la tabella.** 重读对话的最后一部分并完成表格。

	io	**tu**	**lui/lei**
ASPETT**ARE**	aspett**o**	aspett**i**	aspett**a**
PREND**ERE**	prend**o**	prend**i**	prend**e**
OFFR**IRE**	offr___	offr___	offr**e**

E → 3, 4 pag.185 / E online → 6

il Milione A1-A2

6 Rileggi il dialogo dell'attività 4.3 e completa la tabella scrivendo le parole precedute dagli articoli determinativi in grassetto sotto l'articolo corrispondente. 重读活动4.3的对话，完成表格：在对应的冠词下写出粗体字的定冠词后面的单词。

Parole maschili singolari 单数 阳性词			Parole femminili singolari 单数阴性词	
il	l'	lo	la	l'

5 Osserva e completa la regola

Guarda la tabella 6 e completa le regole con gli articoli determinativi appropriati.
依照练习6，用恰当的定冠词完成规则。

- Davanti a nome maschile singolare che inizia per **consonante**. 在以辅音开头的单数阳性名词前。
  → **(1)** _____ bicchiere
- Davanti a nome maschile singolare che inizia per **s+consonante, PS, Y, Z**. 在以s+辅音、PS、Y、Z开头的单数阳性名词前。 → **(2)** _____ scontrino
- Davanti a nome maschile o femminile singolare che inizia per **vocale**. 在以元音开头单数的阴性或阳性名词前。
  → **(3)** _____ amaro/aranciata
- Davanti a nome femminile singolare che inizia per **consonante**. 在以辅音开头的单数阴性名词前。
  → **(4)** _____ mozzarella

6.1 Collega gli articoli determinativi ai nomi corrispondenti. 将定冠词和对应的名词连接起来。

il • lo • l' • la

___ acqua • ___ amaro • ___ anguria • ___ aranciata • ___ barista • ___ bottiglia • ___ Coca Cola • ___ gelato • ___ cameriere • ___ mozzarella • ___ negozio • ___ pasta • ___ pomodoro • ___ speck • ___ spuntino • ___ tazza • ___ yogurt • ___ zucchero

6.2 Completa le frasi con gli articoli determinativi appropriati. 用恰当的定冠词完成句子。

1. Un caffè e un cappuccino. _____ caffè macchiato, per favore.
2. A colazione mangio _____ yogurt e bevo _____ acqua.
3. _____ cliente guarda _____ menù e poi parla con _____ cameriere.
4. Maria ordina un tè e poi mette _____ zucchero nel tè.
5. Prendo una piadina con _____ mozzarella e _____ speck.

E → 5 pag.186

Prendiamo un caffè?

6 Osserva

- Si usa l'articolo indeterminativo, quando si parla di qualcosa o qualcuno che non è stato introdotto in precedenza o per nominare qualcosa o qualcuno in modo generico, indefinito. 当说某物或某人，而这某人某物从来没提过或者这某人某物是泛指的、不确切的情况下，使用不定冠词。
  - *Vorrei un'aranciata.*
  - *Vedo uno studente.*
- Si usa invece l'articolo determinativo per indicare in modo preciso qualcosa o qualcuno già noto a chi ascolta o i nomi che si riferiscono a una categoria. 当确切地表示听者已知的某人某物或者表示一个类型的名称概念的情况下，使用定冠词。
  - *Vorrei un'aranciata.*
  - *Ecco l'aranciata!*
  - *L'aranciata è una bevanda senza alcol* (不含酒精的饮料).

6.3 Completa i dialoghi con gli articoli determinativi o indeterminativi mancanti. In alcuni casi sono possibili entrambi. 使用定冠词或不定冠词完成对话。但有些情况下两者都可以用。

1 A: Buongiorno, vorrei _____ pasta al cioccolato.

B: Ecco _____ pasta!

pasta al pesto

2 A: Mario, ti offro _____ caffè!

B: Grazie, ma la mattina prendo solo _____ bicchiere d'acqua

A: Va bene! Preferisci _____ acqua naturale o frizzante?

B: Naturale!

3 A: Professoressa Bianchi, che cosa mangia oggi?

B: Non lo so, _____ piatto di pasta o _____ panino. Che pasta avete oggi?

A: Oggi abbiamo _____ pasta al pesto.

B: Allora prendo _____ pasta e da bere _____ bicchiere di vino.

4 A: Ciao Sara, mangi in mensa con me?

B: Perché no? Ma prima passo in biblioteca per prendere _____ libro.

A: Che libro?

B: _____ libro di lingua italiana del professor Xing Wang.

5 A: Lin, lui è _____ tuo (你的) amico Stephen?

B: Chi? _____ ragazzo con _____ zaino?

A: No, _____ ragazzo al distributore, _____ ragazzo che prende _____ caffè.

B: Lui? No, lui è _____ amico di Sonia, non lo so come si chiama.

E ➡ 6 pag.186 / E online ➡ 7, 8, 9

il Milione A1-A2

7 Completa i testi con le espressioni nel riquadro. 用下面的表达方式完成对话。

Ecco • Va bene • grazie • carino • Ma dai • Quant'è • Dai

1. A: Ti piace il mio nuovo telefono?
   B: Sì, _____.
2. A: _____?
   B: Allora, due caffè e un cappuccino. Sono 4 euro.
3. Una pizzetta e una coca. _____ a Lei.
4. A: Prendi un caffè?
   B: No, grazie.
   A: _____, prendi qualcosa! Qui è tutto molto buono.
   B: _____, allora prendo un cornetto.
5. A: Maria, oggi offro io i caffè e i cappuccini!
   _____!
   B: Sì, sì, pago io!
   A: Allora _____!

 7, 8 pag. 186

8 Al bar: role-play. In coppia. Scrivete un dialogo fra cliente e barista. Potete usare le espressioni nel riquadro. Dopo recitatelo all'insegnante e alla classe. 使用下面的表达方式写一段顾客和酒吧员的对话，然后在班上给大家演示。

- Per me...   - ..., per favore.   - Quant'è?   - Che cosa prendi?   - Da bere?   - Da mangiare?
- Vorrei...   - ... euro, grazie.   - Grazie!   - Prego!   - Prendo...   - Ciao!

9 Scrivi i nomi nel riquadro sotto i rispettivi negozi. 将下面的名词写进对应的店铺里。

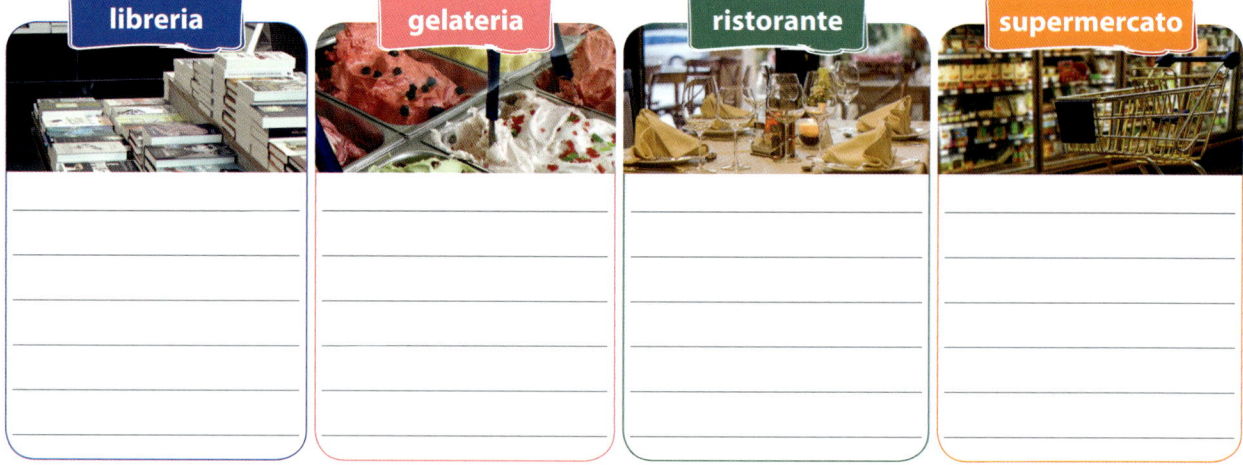

libreria | gelateria | ristorante | supermercato

Prendiamo un caffè?

bistecca  — gelato  — quaderno  — verdure  — pizza

cornetto  — manga  — birra  — carne  — pasta

aranciata  — spaghetti 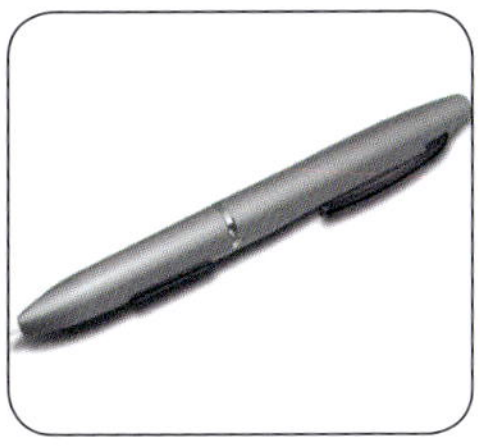 — penna  — libro  — pane

9.1 **Ti piace il gelato?** Ascolta il dialogo e indica le parole che senti. 听对话，指出你所听到的词语。

- ☐ 1. bistecca
- ☐ 2. tiramisù
- ☐ 3. gelato
- ☐ 4. quaderno
- ☐ 5. verdure
- ☐ 6. pizza
- ☐ 7. manga
- ☐ 8. birra
- ☐ 9. yogurt
- ☐ 10. carne
- ☐ 11. pasta
- ☐ 12. aranciata
- ☐ 13. spaghetti
- ☐ 14. penna
- ☐ 15. libro
- ☐ 16. cappuccino
- ☐ 17. panino
- ☐ 18. pane

9.2 Ascolta di nuovo e indica se le affermazioni sono vere (V) o false (F).
再听一遍并指出下面的句子是对(V)还是错(F)。

	V	F
1. Le ragazze sono in un centro commerciale.	☐	☐
2. La libreria è grande.	☐	☐
3. Le due ragazze sono vegetariane.	☐	☐
4. In libreria una ragazza compra due penne.	☐	☐
5. Al supermercato una ragazza compra una bistecca e la birra.	☐	☐
6. Dopo il supermercato una ragazza prende un caffè.	☐	☐

il Milione A1-A2

9.3 Ascolta il dialogo e indica le frasi che senti realmente. 听对话并指出你所真听到的句子。

1. fare la spesa al centro commerciale ☐
2. la carne del ristorante è buona ☐
3. ti piace la carne? ☐
4. compro un libro e una penna ☐
5. mi piacciono i manga ☐
6. prima compro le verdure e la pasta ☐
7. e dopo la spesa, un gelato ☐
8. non ho fame adesso ☐

9.4 Completa il dialogo con le parole mancanti. 完成对话。

Lin: Mi piace girare in questo centro commerciale.
Sara: È vero, è molto bello. Mi piacciono i _____ (1) qui.
Lin: La libreria è molto grande e anche il supermercato, la gelateria e il _____ (2) sono belli. La pizza del ristorante è buona e anche gli spaghetti e la carne. Ti piace la carne?
Sara: No, non mi piace, sono vegetariana!
Lin: Davvero? A me la _____ (3) piace molto. E adesso? Un giro in _____ (4)?
Sara: Perché no! Così compro un quaderno e una _____ (5) nuova e... anche un libro. Ti piace leggere?
Lin: Sì, mi piacciono i manga.
Sara: Allora entriamo!
Lin: Va bene, però dopo passo un attimo al supermercato, ti dispiace?
Sara: Ok! Così prendo anch'io le _____ (6), la pasta e il pane. Tu che cosa prendi?
Lin: Prendo una bistecca e la _____ (7).
Sara: E dopo il _____ (8), un gelato!
Lin: Perché, hai fame? Umh! Io no, non ho fame adesso... ho sete! Prendo subito un'aranciata! E dopo... non lo so!

7 Osserva e completa

- Perché, **hai fame**? Umh! Io no, **non ho fame** adesso... **ho sete**! Prendo subito un'aranciata! E dopo... non lo so!
- *Avere* fame (饿): ho fame, mangio un panino.
- *Avere* sete (渴): ho sete, bevo l'acqua. Maria ha sete, beve l'acqua.

1. Lin ha fame. Prende ☐ un panino ☐ un bicchiere di acqua ☐ una birra.
2. Io ho sete. Prendo ☐ un panino ☐ un bicchiere di acqua ☐ un caffè.

10 Guarda il riquadro. Osserva e completa la tabella con le forme mancanti del verbo bere. 看表格，Osserva，用动词bere的变位形式填空。

	io	tu	lui/lei	Lei
BERE 喝		bevi		

11 Leggi di nuovo il dialogo 9.4 e completa le vignette con le parole mancanti. 重读对话9.4并完成下面的小漫画。

1. Mi piace _____ in questo centro commerciale.
2. Mi piacciono i _____ qui.
3. Ti piace la _____?
4. ...e anche un libro. Ti piace _____?
5. Sì, mi piacciono i _____.

Prendiamo un caffè?

8 Osserva e completa la regola

1. mi piace - ti piace	+ nome	singolare ☐	plurale ☐
	+ verbo	infinito ☐	presente ☐
2. mi piacciono - ti piacciono	+ nome	singolare ☐	plurale ☐

11.1 **I miei gusti.** Completa la prima colonna con i tuoi gusti: scrivi *mi piace/mi piacciono* o *non mi piace/non mi piacciono* accanto alle espressioni. 在第一栏里填写你的喜好:在短语旁边写下。

(NON) MI PIACE / (NON) MI PIACCIONO

- il caffè _____
- le verdure _____
- la pizza _____
- studiare _____
- gli spaghetti _____
- lo yogurt _____
- la Coca Cola _____
- i pomodori _____
- i panini _____
- l'aranciata _____
- la bistecca _____
- i libri _____
- parlare italiano _____
- offrire al bar _____
- leggere _____
- fare la spesa _____

11.2 In coppia. A intervista B. Per ogni espressione fa la domanda *ti piace* o *ti piacciono*? e scrive la risposta. Dopo, i ruoli si invertono. In coppia. A同学采访B同学。每句话中都要用 **ti piace o ti piacciono?** 并写出答案。然后互换角色。

Esempio:
A: *Ti piace il caffè?*
B: *No, non mi piace!*

	SÌ	NO		SÌ	NO		SÌ	NO
il caffè	☐	☐	lo yogurt	☐	☐	i libri	☐	☐
le verdure	☐	☐	la Coca Cola	☐	☐	parlare italiano	☐	☐
la pizza	☐	☐	i panini	☐	☐	offrire al bar	☐	☐
studiare	☐	☐	l'aranciata	☐	☐	leggere	☐	☐
gli spaghetti	☐	☐	la bistecca	☐	☐	i pomodori	☐	☐

Alla fine dell'attività riferite le risposte alla classe, come nell'esempio 最后向全班汇报。例如:

Esempio:
A/B: A _____ non piace il caffè.

E → 9, 10, 11, 12 pag. 187

12 **Gara di velocità.** In coppia. Ricostruite le frasi. La prima coppia che finisce dice "Stop!" 速度竞赛！In coppia.重新组句。第一组完成组句的同学立刻说"Stop!"

1. pane / prende / la / e pasta / il /lui _____.
2. prendi / cosa / Lin, / ? / tu / che _____.
3. me / un'/ per / aranciata _____.
4. piacciono / i / manga/ mi /sì, _____.
5. un / vorrei / e / caffè / pasta / una _____.

il Milione

A1-A2

6. mi /non / il / piace / latte _____.
7. piace / ti / carne /? / la _____.
8. ? / prende / salve, / da / cosa / mangiare / che _____.

13 In coppia. Ricostruite le parole. 填空

BEVANDE	CIBI	NEGOZI	PROFESSIONI	OGGETTI
_IN_	Y_ _ _ _T	R_ST_R_N_E	B_R_S_A	_ _TT_GL_A
_R_NC_A_ _	_ _ZZ_R_L_ _	_ _R	INS_G_A_T_	_ _BRI
_MA_O	_O_OD _ _O	_UP_RM_R_ _T_	_A_E_IE_E	_CO_TRI_O
_CQ_ _	G_L_T_	L_BRE_ _A	S_GR_T_ _IA	_ELE_ _N_
_I_R_	C_RN_T_ _	G_ L _ _ _R_A		P_N_A
_ _PP_C_ _ _O	P_AD_ _A			QU_ _ER_ _
AFF	_ _ZZ_ _TA			
_A_TE				

14 Scatta la foto!   **15** Gioco dell'oca: ripassiamo!

E 📚 ➡ 13...18 pagg. 188...190

16 Rileggi l'unità, sottolinea tutte le espressioni utili per parlare di gusti, cibo, bevande ed espressioni per ordinare e scrivile nella tabella. 重读此单元，指出所有谈到口味、食物、饮料以及点菜的有用的表达方式，将它们都写在下面的表格里。

gusti	cibo	bevande	espressioni per ordinare

16.1 In coppia. Intervistatevi a turno utilizzando le domande nel riquadro.
使用下面的疑问句互相采访。

 Cosa prendi da mangiare in un bar italiano? • Cosa prendi da bere in un bar italiano? • Cosa compri in una libreria? • Cosa compri in una gelateria? • Cosa compri al supermercato? • Cosa ordini in un ristorante italiano? • Cosa ti piace mangiare? • Cosa ti piace bere? • Cosa non ti piace mangiare? • Cosa non ti piace bere? • Quali negozi (商店) italiani conosci (认识)?

16.2 Aiutandoti con la traccia delle domande dell'esercizio 16.1, prepara una presentazione personale scritta e poi, senza leggere, ripetila all'insegnante. 采用练习16.1的疑问句，准备一份书面的自我介绍，然后先别读，直接重复给老师听。

Test Unità 0-1-2 ➡ pag. 161

il Milione

A1-A2

3

Milano andata e ritorno!

Che cosa impariamo?

 negozio di valigie

 treno

 binario

 l'ora

 a piedi

 bicicletta

 aereo

 riviste

Per comunicare

- Preferisco l'autobus
- Quando partite?
- È di Roma.
- Abita a Genova.
- Prima e… dopo…
- Che ore sono?
- Sono le undici

Grammatica

- i, gli, le
- di, a, in, per
- dalle… alle
- preferire, finire…
- prima di…
- dovere
- vicino… lontano

Materiale extra online

- Esercizi supplementari online
- Materiale per insegnanti online

il Milione

A1-A2

1 Osserva l'immagine della stazione dei treni. Quali parole conosci della stazione?
观察火车站 的图片。你知道哪些词语与火车站有关？

1.1 Collega le immagini fra loro, come nell'esempio. 把下面的图片连接来。例如：

 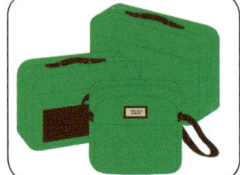   

a. WC   b. valigie   c. tabaccheria   d. bagno pubblico   e. *pizza*

    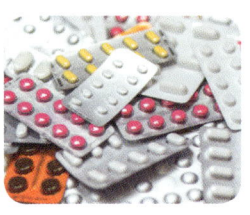

f. sigaretta   g. riviste   h. farmacia   i. *bar-ristorante* l. medicine

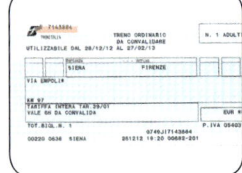   

m. biglietto   n. negozio di valigie   o. edicola   p. biglietteria

1. *e-i*   5. _____
2. _____   6. _____
3. _____   7. _____
4. _____

2 Collega i verbi alla loro traduzione cinese nel riquadro. 把中意两文连接在一起。

a. 住 • b. 离开 • c. 叫 • d. 来到 • e. 去 • f. 说话 • g. 留 • h. 宁 • i. 带 • j. 写 • k. 坐 • l. 等

☐ 1. andare   ☐ 2. parlare   ☐ 3. abitare   ☐ 4. scrivere
☐ 5. chiamare   ☐ 6. preferire   ☐ 7. prendere (mezzi di trasporto) ☐ 8. portare
☐ 9. partire   ☐ 10. restare   ☐ 11. arrivare   ☐ 12. aspettare

Milano andata e ritorno!

2.1 Collega le immagini alle espressioni nel riquadro. 将图片和下面的表达方式连接在一起。

a. Andare al cinema • b. Chiamare • c. Aspettare l'autobus • d. Abitare a Milano • e. Parlare di Milano • f. Scrivere un messaggio • g. Prendere l'autobus • h. Portare le valigie • i. Preferire

1. ☐   2. ☐   3. ☐   4. ☐   5. ☐
6. ☐   7. ☐   8. ☐   9. ☐

E online ➔ 1

3 Quando partite? Leggi il testo e indica se le affermazioni sono vere o false.

Francesco: Allora, sei contenta che **andiamo** a Milano?
Giulia: Sì, è una città molto bella. Gli amici del corso di inglese e i compagni dell'università **parlano** molto bene di Milano.
Francesco: Anche Maria e Monica, che **abitano** a Milano da 2 anni, **scrivono** sempre su Facebook che è una città molto divertente.
Giulia: Ah è vero, perché dopo non **chiamiamo** le ragazze?
Francesco: Perché no? Dopo magari **scriviamo** un messaggio a Maria! Senti Giulia, **aspettiamo** l'autobus o **preferisci** andare in stazione a piedi?
Giulia: **Preferisco** l'autobus.
Mamma: Ragazzi, se **prendete** l'autobus perché non **portate** le valigie grandi? Sono molto comode (舒适)!
Francesco: No, mamma, grazie ma **preferiamo** gli zaini.
Mamma: Allora ragazzi, avete tutto? I telefoni, i documenti… Quando **partite**?
Francesco: Sì, sì, mamma, abbiamo tutto. **Partiamo** dopo pranzo, prima di partire mangiamo qualcosa. Tu e papà **restate** a casa oggi?
Mamma: Stasera (今晚) io **vado** a cena con le amiche, papà **va** al cinema. E poi quando **arrivate** ci sentiamo? Dai, così **parliamo** un po'. Buon viaggio!
Francesco: Va bene, a presto!

	V	F
1. Francesco e Giulia parlano di Milano.	☐	☐
2. Maria e Monica abitano a Milano.	☐	☐
3. Francesco e Giulia dopo chiamano Maria e Monica.	☐	☐
4. Francesco e Giulia prendono l'autobus.	☐	☐
5. I due ragazzi prendono le valigie grandi.	☐	☐
6. I due ragazzi preferiscono gli zaini.	☐	☐
7. I due ragazzi partono oggi.	☐	☐
8. La mamma e il papà stasera restano a casa.	☐	☐

il Milione  A1-A2

4 Rileggi il dialogo e completa la tabella con le forme mancanti. 再读一遍对话，完成下面表格。

	io	tu	lui/lei	noi	voi	loro
parlare	parl-___	parl-___	parl-___	parl-___	parl-**ate**	parl-___
scrivere	scriv-___	scriv-___	scriv-___	scriv-___	scriv-___	scriv-___
partire	part-___	part-___	part-___	part-___	part-___	part-**ono**
preferire	prefer-isc___	prefer-isc___	prefer-**isc-e**	prefer-___	prefer-**ite**	prefer-**isc-ono**
andare	___	**vai**	___	___	**andate**	**vanno**

1 Osserva

Alcuni verbi italiani con l'infinito in *-ire* come *preferire, finire, capire, pulire* inseriscono **-isc** solo nelle forme io, tu, lui/lei, loro. 一些以-ire结尾的不定式意大利动词如*preferire, finire, capire, pulire* 仅nelle forme io, tu, lui/lei, loro, 后缀-isc。

4.1 Completa le frasi inserendo le desinenze dei verbi. 加上动词的结尾完成句子。

1. Giulia e Francesco scriv___ un messaggio alle amiche di Giulia e loro rispond___ subito al messaggio.
2. La mamma: "Scusa Francesco, tu e Giulia port___ il trolley o prefer___ gli zaini?"
   Francesco: "Non lo so, noi decid___ dopo cosa portare."
   La mamma: "Francesco, tu e Giulia part___ questa mattina o stasera?"
   Francesco: " Noi part___ questa mattina".
   La mamma: "Francesco, chiam___ quando arriv___ a Milano?"
   Francesco: Ma dai mamma, no, io non ti chiam___, basta, io e Giulia and___ a Milano, non and___ in America!
3. Giulia aspett___ l'autobus, Marco invece prefer___ andare a piedi.
4. Francesco: "Io e Giulia prend___ l'autobus così noi arriv___ prima."
   Marco: "Io non prend___ l'autobus, prefer___ andare a piedi."
5. Giulia e Francesco arriv___ in stazione. Francesco: "Giulia, sent___ l'annuncio? Dice che il nostro treno è al binario uno."
6. Loro prend___ il treno. Giulia e Francesco non abit___ a Milano.

4.2 Coniuga il verbo!

E ➜ 1 pag. 191 / E online ➜ 2, 3

2 Osserva e completa la regola

Leggi i testi e completa la regola sull'uso delle seguenti preposizioni con le parole nel riquadro grigio.
读短文并用灰框中词语完成以下地点前置词的使用规则。

Milano andata e ritorno! 3

Luigi è italiano **di** Roma, ma abita **a** Genova, **in** Liguria. Lavora in ufficio in una banca in centro. Va a lavorare **in** autobus oppure a piedi. A pranzo mangia qualcosa al bar o in pizzeria. Il fine settimana parte **per** Roma per andare a trovare (去找) la sua ragazza.

Maria è italiana **di** Palermo, ma vive **a** Parigi, **in** Francia. La mattina va a lezione all'università **in** metropolitana. A pranzo mangia spesso al ristorante. Il pomeriggio va a studiare in biblioteca con una sua amica. Qualche volta il fine settimana parte **per** l'Italia per andare a trovare il suo ragazzo.

1. La preposizione *a* si usa con il nome di _____.
2. La preposizione *in* si usa con il nome di _____ e con il nome di _____ e con i _____.
3. La preposizione *di* si usa con il verbo *essere* per indicare la _____.
4. Il verbo *andare* prende la preposizione _____ quando è seguito da un verbo all'infinito.
5. Il verbo *partire* prende la preposizione _____ quando è seguito da destinazione.

città • provenienza (来处) • regione (地区) • nazione (国家) • per • a • mezzi di trasporto (运输工具)

3 Osserva

Andare in treno • in autobus • in aereo • in bicicletta • in auto • **a** piedi

5 Rileggi i testi nella tabella precedente e completa con le preposizioni corrette.
重读上面的短文，选择正确的地点前置词填空。

1. Luis abita ___ Firenze, ___ Toscana. Luis è spagnolo ___ Madrid. Luis insegna in una scuola di lingue. La mattina va ___ lavorare ___ Pisa ___ treno. Parte ___ Pisa alle 7:30.

2. Mao è cinese ___ Shanghai. Lei abita ___ Perugia, ___ Umbria. Mao segue i corsi di italiano all'università. La mattina va ___ studiare in biblioteca ___ piedi. Una volta all'anno Mao parte ___ la Cina ___ aereo.

5.1 Rileggi i testi nella tabella e nell'esercizio 5 e scrivi le parole nel riquadro in basso sotto la preposizione corrispondente. 重读练习5表格里面的短文，并将下面的单词写在相应的介词下。

ufficio • lezione • una banca • università • aereo • ristorante • l'Italia • biblioteca • una sua amica • centro • Roma • pizzeria • bar • una scuola

in	a	all'	al	da	*partire* per

il Milione A1-A2

5.2 Preposizioni a catena.

E online ➔ 4

5.3 Completa con le forme del verbo *andare* e indica la preposizione corretta.

1. Giulia _____ ☐ *a* ☐ *in* Milano ☐ *a* ☐ *in* treno.
2. Tu _____ ☐ *a* ☐ *in* Cina ☐ *a* ☐ *in* aereo?
3. Io _____ ☐ *a* ☐ *in* lezione ☐ *a* ☐ *in* piedi.
4. Noi _____ ☐ *a* ☐ *in* libreria ☐ *a* ☐ *in* bicicletta.
5. Loro _____ ☐ *a* ☐ *in* segreteria ☐ *a* ☐ *in* autobus.
6. Voi _____ ☐ *a* ☐ *in* biblioteca ☐ *a* ☐ *in* piedi.

E ➔ 2 pag. 191

6 Rileggi il dialogo dell'attività 3 e scrivi le parole sotto l'articolo corrispondente.
写出跟冠词相对应的单词。

Maschile plurale		Femminile plurale
i	**gli**	**le**

6.1 Completa la tabella con gli articoli determinativi: *il - lo - l' - i - gli - la - le*.

Maschile singolare			Femminile singolare	
___ telefono	___ amico	___ zaino	___ ragazza	___ amica
___ compagno	___ autobus		___ valigia	
Maschile plurale			**Femminile plurale**	
___ telefoni	___ amici ___ autobus ___ zaini		___ ragazze	___ amiche
___ compagni			___ valigie	

4 Osserva e completa la regola sugli articoli determinativi plurali

- Davanti a nome maschile plurale che inizia per **consonante** ➞ (1) _____ ristoranti.
- Davanti a nome maschile plurale che inizia per **s+consonante, PS, Y, Z o vocale** ➞ (2) _____ zaini.
- Davanti a nome femminile plurale che inizia per **vocale** o **consonante** ➞ (3) _____ amiche.

Milano andata e ritorno!

6.2 Completa con gli articoli determinativi plurali.

1. ____ documenti
2. ____ borse
3. ____ professori
4. ____ professoresse
5. ____ studenti
6. ____ studentesse
7. ____ aperitivi
8. ____ aranciate
9. ____ libri
10. ____ biblioteche
11. ____ cappuccini
12. ____ scontrini
13. ____ computer
14. ____ autobus
15. ____ città
16. ____ caffè

E ➜ 3, 4 pagg. 191, 192 / E online ➜ 5, 6, 7, 8

5 Osserva

I nomi che finiscono per consonante (nomi stranieri come *computer*, *yogurt*, ecc.) e le parole che finiscono con vocale accentata non cambiano al plurale:
名词结尾是辅音（就像外来词汇computer, yogurt, 等等）或单词的词尾元音上标着重音符号，而要转换成复数时，词尾不变。

- *il computer - i computer; l'autobus - gli autobus; lo yogurt - gli yogurt;*
- *il caffè - i caffè; la città - le città; l'università - le università.*

6 Osserva e completa

A: *"Quando partite?"* B: *"Partiamo dopo pranzo."*

- *Dopo* si può usare con valore di preposizione prima di un sostantivo. *Dopo* 可以用在名词前作为介词使用 "*Partiamo dopo (il) pranzo; Pranziamo dopo l'esame*" oppure come avverbio temporale 或者作为时间副词使用 "*Prima prendo un caffè e dopo parto; Prima mangio qualcosa e dopo studio*".

Leggi le seguenti frasi e indica la coppia di immagini che corrisponde al corretto ordine cronologico 读下面的句子并指出和正确的时间顺序相对应的一对图片：

Prima di partire mangiamo qualcosa. = Prima mangiamo qualcosa e dopo partiamo.

 a ☐

 b ☐

7

Trasforma le frasi usando *prima di*, come nell'esempio. 仿照例子，用 **prima di** 改写句子。

Esempio: Prima prendo un caffè e dopo parto. ➜ *Prima di partire prendo un caffè.*

1. Prima studio italiano e dopo mangio. ➜ _____
2. Prima pulisco la casa e dopo vado al supermercato. ➜ _____
3. Prima mangio il cornetto e dopo prendo il caffè. ➜ _____
4. Prima prendo lo zaino e dopo vado alla stazione. ➜ _____
5. Prima vado a lezione e dopo ritorno a casa. ➜ _____

7.1

Completa le frasi con le tue abitudini e dopo leggile alla classe.
按照你的生活习惯完成句子，然后在全班读。

Prima di studiare italiano _____
Prima di cucinare _____
Prima di dormire _____
Prima _____

il Milione　　　　　　　　　　　　　　　　　　　　　　　　　　A1-A2

8 **Che ore sono?** Leggi il dialogo e indica l'orario corretto.读对话并指出几点了。

Giulia: Francesco, che ore sono (几点了)? È già mezzogiorno?
Francesco: No, sono le undici e venti.
Giulia: Sono le undici e venti, beh non è tardi. Quasi quasi chiamo i miei nonni in Cina! Non parlo con loro da due settimane!
Francesco: Che ore sono adesso in Cina?
Giulia: Ora in Cina sono le cinque e venti.
Francesco: Va bene. Allora adesso telefoni e dopo compriamo i biglietti e mangiamo qualcosa.

a. ☐　　　b. ☐　　　c. ☐

9 **Che ore sono?** Completa con le espressioni nel riquadro.

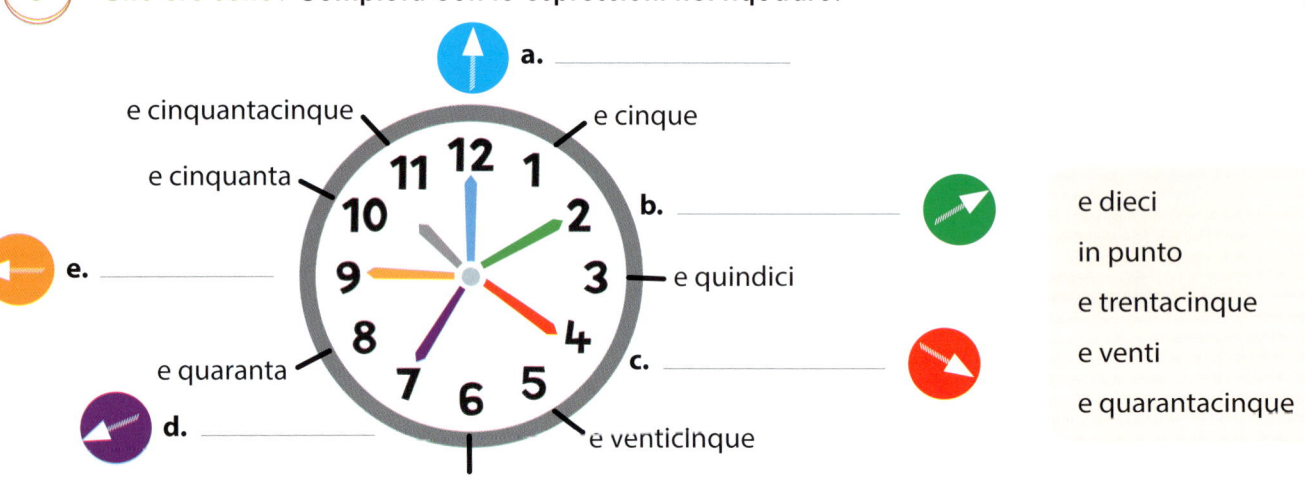

e cinquantacinque　　　　　e cinque
e cinquanta
e. _____　　　　　　　　　　　　b. _____　　　e dieci
　　　　　　　　　　　　　　　　　　　　　　　　　in punto
　　　　　　　　　　　　　　　e quindici　　　　　e trentacinque
e quaranta　　　　　　　　　　c. _____　　　　e venti
d. _____　　　　　　　　　　　　　　　　　　　e quarantacinque
　　　　　　　e venticinque
　　　　　　　e trenta

7 Osserva

- Per dire l'ora in italiano ci sono due modi意大利语中有两种报时的方法:

1. sistema delle 24 ore
Usiamo i numeri da 1 a 24 per le ore, seguiti dai numeri da 1 a 60 per i minuti.24小时制我们使用从1到24的数字表示小时，用从1到60的数字表示分钟。
Esempio:　8:35= sono le otto e trentacinque
　　　　　18:20= sono le diciotto e venti
　　　　　14:05= sono le due e cinque

2. sistema delle 12 ore
Usiamo i numeri da 1 a 12 per le ore, seguiti dai numeri da 1 a 60 per i minuti.12小时制我们使用从1到12的数字表示小时，用从1到60的数字表示分钟。
Esempio:　8:35= sono le otto e trentacinque
　　　　　18:20= sono le sei e venti
　　　　　14:05= sono le due e cinque

- Con il sistema delle dodici ore nei seguenti casi abbiamo diverse opzioni per indicare l'ora 在下列情况下用12小时制报时，我们可以这么说:

Che ore sono? 几点了？
12:00 è mezzogiorno　　　1:00 è l'una
00:00 è mezzanotte　　　　13:00 è l'una

Milano andata e ritorno!

9.1 Collega gli orari alle frasi corrispondenti. 把时间和相对应的句子连接起来

1. È l'una e mezzo/a. ___ • 2. Sono le due e tre quarti. ___
3. Sono le quattro e quaranta. ___ • 4. È mezzogiorno. ___
5. È mezzogiorno meno cinque. ___ • 6. È mezzanotte e un quarto. ___
7. Sono le sette meno dieci. ___ • 8. È l'una meno un quarto. ___

a 04:40 b (clock) c 13:30
d 12:00 e 11:55   f 02:45
g 06:50 h 00:15

9.2 Che ore sono a Pechino?

9.3 Ascolta i dialoghi e scrivi che ore sono.

1. _____   4. _____   7. _____
2. _____   5. _____   8. _____
3. _____   6. _____   9. _____

E online → 9

10 Due biglietti solo andata. **Leggi il dialogo con l'impiegato e sottolinea l'opzione corretta.**
读一段跟售票员的对话并指出下面的正确选项。

Impiegato: Buongiorno.
Giulia: Buongiorno, vorrei due biglietti per Milano.
Impiegato: Solo andata o andata e ritorno?
Giulia: Solo andata.
Impiegato: Allora, il prossimo treno per Milano parte alle 15:00, ma è un Frecciarossa e arriva a Milano alle 16:10.
Giulia: Quanto costa il biglietto?
Impiegato: Un biglietto andata e ritorno con il Frecciarossa costa 40 euro.
Giulia: E il biglietto di un treno regionale quanto costa?
Impiegato: 16 euro e 60.
Giulia: A che ora parte il treno regionale?
Impiegato: Parte alle 15:45 e arriva alle 18:25.
Giulia: E dopo le 15:45?
Impiegato: Il treno successivo parte alle 17:45.
Giulia: Così tardi?
Impiegato: Eh sì, dalle 15:45 alle 17:45 non partono treni per Milano.
Giulia: Allora prendiamo due biglietti per il regionale che parte alle 15:45. Da quale binario parte?
Impiegato: Parte dal binario numero 1.
Giulia: **Dobbiamo** cambiare treno a Parma?
Impiegato: No, è diretto.
Giulia: Va bene se pago con la carta di credito o devo pagare in contanti (现金)?
Impiegato: Certo, la carta va bene. **Dovete** timbrare i biglietti, eh?!
Giulia: Sì, sì! Dov'è la macchinetta?
Impiegato: La macchinetta è vicino alla biglietteria automatica.
Giulia: Un'ultima domanda: il treno è in orario oggi?
Impiegato: No, è in ritardo di 10 minuti. Non parte alle 15:45, ma alle 15:55.

Giulia chiede informazioni sul treno (**1**) *per/da* Milano. Compra due biglietti del treno. (**2**) *Frecciarossa/Regionale* che parte alle (**3**) *15:45/17:45* e arriva alle 18:25. Il treno parte dal binario (**4**) *1/2*; il treno è diretto e i ragazzi (**5**) *cambiano/non cambiano* treno a Parma. Giulia paga (**6**) *in contanti/con la carta* e dopo timbra i biglietti alla (**7**) *biglietteria automatica/macchinetta*. Oggi il treno è (**8**) *in orario/in ritardo*.

il Milione   A1-A2

10.1 Rileggi il testo 10 e scrivi le parole sotto le immagini corrispondenti.
重读对话10，在每张图片下写出相对应的单词。

1. _____ 2. _____ 3. _____ 4. _____

   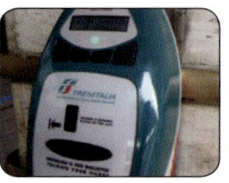

5. _____ 6. _____ 7. _____ 8. _____

Spazio culturale: i treni.

10.2 Completa le frasi con le espressioni corrette.

Il treno deve arrivare alle 18:25 a Milano

1. Il treno arriva alle 18:10: il treno è _*in anticipo*_
2. Il treno arriva alle 18:25: il treno è _____
3. Il treno arriva alle 18:35: il treno è _____

> in orario/puntuale
> ~~in anticipo~~
> in ritardo

11 Leggi le frasi e completa la tabella con le preposizioni articolate. 读句并用缩合前置词完成表格。

	le	l'
a. […] **dalle** 15:45 **alle** 17:45 non partono treni.	da	
b. […] la pausa è **dall'**una **all'**una e mezza.	a		all'

8 Osserva

Che ore sono?	(08:00) Sono le otto	(12:00) È mezzogiorno	(00:00) È mezzanotte	(13:00/01:00) È l'una
A che ora? Ø= no articolo	**Alle** otto (A+le=alle)	**A** mezzogiorno (A + Ø=A)	**A** mezzanotte (A + Ø=A)	**All'**una (A + l'=All')
	(8:00-09:00) **Dalle** otto alle nove (da+le= dalle)	(12:00-13:00) **Da** mezzogiorno all'una (da + Ø=da)	(00:00-01:00) **Da** mezzanotte all'una (da + Ø=da)	(01:00-03:00) **Dall'**una alle tre (da+l'= dall')

Usare le preposizioni semplici o articolate *da... a* significa indicare un intervallo di tempo. 使用简单前置词或缩合前置词*da... a*是指一个时间段。

Milano andata e ritorno!

11.1 Rispondi alle domande scrivendo gli orari in lettere. 回答问题。用字母写出下列时间。

1. A che ora apre la biglietteria? (07:00) _____
2. A che ora è lo sciopero (罢工) dei treni? (01:00-18.00) _____
3. A che ora arriva il treno? (01:05) _____
4. A che ora andate alla stazione? (12:00) _____
5. A che ora è il pranzo? (12:30 -14:00) _____

 5, 6, 7 pagg. 192, 193

9 Osserva

*Parte alle 15:00, **ma**而 è un Frecciarossa **e** 并且 arriva a Milano alle 16:10. Va bene se pago con la carta di credito **o** 还是 devo pagare in contanti?*

E ➔ 8 pag. 193 / E online ➔ 10, 11, 12

11.2 A che ora...?

12 Rileggi il dialogo dell'attività 10 e completa la tabella con le forme verbali mancanti del verbo *dovere*.

	io	tu	lui/lei	noi	voi	loro
DOVERE	devo	devi	deve			devono

12.1 Completa le frasi con il verbo *dovere*.

1. Io _____ prendere il treno per Firenze, a che ora parte?
2. Per andare a Milano noi _____ prendere il treno regionale che parte alle 15:45.
3. Il treno per Milano _____ arrivare alle 18:30.
4. Ragazzi, prima di partire (voi) _____ timbrare i biglietti!
5. Per andare a Siena (tu) _____ cambiare a Empoli.
6. Giulia _____ chiamare i nonni in Cina.
7. I ragazzi _____ comprare i biglietti.

E online ➔ 13

10 Osserva

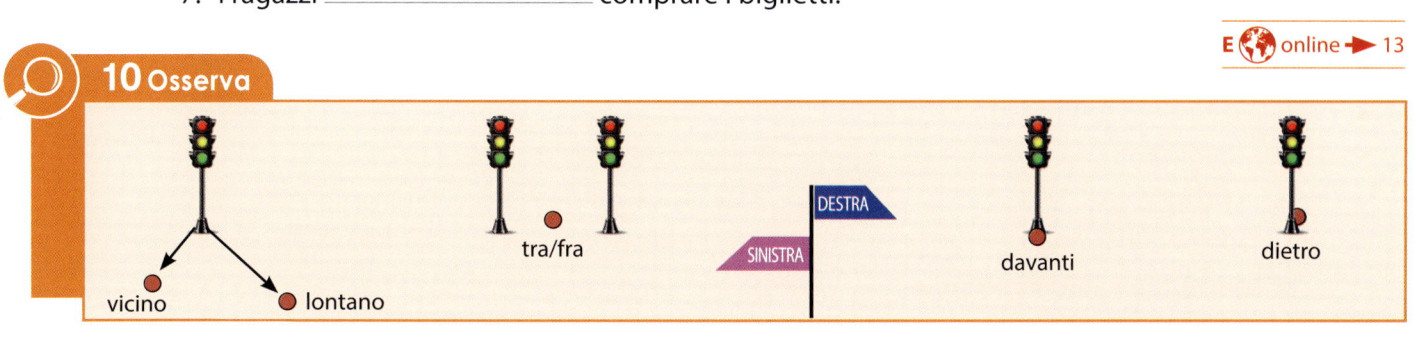

il Milione

A1-A2

13 Collega le frasi alle immagini.

1. Il distributore automatico è fra l'edicola e la biglietteria. ☐
2. Il bar è a sinistra della farmacia. ☐
3. Il ristorante è lontano dalla stazione. ☐
4. La tabaccheria è a destra del bar. ☐
5. La tabaccheria è dietro la farmacia. ☐
6. Il bagno è vicino alla scala. ☐
7. Gli autobus sono davanti alla stazione. ☐

a b c d

e f g

13.1 Dov'è la farmacia?

11 Osserva

Scusa > informale (tu)   Scusi > formale (Lei)

13.2 **Scusi, dov'è l'edicola?** Ascolta i dialoghi e indica l'affermazione corretta.

1a. L'edicola è
☐ davanti alla biglietteria.   ☐ vicino alla biglietteria.

b. L'edicola adesso è
☐ chiusa.   ☐ aperta.

2. I distributori automatici sono
☐ a destra della macchinetta.   ☐ a sinistra della macchinetta.

3a. La farmacia è
☐ davanti alla stazione.   ☐ in via Garibaldi.

b. Per arrivare in farmacia devono camminare
☐ 5 minuti.   ☐ 15 minuti.

4a. Il bagno è
☐ dietro l'ascensore.   ☐ dietro il distributore.

b. Il bagno
☐ è gratis.   ☐ costa un euro.

5a. La pizzeria
☐ non è qui vicino.   ☐ è qui vicino.

b. I distributori automatici sono
☐ al binario 5.   ☐ vicino al bar.

Milano andata e ritorno!

3

6a. Il treno è
- ☐ in ritardo.
- ☐ in orario.

b. Le persone non devono passare
- ☐ la linea rossa.
- ☐ la linea gialla.

7. La tabaccheria è
- ☐ a destra del ristorante.
- ☐ a sinistra del ristorante.

E 🌐 online ➜ 14, 15

13.3 Ascolta di nuovo e completa con le espressioni mancanti.

1
A: Scusi, _____ è l'edicola?
B: L'edicola è vicino alla biglietteria.
A: Adesso è aperta?
B: Adesso è chiusa. _____ alle 4.

2
A: Giulia, vedi i distributori automatici?
B: Sì, eccoli, sono a _____ della macchinetta.

3
A: Scusa, c'è una farmacia qui _____ ?
B: No, se dovete andare in farmacia, dovete uscire dalla _____ e andare in via Garibaldi. È davanti alle Poste.
A: È lontano? _____ camminare molto?
B: Sono solo cinque minuti a piedi.

4
A: _____ , dove è il bagno?
B: Il bagno è là, dietro l'ascensore.

A: È gratis?
B: No, per _____ deve pagare 1 euro.

5
A: Scusa, c'è una pizzeria qui vicino?
B: Una pizzeria no. Se cercate un posto per _____ qualcosa, davanti alla farmacia c'è un bar, oppure al binario 5 ci sono i distributori automatici con _____ e bibite.

6
Annuncio: Attenzione! Il _____ Frecciarossa delle ore 19:15 è in arrivo in ritardo al _____ 14. Allontanarsi dalla linea gialla!

7
A: Alessia, dove è la tabaccheria?
B: La tabaccheria è a _____ del ristorante.

13.4 Osserva le espressioni nel riquadro. Osserva e completa la tabella delle preposizioni.

	il	lo	la	l'	i	gli	le
di		dello		dell'	dei	degli	delle
da	dal	dallo		dall'	dai	dagli	
a	al	allo		all'	ai	agli	

12 Osserva

- *Gli autobus sono **davanti alla** stazione.*
- *Il bagno è **vicino alla** scala.*
- *La tabaccheria è **a sinistra del** ristorante.*
- *La tabaccheria è **dietro** la farmacia.*
- *Il bagno è **vicino alla** scala.*
- *È **davanti alle** Poste.*
- ***Fra** l'edicola e la biglietteria.*
- *I distributori automatici sono **a destra della** macchinetta.*
- *Il bagno è **dietro** l'ascensore.*

- Davanti a + la stazione = Davanti **alla** stazione. / Davanti a + le Poste = Davanti **alle** Poste.
- Vicino a + la scala = Vicino **alla** scala. / Lontano da + la stazione = Lontano **dalla** stazione.
- A destra di + la macchinetta = A destra **della** macchinetta. / A sinistra di + il ristorante = A sinistra **del** ristorante.

il Milione A1-A2

13.5 Sottolinea l'opzione corretta.

1. Pisa è vicino *in/di/a* Firenze.
2. La farmacia è davanti *all'/in/dall'*edicola.
3. La tabaccheria è lontana *a/di/da* qui.
4. Il bar è vicino *in/alla/dalla* stazione.
5. Le Poste sono dietro *la/dalla/a* farmacia.
6. I distributori automatici sono *fra/dietro/davanti* il binario 4 e il binario 5.
7. La tabaccheria è a sinistra *dell'/del/dal* ristorante.
8. La mensa è *di/in/a* destra della segreteria.
9. L'edicola è vicina *dal/al/in* ristorante.
10. Il ristorante è lontano *dalle/dal/dalla* stazione.
11. Alle 4 vado *di/a/in* farmacia.
12. Ci vediamo più tardi *in/al/da* bar.
13. Andiamo *a/di/da* Milano *in/a/di* treno.
14. Preferisco viaggiare *di/in/a* autobus.
15. Il bar è a destra *alla/di/della* farmacia.

E → 9 pag. 193 / E online → 16, 17

14 Gira la ruota!

15 Organizziamo una gita!

E → 10, 11, 12, 13, 14 pag. 194...196

16 Rileggi l'unità, sottolinea tutte le espressioni utili per parlare di viaggi in treno, orari, negozi e mezzi di trasporto, e scrivile nella tabella. 重读一遍本单元，指出所有谈论乘火车的有用表达方式，例如：时刻表、商店和交通工具，然后把其写在表格中。

Viaggi in treno	Orari	Negozi	Mezzi di trasporto

16.1 In coppia. Intervistatevi a turno utilizzando le domande sottostanti 用下面的问句互相采访。

Sei in Italia. Cosa compri alla stazione? • Quali negozi vedi alla stazione? • Cosa fai prima di partire? • Con quale mezzo preferisci viaggiare? • Preferisci viaggiare con la valigia o con lo zaino? • Cosa fai prima di prendere il treno in Italia? • Dove vai per passare un fine settimana? Dove studi? Fai colazione? Pranzi? Compri uno snack? Giochi al cellulare? • Che ore sono adesso in Cina/in Italia? • A che ora vai a dormire? • A che ora hai lezione di italiano? • A che ora aprono i supermercati? • E a che ora chiudono? • A che ora chiudono i ristoranti in Cina? Quali negozi sono vicino a casa tua? • Cosa vedi davanti a casa tua?

16.2 Aiutandoti con la traccia delle domande dell'esercizio 16.1, prepara una presentazione personale scritta sulle tue abitudini e poi, senza leggere, ripetila all'insegnante. 根据你的生活习惯，使用练习6.1的问句，做一份书面的自我介绍。然后先别修改，直接重复给老师听。

"La mattina faccio colazione alle…/ Quando viaggio preferisco portare lo zaino. / Ho lezione di italiano alle…"

il Milione

A1-A2 **4**

C'è il sole: usciamo?!

Che cosa impariamo?

 camminare
 parco
 aperitivo
 vento

 caldo
 autunno
 emozionato
 disegnare

Per comunicare

- Vado al cinema lunedì
- Lavoro sempre
- Ti va di venire...?
- Ma dai!
- Volentieri!
- Non posso
- Piove e fa freddo

Grammatica

- Verbi in -*care* e -*gare*
- Uscire, venire, fare
- Sempre, spesso, qualche volta
- Potere, volere, dovere
- Fare shopping
- *Che* pronome relativo

Materiale extra online

- Esercizi supplementari online
- Materiale per insegnanti online

il Milione

A1-A2

1 Tempo libero. Scrivi le azioni sotto le immagini corrispondenti (riquadro in alto) e poi associale ai luoghi in cui si praticano (riquadro in basso). 闲暇时间。把动作与上框里的图片连接起来，然后再与下框里地点连接在一起。

1. _____ 2. _____ 3. _____ 4. _____ 5. _____

6. _____ 7. _____ 8. _____ 9. _____ 10. *correre*

11. _____ 12. _____ 13. _____ 14. _____ 15. _____

~~correre~~ (*c/d/e/f*) • nuotare (_____) • giocare a tennis (_____) • guardare un film (_____) • camminare (_____) • ascoltare la musica (_____) • giocare con il cellulare (_____) • uscire con gli amici (_____) • disegnare (_____) • cucinare (_____) • leggere un libro (_____) • giocare alla playstation (_____) • fare shopping (_____) • giocare a basket (_____)

a. sul corso b. al cinema c. per strada d. al parco e. al campo sportivo

f. in palestra g. in piscina h. a casa i. in un locale

C'è il sole: usciamo?!

4

1.1 Mima l'azione!

1.2 Dov'è?

2 Sei libero domani pomeriggio? 你明天下午有空吗 Ascolta il dialogo e indica se la conversazione è...

1. ☐ *formale* ☐ *informale*
2. ☐ *in presenza* ☐ *al telefono*

2.1 Ascolta più volte il dialogo e indica i luoghi e le attività che senti.

☐ al parco ☐ in piscina ☐ al campo sportivo ☐ al cinema ☐ al bar

☐ in palestra ☐ a casa ☐ sul corso ☐ farmacia ☐ giocare al cellulare

☐ leggere un libro ☐ giocare alla playstation ☐ disegnare ☐ nuotare ☐ giocare a tennis

☐ correre ☐ fare kung fu ☐ prendere un aperitivo ☐ vedere un film ☐ giocare a basket

2.2 Ascolta di nuovo e indica le frasi che senti (指出你所听到的句子).

1. Sei libero domani pomeriggio. ☐
2. Andiamo con Giorgio a casa di Andrea. ☐
3. Non mi piace la playstation. ☐
4. Non faccio molto sport. ☐
5. Faccio kung-fu in palestra. ☐
6. Il mercoledì gioco a ping pong. ☐
7. Vado in piscina a nuotare. ☐
8. Prendiamo un aperitivo. ☐
9. Mangiamo al ristorante. ☐
10. Andare a vedere un film. ☐
11. Ci vediamo alle 9 davanti alla gelateria. ☐
12. Devo studiare perché ho lezione presto. ☐

il Milione   A1-A2

2.3 Ascolta di nuovo e completa il dialogo con le parole mancanti.

Paolo: Pronto?
Stefania: Ciao Paolo, sono Stefania!
Paolo: Oh Stefania, come va?
Stefania: Non c'è male, senti, sei libero domani pomeriggio? Io e Wang andiamo a _____ di Giorgio a giocare a basket… alla playstation! Vieni con noi?
Paolo: Ma lo sai che non mi piace la playstation! E poi domani _____ ho un appuntamento con Giulia per andare a correre al _____.
Stefania: Paolo, sei veramente una persona sportiva, fai sempre un sacco di sport!
Paolo: È vero. Senti, due volte alla settimana, il martedì e il venerdì faccio kung-fu in palestra, il mercoledì io e Sara giochiamo a _____ e nel fine settimana vado in piscina a nuotare con un mio _____.
Stefania: Senti, Paolo, il pomeriggio sei sempre occupato, ma la _____ sei libero…, perché venerdì o sabato sera non usciamo insieme? Prendiamo un aperitivo sul _____ o mangiamo una pizza.
Paolo: Paghi tu? Dai… scherzo (开玩笑)! È un'ottima idea! Sabato sera siamo liberi anche dopo cena: se volete possiamo prendere un _____ al bar e poi possiamo andare a vedere un film al _____.
Stefania: Perché no? Va bene. Ci vediamo alle 19 davanti alla _____?
Paolo: D'accordo, ma ora devo lasciarti, domani è lunedì e devo studiare perché ho lezione presto.
Stefania: Ok, allora a sabato.

2.4 Rileggi il dialogo e completa la tabella con le forme verbali mancanti.

	io	tu	lui/lei	noi	voi	loro
GIOCARE	gioco	giochi	gioca		giocate	giocano
PAGARE	pago		paga	paghiamo	pagate	pagano

1 Osserva

I verbi che finiscono in -care e -gare inseriscono la lettera h nella seconda persona singolare (tu) e nella prima plurale (noi).

3 Rileggi il dialogo e completa la tabella con i giorni della settimana.
重读对话，然后用一周的天数完成表格。

La settimana				
i giorni lavorativi 工作日				**il fine settimana** 周末
		giovedì		domenica

2 Osserva

• Vado al cinema *il lunedì* = tutti i lunedì.   • Vado al cinema *lunedì* = il prossimo lunedì.

C'è il sole: usciamo?!

3.1 Leggi la chat fra Sara e Bó Yuàn e completa con i giorni della settimana mancanti.

Ciao Yuan, come va? Che fai domani?

Ciao, tutto bene. Domani? Non lo so che cosa faccio, perché?,

Esci con noi? Andiamo al cinema. Vengono Stefania, Paolo e il suo ragazzo e viene anche Shū Lán. Il film inizia alle 21:00 e dura due ore.

No, grazie ma domani non esco: resto a casa. Devo studiare italiano! Ma voi a che ora uscite?

Usciamo alle 6. Dai! Oggi è venerdì e domani è _____ (1)! La lezione di italiano è lunedì, puoi studiare il giorno prima, _____ (2)!

Va bene, vengo! Ma torno a casa presto!

E mercoledì sera che fai? Nada fa la festa di laurea al Best Pub, vieni?

No. Il giorno dopo, _____ (3), ho l'esame di matematica.

Capisco. Il giorno prima della festa di Nada, _____ (4), io e Shū Lán compriamo un regalo per lei. Vieni con noi?

Non posso venire, vado a giocare a basket con i ragazzi.

 online → 3

4 Rileggi i dialoghi e completa la tabella con le forme verbali mancanti.

	io	tu	lui/lei	noi	voi	loro
USCIRE			esce			escono
VENIRE				veniamo	venite	
FARE				facciamo	fate	fanno

4.1 Leggi il testo e sottolinea l'opzione corretta.

SCRIVI MAIL

Ciao Stefania,
come stai? Oggi (1) *vai/vado/vanno* a casa di Bó Yuàn, lo studente cinese che (2) *studia/studi/studiano* con me. Bó Yuàn non (3) *escono/uscite/esce* spesso. Di solito lui resta a casa e qualche volta io e Sara (4) *andiamo/andate/vanno* a casa sua. (5) *Giochiamo/Giocate/Giocano* insieme al cellulare e a carte. La sera spesso ceniamo insieme. A Bó Yuàn piace cucinare e (6) *prepari/preparo/prepara* piatti cinesi deliziosi. È molto bravo perché (7) *fate/fai/fa* il cuoco in un ristorante in centro. Qualche volta (8) *vengono/viene/veniamo* a cena anche la sua amica Martina. Bó Yuàn non è sportivo: non (9) *fa/fate/fanno* mai sport e sta sempre a casa! Tu e il tuo ragazzo invece (10) *fai/fate/faccio* nuoto, palestra, tennis e spesso la sera (11) *escono/uscite/usciamo*. Io sono come Bó Yuàn: non (12) *fanno/faccio/facciamo* sport, (13) *escono/esci/esco* poco perché mi piace stare a casa e dormire! Ma quando voi (14) *uscite/esci/usciamo* io (15) *vieni/vengo/venite* sempre volentieri con voi.
Ciao, a presto! Paolo.

 1, 2, 3 pag. 197

il Milione A1-A2

5 Il forum di Gloria. **Guarda la tabella e completa il forum con gli avverbi di frequenza corretti.**
看表格并用正确的频率副词完成座谈会。

Avverbi di frequenza
- sempre
- spresso
- qualche volta
- non... mai

Silvia2003: Ciao ragazzi, io ho poco tempo libero perché lavoro _____ (1). Ho un ristorante e tutti i giorni devo lavorare: dal lunedì alla domenica sono _____ (2) in cucina!

LuaX: _____ (3) vado a correre al parco con il mio ragazzo: un giorno o due alla settimana.

Vale2005: Io _____ (4) vado in bicicletta con gli amici. Dal lunedì al venerdì.

Marcos-99: Nel tempo libero leggo un libro. Non faccio _____ (5) sport, non mi piace, preferisco leggere.

Cri: Mi piace molto fare sport, vado _____ (6) in piscina: nuoto 4 o 5 volte alla settimana (每周次数)!

3 Osserva e completa

Rileggi il testo e completa la regola con l'opzione corretta.

1. "sempre" è   a. ☐ prima del verbo.   b. ☐ dopo il verbo.
2. "qualche volta" è   a. ☐ prima del verbo.   b. ☐ dopo il verbo.
3. "spesso" è   a. ☐ prima del verbo.   b. ☐ dopo il verbo.   c. ☐ prima e dopo il verbo.
4. "mai" è   a. ☐ tra il *non* e il verbo.   b. ☐ prima del verbo.   c. ☐ dopo il *non* e il verbo.

- **Due volte** alla settimana vado al cinema.
- **Qualche volta** vado al cinema.

- *Qualche* è un aggettivo che richiede un sostantivo sempre singolare anche se il significato è plurale（尽管这个形容词的含义是复数词，但它总接着一个单数名词）.

5.1 In coppia. **Coniugando il verbo alla seconda persona singolare, A domanda a B quanto spesso fa le seguenti azioni e segna la risposta. Dopo, i ruoli si invertono.** 用第二人称单数的动词变位形式，A同学问B同学下列动词的频率并把答案记下。然后互换角色。

Esempio:
A: *Quanto spesso vai al cinema?*
B: *Qualche volta.*

	sempre	spesso	qualche volta	mai
andare al cinema				
uscire con gli amici				
giocare a ping-pong				
andare in palestra				
prendere un aperitivo				

C'è il sole: usciamo?!

	sempre	spesso	qualche volta	mai
nuotare in piscina				
fare colazione al bar				
giocare al cellulare				
fare shopping				
restare a casa				
cucinare				
bere un caffè				

E online ▶ 4

6 **Vieni con noi?** Ascolta i dialoghi e indica se la persona accetta 👍 o rifiuta 👎 l'invito (接受或拒绝邀请).

1. accetta ☐ rifiuta ☐ 4. accetta ☐ rifiuta ☐
2. accetta ☐ rifiuta ☐ 5. accetta ☐ rifiuta ☐
3. accetta ☐ rifiuta ☐

6.1 Leggi i dialoghi e completa la tabella con le espressioni usate per fare un invito, **accettare**, **rifiutare**, **insistere** (坚持).

1 Filippo: Come stai, Sonia?
Sonia: Non c'è male e tu?
Filippo: Bene. Ti va di venire con me in piscina domenica mattina?
Sonia: Noo, domenica mattina no, voglio dormire!
Filippo: Ma dai, andiamo tardi, non c'è molta gente!
Sonia: Scusa, Filippo, ma preferisco un altro giorno.

2 Sofia: Ehi Irene, sei libera sabato sera? Io e Alessandra vogliamo andare in discoteca. Vieni con noi?
Irene: In discoteca?? Ma lo sai che non mi piace ballare!
Sofia: Viene anche Alessio! Lui vuole parlare con te!
Irene: Non mi piace ballare, non mi piace Alessio! Non vengo!

3 Massimo: Pronto, Lucia, che fai stasera? Vuoi uscire con me?
Lucia: Ciao Massimo, non lo so, forse resto a casa.
Massimo: Dai, beviamo qualcosa insieme!
Lucia: No, stasera devo tornare presto. Domani ho lezione alle 8:30!
Massimo: Andiamo! Solo una birra, facciamo una passeggiata e poi alle 23... a casa.

Lucia: D'accordo. Senti, allora perché non andiamo al nuovo bar in piazza Garibaldi?
Massimo: Va bene, perché no?!

4 Piero: Francesca, vieni con noi domani? I ragazzi vogliono giocare a calcetto.
Francesca: Volentieri! A che ora?
Piero: Ci vediamo alle 17:00 davanti a casa tua e poi andiamo insieme al campo sportivo.
Francesca: Alle 17:00? No, alle 17:00 non posso, ho un appuntamento, mi dispiace!
Piero: Peccato!

5 Simone: Ciao Lucia, domattina giochiamo a calcio alla play. Volete venire anche tu e Sara?
Lucia: Non possiamo perché alle 10 abbiamo un appuntamento. Potete spostare la partita nel pomeriggio?
Simone: No, mi dispiace, alle 16 dobbiamo andare a lezione.
Lucia: Eh dai! Stai sempre a casa! Forza, Simone! Una volta puoi anche dire di sì!
Simone: Mah...non ho tanta voglia.
Lucia: Allora ci vediamo un altro giorno. Magari una sera venite a casa e bevete un bicchiere di vino con noi.

il Milione A1-A2

fare un invito	accettare	rifiutare	insistere

7 Rileggi i dialoghi e completa la tabella con le forme mancanti dei verbi.

	io	tu	lui/lei	noi	voi	loro
POTERE			può			possono
VOLERE						
DOVERE		devi	deve		dovete	devono
STARE	sto		sta			stanno
BERE						bevono

7.1 Completa il dialogo con le forme verbali coniugate.

Laura: Ciao ragazze, come (1. stare) _____? (2. voi-potere) _____ venire con me a casa di Marco?
Monica: Sì. Io (3. potere) _____, ma Francesco non (4. potere) _____ perché (5. stare) _____ male.
Giulia: Io (6. volere) _____ venire, ma prima (7. dovere) _____ telefonare a Luca.
Laura: Allora telefonagli subito perché dopo Luca (8. dovere) _____ andare in palestra.
Giulia: Se è libero (9. io-potere) _____ portare anche lui?
Laura: Ma certo, è tanto tempo che (10. io-volere) _____ conoscere Luca. Allora, ci vediamo stasera? (11. voi-bere) _____ vino o birra?
Monica: (12. noi-bere) _____ tutto!
Laura: Perfetto, allora! A stasera!
Monica: A stasera... ciao!

E online ➔ 5, 6

C'è il sole: usciamo?!

8 In coppia. Scrivete dei mini dialoghi per fare inviti, rifiutare o accettare seguendo le indicazioni. Dopo, recitateli alla classe e all'insegnante (然后在全班同学和老师的面前进行演示).

1
- Marco invita Anna al bar.
- Anna rifiuta perché deve studiare.

2
- Paolo invita Francesca al cinema.
- Francesca accetta.
- Paolo e Francesca prendono un appuntamento davanti alla pizzeria.

3
- Irene invita Alessia a bere qualcosa al pub.
- Alessia rifiuta perché deve studiare.
- Irene insiste.
- Alessia accetta.

4
- Giulia invita Stefano a cena a casa.
- Stefano rifiuta perché ha un appuntamento con gli amici.
- Giulia insiste.
- Stefano rifiuta ancora.

 4, 5, 6 pag. 198

9 **Che tempo!** Leggi il testo e poi con le espressioni in neretto completa le frasi.
天气！阅读短文，然后用黑体字写的表达方式来完成句子。

Stefano chiama il suo amico Paolo per andare insieme a giocare alla playstation a casa di Giorgio. Ma Paolo rifiuta l'invito: a lui non piace la playstation e poi ha già un appuntamento con Giulia. Quando **il tempo è bello e c'è il sole** 🌕 Paolo e Giulia vanno **spesso** a correre al parco e **qualche volta** giocano a tennis. Il fine settimana invece Paolo va **sempre** in piscina a nuotare con un suo amico.
Ma oggi **il tempo è brutto** e **fa freddo**: Paolo e Giulia non possono andare a correre. Forse possono andare al cinema o a prendere un tè caldo al bar.
Paolo guarda il cielo : **è molto nuvoloso** e c'è vento Brr! Preferisce non uscire e stare a casa. Dopo comincia a **piovere**. **Piove** veramente forte! Un vero temporale! Sì, non è possibile uscire con questo tempo. Decide di chiamare Giulia per cancellare l'appuntamento.

1. Paolo e Giulia _____ vanno a correre quando _____.
2. _____ Paolo e Giulia giocano a tennis.
3. Il fine settimana Paolo va _____ in piscina con un suo amico.
4. Ma oggi il tempo è _____ e fa _____. Paolo preferisce non uscire.

9.1 Collega le espressioni nel riquadro alle immagini corrispondenti. Puoi utilizzare più di un'espressione.

c'è vento • c'è il sole • è caldo/fa caldo • è freddo/fa freddo • è nuvoloso •
piove • il tempo è brutto • il tempo è bello

1. _____ 2. _____ 3. _____ 4. _____ 5. _____ 6. _____

il Milione A1-A2

9.2 Che tempo fa? (天气怎样) Ascolta e sottolinea l'opzione corretta.

1. A Torino *piove / è nuvoloso / fa caldo*.
2. A Roma *fa caldo / c'è vento / piove*.
3. A Genova *c'è vento / c'è il sole e fa caldo / è nuvoloso*.
4. A Napoli *fa freddo / è nuvoloso / fa caldo*.
5. A Palermo *c'è il sole / c'è vento / piove*.

E → 7 pag. 199

9.3 Le stagioni (季节). Leggi i dialoghi e completa gli spazi con le parole mancanti.

Andrea: Ciao Giulia, che facciamo? Ti va di andare a correre?
Giulia: Ciao Andrea, mah! Piove e fa freddo.
Andrea: Sì. A novembre il tempo non è bello. È autunno!
Han: Giorgio, allora usciamo stasera? Andiamo a giocare a calcio?
Giorgio: Ma no! È dicembre e fa freddo. È inverno!

Silvio: Ho due biglietti per il concerto di Jovanotti.
Giulia: Quando?
Silvio: Sabato prossimo a Viareggio al parco.
Giulia: Umh! E se fa freddo?
Silvio: Ma no! È luglio! È estate e fa caldo.
Wang: Domani è il 14 febbraio!
Liu: È vero! È San Valentino!

1. primavera   2. _____   3. autunno   4. _____

I mesi dell'anno					
1. gennaio	2.	3. marzo	4. aprile	5. maggio	6. giugno
7.	8. agosto	9. settembre	10. ottobre	11.	12.

9.4 Leggi la filastrocca, completala con i mesi dell'anno e poi rispondi alla domanda.
读歌谣，用月份填空，然后回答问题。

Trenta giorni ha no_ _ _ _ _ (1) e,
con aprile, gi_ _ _ (2) o e settembre.
Di ventotto ce n'è uno,
tutti gli altri ne hanno trentuno.

- Quali sono i mesi che hanno 31 giorni? _____ (3)

E online → 7, 8

C'è il sole: usciamo?!

4

10 Riscrivi correttamente le parole e inseriscile nelle frasi. 重写出正确的单词，然后填入句子里。

1. GATI	GITA	1. C'è sole, il tempo è bello, usciamo a fare una _____
2. FTOO	F _ _ _	2. Sei libera domenica? Perché non andiamo a fare una _____ in moto a Perugia?
3. SPNGHOPI	S _ _ _ _ _ _ _	3. Nel tempo libero ascolto la musica, faccio _____ e selfie con il cellulare.
4. PAGITSESGSA	P _ _ _ _ _ _ _ _ _	4. Mi piace fare _____, vado in palestra tutti i giorni.
5. SPRTO	S _ _ _ _	5. Oggi vado al centro commerciale a fare _____.
6. SPASE	S _ _ _ _	6. Devo fare la _____. Devo comprare il pane, la pasta e la carne.

4 Osserva

Con le seguenti parole in italiano si usa il verbo *fare*: *fare una passeggiata, fare shopping, fare foto, fare sport, fare la spesa, fare una gita, fare colazione.*

 online ➔ 9,10

11 Leggi e disegna che cosa vede la signora Gina dalla finestra della sua casa.
阅读并画出Gina夫人从她家的窗户能看到什么。

 La signora Gina abita nel palazzo giallo in via Malatesta 5, ha quasi 90 anni e non cammina più tanto bene. Lei abita davanti a un parco che si trova nel centro della città. Quando c'è il sole sta alla finestra e guarda le persone che passano per strada. Alle 9 Gina saluta la signora Luisa, che porta fuori il cane, e i bambini che giocano con la palla per tutta la mattina. Nel pomeriggio Gina vede Pino che legge un libro seduto su una panchina e il signor Zhang che fa taijiquan per un'ora. Ma quando piove e fa freddo il parco è vuoto e la signora Gina è triste.

5 Osserva e completa

1. *Lei abita davanti a un parco **che** si trova nel centro della città.*
2. *Gina saluta la signora Luisa **che** porta fuori il cane.*
3. *Gina saluta i bambini **che** giocano a palla.*
4. *Gina guarda le persone **che** passano per strada.*

- **Il pronome relativo *che* unisce 2 frasi** 关系代词*che*连接两个句子:

1. *Lei abita davanti a un parco. + Il parco si trova nel centro della città.*
2. _____ + _____
3. _____ + _____
4. _____ + _____

- In queste frasi il pronome *che* sostituisce il nome presente in entrambe le frasi. Questo nome diventa il soggetto della seconda frase.
Scrivi il nome che nelle frasi precedenti è sostituito dal pronome *che*, come nell'esempio:
在这些句子里关系代词*che*代替两个句子中的名词。这个名词成为第二句的主语。写出在上面的句子里被关系代词所代替的名词。例如：
1. *parco*; 2. _____; 3. _____; 4. _____

- Il pronome relativo *che* sostituisce 代替 nomi maschili e femminili, singolari e (5) _____.

il Milione  A1-A2

11.1 Trasforma le seguenti frasi come nell'esempio. 依照例子，变换句式。

Esempio: Gina saluta la signora Luisa che porta fuori il cane.
Gina saluta la signora Luisa. La signora Luisa porta fuori il cane.

1. Gina guarda la gente che passa per strada.

2. Gina vede Pino che legge un libro.

3. Gina vede il signor Zhang che fa taijiquan.

4. Quando il tempo è bello, vado al parco che si trova fuori città.

5. Quando il tempo è brutto, io e Bo andiamo al cinema che si trova lontano dalla stazione.

6. Sabato sera voglio invitare a cena i ragazzi che studiano con me.

11.2 Leggi le coppie di frasi *che* seguono, individua e riscrivi in un'unica frase quelle che possono essere unite dal *che* relativo. 读题并写出那些能用关系代词che连接起来的句子。

1. La mattina incontro sempre molte persone. Molte persone vanno a lavorare.

2. In estate posso andare al mare. In estate sono felice.

3. Vado al supermercato. Il supermercato è vicino al fiume.

4. Saluto spesso il signore. Il signore abita all'ultimo piano.

5. Mi piace guardare dalla finestra la gente. La gente passeggia per strada.

6. Oggi Gianna porta fuori il cane. Oggi non piove.

7. Faccio spesso foto alle persone. Le persone fanno sport al parco.

8. I bambini leggono i libri. I libri sono in biblioteca.

C'è il sole: usciamo?!

11.3 Leggi il testo e inserisci il pronome relativo *che* dove manca. 把关系代词che填入需要的地方。

Mi chiamo Luisa Rossini e abito in via Malatesta 20. La mattina alle 9 esco con il mio cane e vado al parco si trova vicino a casa mia. Al parco incontro il signor Pino legge il giornale su una panchina. Pino ogni tanto parla con Matteo e Luca giocano a calcio lì vicino. Alle 11 vedo il signor Zhang viene al parco per fare taijiquan. Se guardo il palazzo giallo davanti al parco vedo la signora Gina sta alla finestra e mi saluta felice.

11.4 Vedo Pino che...

12 Guarda le immagini, poi completa le frasi riscrivendo correttamente gli aggettivi tra parentesi 正确地写出括号里的形容词

felice   triste   stanco   arrabbiato   annoiato   nervoso   emozionato

1. Il giorno prima di un concerto (音乐会) Shen Teng è (NOSOVER) _____
2. Quando vede un suo film in TV Zhou Shen è (FECELI) _____
3. Quando Wu Yifan canta è (EZIOMOTONA) _____
4. Quando Mo Yan legge un libro poco interessante è (AOINNATO) _____
5. Se Bai Juyi scrive poesie tutto il giorno, la sera è (SCOTAN) _____
6. Quando il computer non funziona Uzi è (ATOBBIARRA) _____
7. Quando Zhang Jike non può giocare a ping pong è (TERIST) _____

12.1 In coppia. A turno, intervistatevi e rispondete usando gli aggettivi dell'esercizio 12, poi riferite alla classe e all'insegnante le risposte ricevute. 采用练习12的形容词进行采访以及回答问题。然后向全班同学和老师汇报。

Esempio

Studente A: *Come ti senti quando devi dare un esame importante?*
Studente B: *Nervoso.*
Studente A: *Quando lui deve dare un esame importante è nervoso.*

Come ti senti quando…
(当……的时候，你有什么感觉?)

1. devi dare un esame molto importante?
2. inviti un amico al cinema e lui non vuole uscire?
3. sei in un ristorante e mangi un cibo che ti piace?
4. vuoi uscire a correre ma piove?
5. devi chiamare un amico e non hai il cellulare?
6. incontri un ragazzo/una ragazza che ti piace?
7. è inverno e fa freddo?
8. devi fare tanti compiti?

il Milione A1-A2

12.2 Sei nervoso?

13 Facciamo qualcosa? In coppia. Mandatevi messaggi via chat:

A	B
propone di fare qualcosa insieme (un aperitivo, una partita a tennis, una passeggiata, ecc.).	rifiuta motivando, A rilancia con un'altra proposta, B accetta e vi mettete d'accordo su luogo e orario dell'appuntamento.

Poi fate uno screenshot dello scambio e postate la foto sul gruppo social della classe. 你们用微信互相发短信:A同学提议一起做点儿什么（开胃酒、打网球、散步等等）,B拒绝而且说出不去的理由。A提出另一个建议,B接受,而且你们商定好约会的地点和时间。接下来你们把你们交流的屏幕截图拍下来,发布到班级的社交群里。

14 Safari fotografico.

15 Colpito e affondato!

E → 9, 10, 11, 12 pagg. 200... 202

16 Rileggi l'unità, sottolinea tutte le espressioni utili per parlare di attività del tempo libero, sport, tempo atmosferico e frequenza e scrivile nella tabella. 再读一遍本单元,指出所有有用的表达方式,例如:休闲活动、体育、天气和频率。然后写在表格里。

tempo libero	sport	tempo atmosferico e stagioni	frequenza

16.1 In coppia. Intervistatevi a turno utilizzando le domande nel riquadro (用下面的问句互相采访).

Cosa non ti piace fare nel tempo libero? • Dove puoi guardare un film? • Dove puoi fare sport? • Dove puoi fare shopping? • Quali sono i tuoi impegni (日程安排) della settimana? • Dove vai quando esci con gli amici? • Quanto spesso giochi al cellulare? • Quanto spesso fai sport? • Quanto spesso cucini? • Quanto spesso vai a casa di amici? • Cosa puoi fare il fine settimana? • Cosa devi fare se vuoi andare in Italia? • Cosa vuoi fare il prossimo (下) fine settimana? • Cosa puoi fare quando il tempo è bello? • Cosa non puoi fare quando piove? • Cosa fai quando è freddo? • Cosa fai di solito in primavera? • Cosa fai di solito in estate? • Cosa fai il giorno prima di un esame importante? • Come ti senti (nervoso, tranquillo)? • Quante ore studi? • Mangi o bevi qualcosa di particolare? • Mangi di più, mangi di meno (少) o come sempre? • A che ora vai a dormire? • E il giorno dopo l'esame cosa fai?

16.2 Aiutandoti con la traccia delle domande dell'esercizio 16.1, prepara una presentazione personale scritta e poi, senza leggere, ripetila all'insegnante. 使用练习17的问句,准备一份书面的自我介绍,先别读,先重复给老师听。

il Milione

A1-A2

5

Camera singola o appartamento?

Che cosa impariamo?

 soggiorno
 appartamento
 non arredato
 lontano

 pulire
 microonde
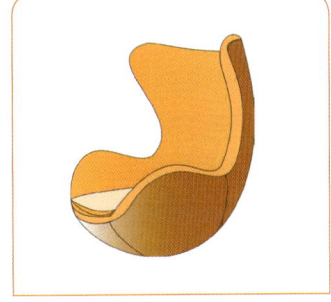 poltrona
 frigorifero

Per comunicare

- Cerco un appartamento
- Lontano dal centro
- Sul tavolo c'è un vaso
- Martedì 15 aprile
- Mao viene da Pechino
- Vado da Paolo
- Questa cucina è grande

Grammatica

- lontano da... vicino a...
- c'è/ci sono
- primo, secondo...
- da, di
- del, nel, sullo
- questo, quello

Materiale extra online

- Esercizi supplementari online
- Materiale per insegnanti online

75

il Milione A1-A2

1 Colloca i seguenti ambienti dove ritieni più opportuno nella piantina dell'appartamento.
在公寓平面图里把下面的房间放置在你认为最合适的地方。

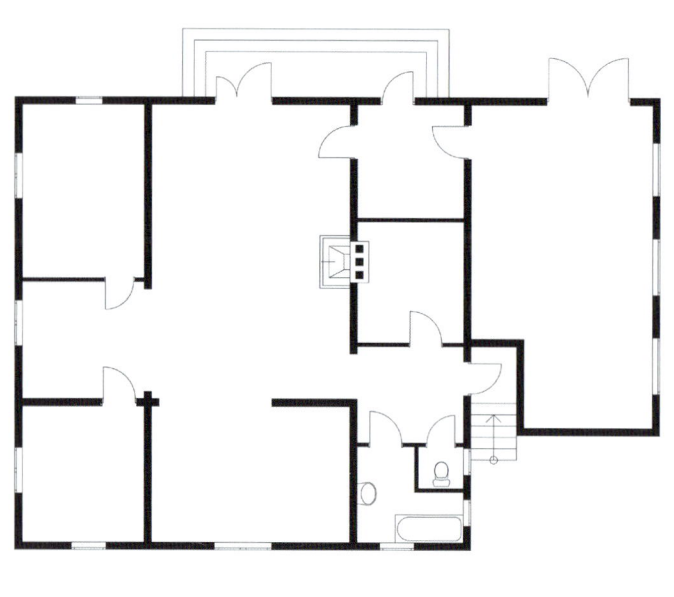

bagno

cucina

soggiorno

camera da letto singola

camera da letto doppia

ripostiglio

posto auto

giardino

studio

1.1 *Cerco un appartamento.* Leggi il dialogo e scegli l'opzione corretta.

Giulia: Ciao Peng, come stai?
Peng: Bene, grazie, e tu?
Giulia: Bene, bene, che cosa fai questo fine settimana? Vieni al cinema con me e Giorgio?
Peng: No, mi dispiace, devo cercare casa. Abito lontano dal centro e voglio trovare un **appartamento** vicino all'università.
Giulia: Ok, cerchi una **stanza singola o un appartamento**?
Peng: No, preferisco un appartamento. Siamo io e una mia amica.
Giulia: Come deve essere questo appartamento?
Peng: Deve avere due **camere da letto**, una **cucina**, un **bagno**, un **terrazzo** (阳台), se possibile, e anche un **soggiorno.**
Giulia: I prezzi in centro sono cari! Però se dividi l'affitto (租房金) con la tua amica puoi pagare meno. Metti un **annuncio** o vai in **un'agenzia**?
Peng: Prima provo a mettere un annuncio alla bacheca della mensa e poi vediamo…

1. Peng abita   a. in centro.    b. lontano dal centro.
2. Peng cerca   a. una stanza singola. 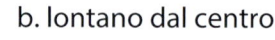   b. un appartamento.
3. Peng cerca casa   a. con un'amica.   b. con un amico.
4. Per cercare casa Peng   a. scrive un annuncio.   b. va in un'agenzia.

Camera singola o appartamento?

1.2 Indica l'appartamento che cerca Peng. 指出彭先生正在寻找的公寓。

A

B

C

1.3 Indica quale dei 3 annunci è quello di Peng. 指出在这三则广告中哪个是彭先生的。

A
Cerco un appartamento vicino al centro commerciale, con una camera da letto grande, una camera piccola e due bagni.
Telefonare a 3493984334. ☐

B
Cerco un appartamento vicino all'università, con due camere da letto, una cucina, un bagno e un terrazzo.
Telefonare a 3493984334. ☐

C
Cerco un appartamento lontano dal centro, con una camera da letto, una cucina e un bagno.
Telefonare a 3493984334. ☐

1.4 Anche Giulio cerca casa. Guarda le immagini dell'attività 1 e aiutalo a completare il seguente annuncio. Giulio也在找房子。借助活动1的图片的引导下，你帮他填完下面的广告。

Cerco una _____ (1) con un _____ (2), una _____ (3), una _____ (4) da letto doppia, una _____ (5) singola e un _____ (6). Vorrei anche un piccolo _____ (7) e un _____ (8). Telefonare a 3376756482.

E → 1 pag. 203 / E online → 2

2 Completa le parole sotto alle immagini con gli aggettivi nel riquadro.

arredato • doppia • vecchio • non arredato • grande • piccolo • buio • libero • nuovo • occupato • singola • luminoso

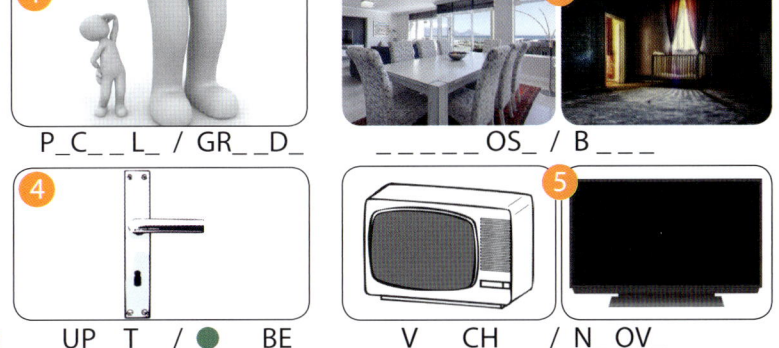

1 P_C__L_ / GR__D_
2 _____OS_ / B___
3 A__E____ / NON A__E____

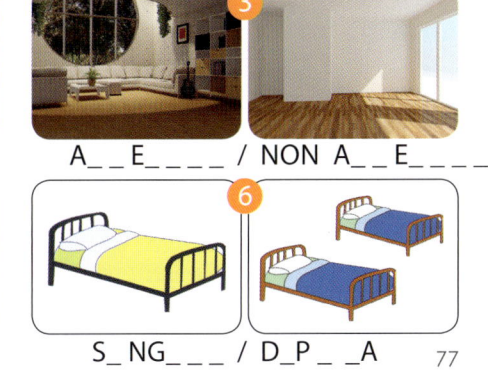

4 ●___UP_T_ / ●__BE__
5 V__CH__ / N_OV_
6 S_NG___ / D_P__A

il Milione A1-A2

2.1 Leggi il testo, guarda le immagini e sottolinea l'opzione corretta.

Cerco un appartamento (1) *arredato/non arredato* dal primo marzo con una camera (2) *singola/doppia*, una cucina (3) *grande/piccola*, un soggiorno (4) *buio/luminoso* e un bagno. Abbiamo un appartamento (5) *vecchio/nuovo* in via Rosselli (6) *vicino al/lontano dal* centro, (7) *libero/occupato* dal primo marzo.

1 Osserva

lontano **da**ll' albero   vicino **a**ll' albero

E → 2, 3 pag. 203

2.2 Scrivi gli aggettivi appropriati agli ambienti della casa. Gli aggettivi possono essere usati più di una volta. 写出适合家庭环境的形容词。有些形容词可以多次使用。

piccolo • piccola • nuovo • nuova • buio • buia • doppio • doppia • vecchio • vecchia • grande • singolo • singola • occupato • occupata • luminoso • luminosa • libero • libera

Camera: *piccola, nuova* _____
Soggiorno: _____
Casa: _____
Bagno: _____

2.3 Completa l'annuncio con gli aggettivi nel riquadro. Attenzione: gli aggettivi devono essere accordati ai nomi (注意:形容词必须和名词的性数一致).

piccolo • piccola • nuovo • nuova • doppio • doppia • grande • singolo • singola • luminoso • luminosa

Cerco un appartamento... *piccolo*... con un soggiorno _____ (1), una cucina _____ (2), una camera _____ (3), una camera _____ (4) e un bagno _____ (5). Vorrei anche un _____ (6) giardino e un posto auto. Telefonare a 3245678494.

E → 4, 5 pagg. 203, 204 / E online → 3

3 Attenti a GRANDE!

4 C'è l'ascensore? Ascolta e indica se le seguenti affermazioni sono vere o false.

	V	F
1. Peng cerca un appartamento vicino all'università.	☐	☐
2. L'agenzia ha tre appartamenti.	☐	☐
3. Peng vuole un appartamento con due bagni.	☐	☐
4. Peng vuole vedere l'appartamento con il giardino.	☐	☐
5. Peng va a vedere l'appartamento martedì 15 aprile.	☐	☐

Camera singola o appartamento?

4.1 Ascolta di nuovo il dialogo e completa il testo con *c'è* o *ci sono*.

Agenzia: Passiamo al secondo appartamento, allora. È un appartamento vecchio, ma è molto vicino all'università, è al terzo piano e qui _____ (1) due camere. Poi _____ (2) un bagno piccolo, _____ (3) una cucina grande e _____ (4) anche un terrazzo. Anche questo appartamento è libero dal primo maggio.

Peng: _____ (5) le scale o _____ (6) anche (还) l'ascensore?

Agenzia: L'ascensore non _____ (7), ma _____ (8) un piccolo giardino.

2 Osserva e completa

1. *C'è* + nome ☐ singolare ☐ plurale   2. *Ci sono* + nome ☐ singolare ☐ plurale

E ➔ 6, 7 pag. 204 / E online ➔ 4

5 Che cosa c'è nella tua casa?

3 Osserva e indica la regola per dire la data

Agenzia: <u>Martedì 15 aprile</u> va bene?
Peng: No, <u>martedì 15 aprile</u> ho un esame all'università.
Agenzia: Allora <u>giovedì 17 aprile</u> va bene?

a. ☐ nome del giorno della settimana + numero del giorno + mese.
b. ☐ mese + nome del giorno della settimana + numero del giorno.
c. ☐ numero del giorno + mese + nome del giorno della settimana.

6 Che giorno è oggi? **In coppia. Chiedi al tuo compagno la data di oggi e poi di' a lui la data di domani.** 问你的同学今天的日期，然后告诉他明天的日期。

6.1 La data. Ascolta e scrivi la data (日期).

1. _____
2. _____
3. _____
4. _____
5. _____
6. _____
7. _____
8. _____
9. _____
10. _____

7 Ascolta di nuovo il dialogo e completa con le parole mancanti.

Peng: Buongiorno. Cerco un appartamento vicino all'università libero dal **primo** _____ (1) con due camere, una doppia e una singola, una cucina, un bagno e un _____ (2).

Agenzia: Allora... un appartamento libero dal **primo** maggio, ... abbiamo... due soluzioni. Un appartamento nuovo al *pianoterra* con una _____ (3) doppia, una cucina luminosa, un bagno grande e un _____ (4) terrazzo. In questo appartamento non c'è la camera _____ (5). Può andare bene?

Peng: Hmm, vorrei due _____ (6).

Agenzia: Passiamo al **secondo** appartamento, allora. È un appartamento _____ (7) ma è molto vicino all'università, è al **terzo** piano e qui... ci sono due camere. Poi c'è un bagno piccolo, c'è una _____ (8) grande e c'è anche un terrazzo. Anche questo _____ (9) è libero dal **primo** maggio.

il Milione A1-A2

7.1 Rileggi le parole in neretto nel dialogo 7 e completa il podio (填领奖台).

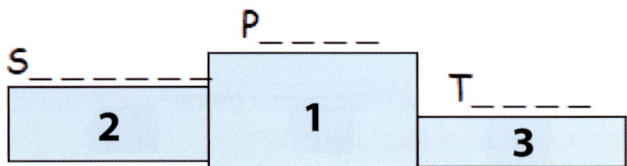

S_____ P_____ T_____

7.2 Leggi di nuovo il dialogo 7 e completa con i piani della casa (楼层).

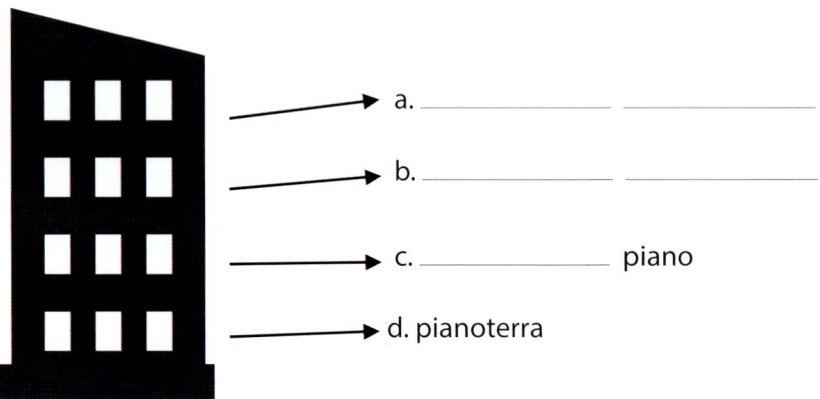

a. _____
b. _____
c. _____ piano
d. pianoterra

> In Italia con "pianoterra" ci si riferisce a quello che in Cina è il "primo piano".
> 意大利的"地面楼层"是中国的"第一层"。

8 Leggi l'e-mail e indica l'appartamento di Peng.

SCRIVI MAIL

Ciao Giulia,
sono molto felice. Ho un appartamento nuovo che mi piace molto. La cucina è arredata: c'è tutto, il forno, il microonde, il frigo, il tavolo e le sedie. Mi piace cucinare e invitare gli amici a cena. Quando vengono cucino per tutti! Ma non mi piace pulire e mettere in ordine!
Il soggiorno ha un divano grande, una libreria nuova e una TV: la sera sto qui, leggo un libro o guardo "la casa gialla", la mia serie preferita. All'ingresso, vicino alla porta, c'è una scarpiera, sai che per noi in Cina è normale togliersi le scarpe (脱下鞋子) quando entriamo in casa, ma forse per voi in Italia è un po' strano... 😳
Anche le camere sono arredate: c'è il letto, l'armadio, la cassettiera, uno specchio e una lampada. Il bagno ha la doccia e il lavandino: voglio cambiare il water perché questo è vecchio; devo anche comprare la lavatrice perché non c'è e lavare i vestiti è faticoso. Invece stirare mi piace, è rilassante.
Devi venire presto. Così vedi la mia casa nuova! Se vieni martedì c'è anche Sara. Lei viene alle 11:00.
Peng 😀

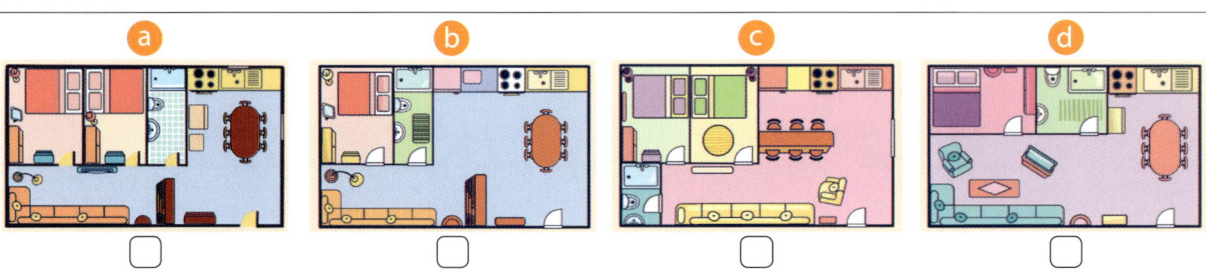

a ☐   b ☐   c ☐   d ☐

Camera singola o appartamento? 5

8.1 Rileggi l'e-mail e sottolinea il verbo appropriato.

1. pulire /leggere /stirare **la casa.**
2. cucinare /invitare /guardare **il cibo.**
3. pulire /cucinare /leggere **il bagno.**
4. stirare /mettere in ordine /invitare **la casa.**
5. mettere in ordine /leggere /pulire **un libro.**
6. cucinare /mettere in ordine /guardare **la tv.**
7. cambiare /stirare /invitare **il water.**
8. stirare /leggere /comprare **la lavatrice.**
9. leggere /lavare /guardare **i vestiti.**
10. cucinare /invitare /stirare **i vestiti.**

E → 8 pag. 204 / E online → 6, 7, 8, 9

8.2 Completa con le forme mancanti del verbo venire.

	io	tu	lui/lei	noi	voi	loro
VENIRE						

8.3 Completa i dialoghi con il verbo venire.

1
Irene: Ciao ragazze, _____ (1) stasera da Paolo? Dà una festa a casa sua. _____ (2) anche Rossana e Alessia!
Giulia
e Sara: Sì, _____ (3) anche noi.

2
Anne: Ciao, io sono Anne e tu?
Mao: Io sono Mao. Piacere!
Anne: Piacere! Sei cinese?
Mao: Sì, di Pechino. E tu da dove _____ (4)?
Ann: _____ (5) dalla Francia, da Parigi. Lei invece è Susan, _____ (6) da Londra.

4 Osserva e completa

• *Mao viene da Pechino.*
- Quando il verbo *venire* è seguito dalla preposizione _____ (1) indica la provenienza da un luogo. Ti ricordi in quale altro modo è possibile indicare la provenienza? (vedi Unità 1)
    • *Mao è_____ (2) Pechino.*
- In questo caso usiamo il verbo *essere* seguito dalla preposizione_____ (3).
- La preposizione **da** (semplice o articolata) non indica solo provenienza, ma può indicare movimento verso qualcuno:
    • *Stasera vado_____ (4) Paolo.*
    • *Più tardi devo andare_____ (5) dottore.*

E online → 10

il Milione A1-A2

9 Completa i dialoghi con le preposizioni appropriate.

1 A: Ciao ragazzi, _____ dove siete?
B: Io sono argentino _____ Buenos Aires.
Lui invece è tedesco, viene _____ Germania, _____ Berlino.

Buenos Aires

2 A: Che cosa facciamo stasera? Andiamo tutti _____ Marco a vedere la partita?
B: Mi dispiace, io non vengo. Vado con Maria _____ Stefania. È il suo compleanno (生日)!

3 A: Dove vai?
B: Vado _____ Paolo, devo prendere un libro per l'esame; prima però vado _____ panettiere a comprare il pane.
A: E nel pomeriggio che cosa fai?
B: Ho un appuntamento, vado _____ medico.

9.1 L'appartamento di Maria. Maria ha un nuovo appartamento. Leggi il testo e disegna (画) la casa di Maria.

Il nuovo appartamento di Maria è molto carino. Ci sono quattro stanze: una camera, una cucina, un bagno uno studio **con il** terrazzo e un soggiorno.
In cucina c'è un grande tavolo con quattro sedie: **sul** tavolo c'è un vaso con i fiori sempre freschi. **Nella** scarpiera **all'**ingresso ci sono scarpe e pantofole. L'ingresso è **tra il** soggiorno e la cucina. **In** soggiorno c'è un divano davanti **alla** TV, due poltrone comode e quadri colorati **sulle** pareti. **Tra le** poltrone e il divano c'è un tavolino basso e **nell'**angolo c'è una lampada. Dietro il divano c'è una libreria. **Nella** libreria ci sono i libri **dei** suoi autori preferiti. **Dalla** finestra **del** soggiorno si vede un giardino. **Dal** soggiorno si entra **nello** studio e **dallo** studio si va **sul** terrazzo.
Tutti i sabato sera Maria invita **degli** amici a cena. Maria cucina benissimo e prepara sempre **delle** ricette diverse e molto buone. Non cucina solo **per gli** amici ma spesso cucina anche **per i** suoi vicini di casa e **per le** compagne dell'università. Quando cena **con i** suoi ospiti di solito inizia a cucinare **alle** 9 **della** mattina e finisce **all'**una. **Nel** pomeriggio, **tra l'**una e le quattro, si rilassa **sulla** poltrona **col** gatto e **coi** suoi libri.

9.2 Rileggi il testo L'appartamento di Maria e completa la tabella con le preposizioni articolate mancanti.

	il	lo	l'	i	gli	la	le
di		dello	dell'				
a	al	allo		ai	agli		
da			dall'	dai	dagli		dalle
in				nei	negli		nelle
su		sullo	sull'	sui	sugli		
con		con lo	con l'		con gli	con la	con le
per	per il	per lo	per l'			per la	
tra/fra		tra lo		tra i	tra gli	tra la	

Camera singola o appartamento?

5 Osserva

- Le preposizioni *di, a, da, in* e *su* si uniscono all'articolo determinativo (和定冠词连在一起).
- Le preposizioni *per* e *tra/fra* non si uniscono all'articolo che segue (后面不加冠词).
- *Tra* e *fra* sono sinonimi, la scelta dipende dalla preferenza del parlante (是同义词，它们的选择取决于说话人的偏好).
- La preposizione *con* può unirsi agli articoli *il* e *i*, molto più raramente con gli altri articoli. La preposizione *con* 可以和冠词*il* e *i*连接在一起，而很少和其它冠词连接在一起。

9.3 Completa con le preposizioni articolate mancanti a partire dalla preposizione data (从合适的介词开始).

1. Davanti (a) _____ divano c'è un mobile (con) _____ TV; (in) _____ mobile ci sono i dvd. (tra) _____ TV e la lampada c'è una poltrona. (su) _____ poltrona dorme sempre il gatto.
2. (in) _____ angolo c'è una libreria, (in) _____ libreria ci sono molti libri.
3. (da) _____ finestra (di) _____ casa di Maria puoi vedere la biblioteca (di) _____ università.
4. Il bar si trova (a) _____ angolo, davanti (a) _____ stadio, (tra) _____ parco e l'ospedale. Vicino (a) _____ ospedale c'è un'edicola.

E online → 11

10 In quali ambienti della casa puoi fare le seguenti azioni? Collega i verbi con gli ambienti della casa. Per alcune azioni c'è più di una possibilità. 在哪些房间里你可以做以下的动作？把动词跟地方连在一起。不过每个动作可以连好几个地方。

Azioni	Ambienti della casa
cucinare (_____) • mettere in ordine (_____) • leggere (_____) • stirare (_____) • lavare i vestiti (_____) • pulire (_____) • guardare la tv (_____) • studiare (_____) • mangiare (_____) • dormire (_____)	a. in bagno • b. in terrazzo • c. in soggiorno • d. in giardino • e. in cucina • f. all'ingresso • g. in camera • h. nel ripostiglio • i. nello studio • l. nel posto-auto

10.1 Completate le seguenti frasi coniugando i verbi tra parentesi.

1. Alessia e Ciro (mettere) _____ in ordine la casa.
2. A: (voi - venire) _____ a casa di Peng? – B: No, non (noi - venire) _____!
3. Sabato (Maria - invitare) _____ gli amici a cena e (Maria - cucinare) _____ le lasagne.
4. Stasera (io - stare) _____ a casa e (guardare) _____ la tv.
5. A: (lavare) _____ tu i piatti? – B: Sì, (io - lavare) _____ e tu (pulire) _____ il forno.
6. Marco (stirare) _____ i vestiti mentre Monica (leggere) _____.
7. Questa sera (io - venire) _____ casa tua e (noi - cucinare) _____ insieme.
8. I ragazzi (guardare) _____ un film alla tv.
9. Peng (comprare) _____ la lavatrice perché lavare i vestiti è faticoso.
10. Paolo e Mario (pulire) _____ casa e dopo (venire) _____ a cena con noi al ristorante.

lasagne

il Milione A1-A2

10.2 Qual è il soggetto?

11 Gli oggetti della casa. **Collega le immagini alle parole.**

1	2	3	4	5
6	7	8	9	10
11	12	13	14	15
16	17	18	19	20

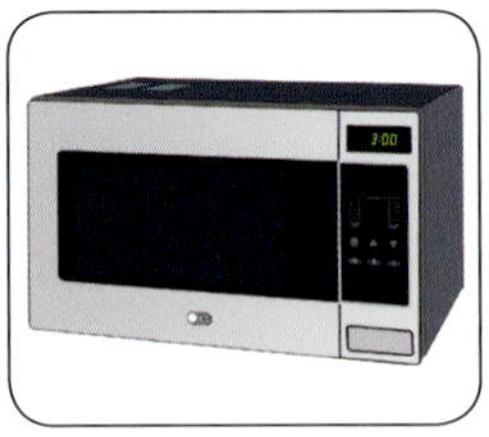

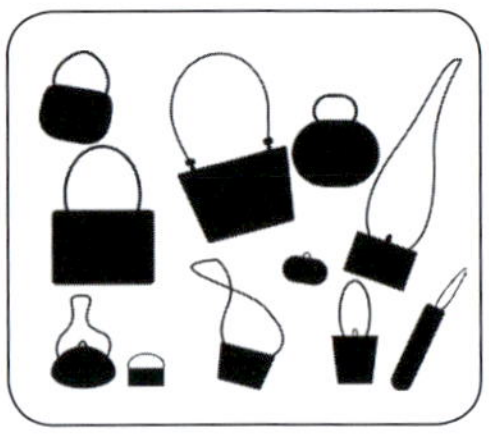

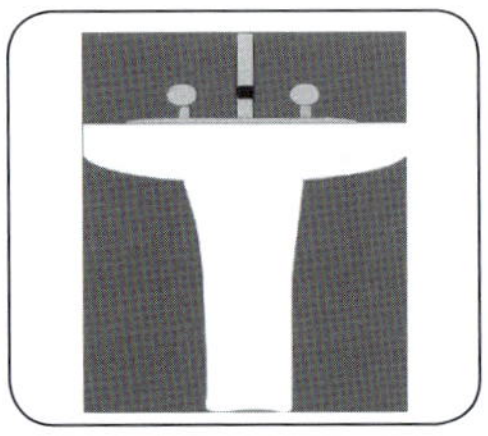

a. i letti ☐   h. il forno ☐   o. la porta ☐
b. le lampade ☐   i. il frigo ☐   p. le sedie ☐
c. il water ☐   j. l'armadio ☐   q. il tavolo ☐
d. la libreria ☐   k. gli specchi ☐   r. la scarpiera ☐
e. il microonde ☐   l. la cassettiera ☐   s. le poltrone ☐
f. la finestra ☐   m. il divano ☐   t. il lavabo ☐
g. la lavatrice ☐   n. le borse ☐

Camera singola o appartamento?

11.1 In coppia. *A domanda a B dove si trovano i seguenti oggetti nella sua casa. Dopo, riporta all'insegnante le risposte di B. Cominciate ogni domanda con A casa tua...* A同学问B同学在哪儿能找到这些物品，然后把B的答案告诉老师。每个问句都要以 A casa tua... 开头

A casa tua…

1. dov'è la televisione?
2. dove sono le medicine (药物)?
3. dov'è l'aspirapolvere?
4. dov'è il cellulare la notte?
5. dov'è la cassettiera?
6. dov'è lo specchio?
7. dov'è la lavatrice?
8. dov'è il ferro da stiro (熨斗)?
9. dov'è il microonde?
10. dove sono i libri?
11. dove sono le scarpe?
12. dov'è la pattumiera (垃圾箱)?

6 Osserva e completa

 Quest'albero…  Quell'albero…

1. *Questo/questa/questi/queste indicano oggetti* *vicini* *lontani.*
2. *Quello/quella/quelli/quelle indicano oggetti* ☐ *vicini* ☐ *lontani.*

12 Questo o quello?

E ➔ 9, 10 pag. 205 / E online ➔ 16

13 Quando cucini? *In coppia. Coniugando i verbi alla seconda persona singolare, A chiede a B quando svolge le attività elencate. B risponde con una delle espressioni suggerite nel riquadro. Riferite le risposte all'insegnante e alla classe.* 使用单数的第二人称的动词变位，A同学问B同学什么时候做下列的活动。B用框格里的一种表达方式来回答。最后向老师和全班同学汇报。

> il sabato pomeriggio • tutti i giorni • la domenica • dopo cena • la mattina •
> tutte le sere • una volta la settimana • non… mai

Esempio: A: *Quando ascolti la musica?*
B: *Ascolto la musica tutti i giorni.*

Quando…

1. ascoltare la musica
2. cucinare
3. guardare la tv
4. pulire il bagno
5. fare la lavatrice
6. mettere in ordine la cucina
7. stirare
8. leggere un libro
9. fare il letto
10. mettere le scarpe nella scarpiera
11. lavare i piatti
12. invitare gli amici a casa

il Milione A1-A2

14 Trova il tuo appartamento!   **15** Dove è il soggiorno?

16 Rileggi l'unità, sottolinea e scrivi nella tabella tutte le espressioni utili per descrivere una casa: gli aggettivi, gli oggetti contenuti, le stanze e le azioni quotidiane che si fanno a casa.
重读一遍本单元。在表格里写下所有有用的而且能用来描述一套房子的表达方式:形容词、包含的物品、房间和家中进行的日常活动。

Aggettivi per descrivere una casa	Ambienti della casa	Oggetti contenuti nelle stanze	Azioni che si fanno a casa

16.1 In coppia. Intervistatevi a turno utilizzando le domande nel riquadro. 用下面的问句互相采访。

 A che piano abiti? • Com'è il tuo appartamento? Usa almeno 4 aggettivi • Quali stanze ci sono? • Descrivi il soggiorno. • Descrivi la tua camera. • Cosa c'è all'ingresso? • Cosa c'è in bagno? • Elenca almeno 4 attività che ti piace fare a casa. • Elenca almeno 4 attività che non ti piace fare a casa. • In quale stanza passi più tempo? Perché? • Dove metti il telefono quando dormi? • Dove metti i libri? • Dove metti le scarpe? • Dov'è la lavatrice?

16.2 Aiutandoti con la traccia delle domande dell'esercizio 16.1, prepara una presentazione personale scritta e poi, senza leggere, ripetila all'insegnante. 使用练习16.1中的问句，准备一份书面的自我介绍，先别读，先重复给老师听。

il Milione

A1-A2

6

Che giornata!

Che cosa impariamo?

svegliarsi

divano

lavare i piatti

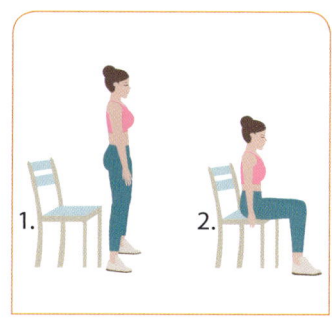
sedersi

divertirsi

quadro

bicchieri

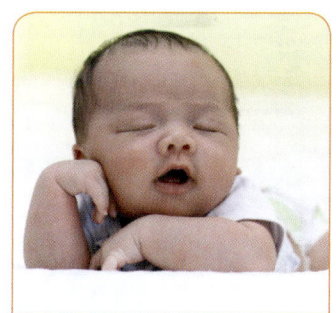
addormentarsi

Per comunicare

- Di solito la mattina mi sveglio presto…
- Faccio colazione…
- Mi diverto quando…
- Il mio ragazzo è…
- Sto studiando…
- Penso di sì!

Grammatica

- Mi alzo, mi sveglio…
- Mio, tuo, suo…
- Stare + gerundio
- Io dico…
- Io so, tu conosci…
- Sapere + infinito
- Sapere e potere…

Materiale extra online

- Esercizi supplementari online
- Materiale per insegnanti online

il Milione A1-A2

1 Completa le azioni aiutandoti con i verbi in neretto nel messaggio e-mail 1.1.

1. mi S_ _GLI_   2. mi _ LZ_   3. mi _ _ VO   4. mi _ _ ST _   5. mi M_ _ _ _ una tuta

6. ci SE _ _ _ _ _   7. mi _ _ VERT _   8. si S_ _ _ _ al telefono   9. mi ADD_ _ _ _ _ _ _   10. ci ANN _ _ _ _ _

E online ➔ 1,2

1.1 *Non mi annoio mai!* Leggi l'e-mail, indica se le affermazioni sono vere o false e poi collega le immagini alle parole.

Caro Giulio,

finalmente sono a Pisa, pronta per la mia nuova vita di studentessa universitaria. Il mio appartamento è vicino al *fiume* (1), abito con due ragazze e con loro **mi diverto** molto. Di solito la mattina **mi sveglio** presto, alle 7:00 circa, leggo le e-mail e i messaggi su Instagram, poi **mi alzo**, **mi lavo**, faccio *colazione* (2) e **mi vesto** per andare all'università. Studio Economia e le lezioni sono vicino a casa: a *pranzo* (3) io, Irene e Filippo, i miei compagni di corso, spesso mangiamo un panino nel *giardino* (4) dell'università perché in mensa c'è sempre la fila (排队). Irene e Filippo dicono che perdiamo (损失) troppo tempo.
Ci sediamo su una *panchina* (5) e insieme parliamo dei corsi, dei professori, oppure delle nostre famiglie. A volte viene anche Jane, la mia amica inglese. Lei è qui in Erasmus per sei mesi, ma dice che vuole restare fino alla fine dell'estate. Jane è sempre al telefono: o **si sente** con Mark, il suo ragazzo che studia a Londra (è proprio innamorata!!), o con la sua famiglia.
Nel pomeriggio, se non ci sono lezioni, andiamo in biblioteca o in un'aula *studio* (6), per studiare insieme. La sera torno a casa, **mi metto** una tuta da *ginnastica* (7) e alle 7:30 esco per andare a correre.
La sera, dopo *cena* (8), io, Anna e Marta, le mie coinquiline (室友), usciamo di nuovo: c'è sempre qualche festa, dove è possibile conoscere tanti studenti, italiani e stranieri. Insomma, **ci divertiamo** un sacco (特多) e non **ci annoiamo** mai; così io **mi addormento** sempre tardi, spesso sul *divano* (9) davanti alla tv.
E tu, che cosa stai facendo a Milano, alla Bocconi? Stai studiando? Studi tanto come sempre o **ti diverti** anche un po'?
Un abbraccio (拥抱),

Serena

Che giornata! 6

	V	F
1. Serena scrive a un amico.	☐	☐
2. Serena è una studentessa.	☐	☐
3. Serena parla di una vacanza.	☐	☐

1.2 Rileggi l'email e completa la tabella con una crocetta (用十字叉) (X).

Chi...	studia Economia?	è inglese?	studia a Londra?	studia a Milano?	va a correre?	va alle feste?	mangia un panino?
Serena							
Jane							
Mark							
Giulio							
Irene e Filippo							
Anna e Marta							

2 Completa la tabella con le forme mancanti del verbo *dire*.

	io	tu	lui/lei	noi	voi	loro
DIRE	dico	dici		diciamo	dite	

2.1 Completa con le forme mancanti del verbo *dire*.

1. Irene e Filippo _____: "In mensa c'è sempre fila".
2. Li_____: "Oggi fa molto caldo, ci sono 30 gradi".
3. A: Che cosa (tu)_____? - B: Niente.
4. Io ti_____ di prendere l'autobus.
5. Noi _____ che Li è molto simpatica.
6. Mao_____ che il ping pong è il suo sport preferito.

il Milione A1-A2

3 Collega le forme coniugate dei verbi all'infinito corrispondente. (对应的不定式)

1. mi sveglio
2. mi alzo
3. mi lavo
4. mi metto
5. ci sediamo
6. mi diverto
7. si sente
8. mi addormento
9. ci annoiamo

a. annoiarsi
b. mettersi
c. sentirsi
d. lavarsi
e. alzarsi
f. svegliarsi
g. addormentarsi
h. divertirsi
i. sedersi

3.1 Leggi di nuovo l'e-mail dell'attività 1.1 e completa la tabella con le forme verbali mancanti. Attenzione alle particelle pronominali. (注意自反代词)!

	io	tu	lui/lei	noi	voi	loro
svegliarsi	___ sveglio	___ svegli	___ sveglia	___ svegliamo	vi svegliate	si svegliano
mettersi						
divertirsi						
sentirsi						
sedersi	mi siedo	ti siedi	si siede		vi sedete	si siedono

1 Osserva

Alcuni verbi hanno un pronome al loro interno. Quando il verbo viene coniugato, il pronome (-si nella forma dell'infinito: svegliarsi) cambia forma a seconda del soggetto. Nel tempo presente questo pronome si trova davanti al verbo: io mi sveglio, tu ti svegli, ecc. 有些动词里面带有一个自反代词。当动词变位时，不定式中的-si 自反代词: svegliarsi 要根据主语的不同而改变形式。而在现在时中，自反代词出现在动词的前面: io **mi** sveglio, tu **ti** svegli, ecc.

 E online ▶ 4

3.2 Completa le frasi con il pronome e le desinenze corrette (正确的词尾).

1. Simona _____ alz_____ sempre alle 7:00.
2. Le ragazze _____ divert_____ tanto alle feste.
3. Io _____ lav_____ i denti tre volte al giorno.
4. Ragazzi, a che ora _____ svegl_____ la mattina?
5. E a che ora (voi) _____ alz_____?
6. Noi _____ alz_____ tardi, alle 10:00 circa.
7. Sara _____ mett_____ la giacca perché è freddo.
8. Noi _____ prepar_____ per andare a correre.
9. Laura e Francesca non _____ mett_____ mai vestiti eleganti.
10. Marco _____ addorment_____ sempre sul divano.

 E ▶ 2 pag. 209 / E online ▶ 5

3.3 Beep!

Che giornata! 6

3.4 In coppia. A fa una domanda a B che risponde, e viceversa, come nell'esempio.

> *Esempio:*
> A: Tu/svegliarsi presto/ mattina?
> B: No/io/non svegliarsi presto/io/svegliarsi sempre/11:00
>
> A: Ti svegli presto la mattina?
> B: No, (io) non mi sveglio presto, (io) mi sveglio sempre alle 11:00.

1 A: Tu/annoiarsi/qualche volta/a lezione di italiano?
B: No, io/non/annoiarsi/mai!

2 A: Quando/tu/vestirsi/elegante?
B: Io/vestirsi/elegante/quando vado al ristorante.

3 A: Tu/divertirsi/quando esci con gli amici?
B: Sì, io/divertirsi/sempre/molto.

4 A: A che ora/tu/prepararsi/per andare a correre?
B: Io/prepararsi/alle 10.

5 A: A che ora/tu/addormentarsi/la sera?
B: Io/addormentarsi/sempre/alle undici.

6 A: Quante volte al giorno/tu/lavarsi i denti?
B: Io/lavarsi i denti/sempre/tre volte al giorno.

7 A: Quando/tu/mettersi/la tuta?
B: Io/mettersi/la tuta/quando vado in palestra.

8 A: Tu/sentirsi/spesso con la tua famiglia?
B: Sì,/io/sentirsi/con la mia famiglia /tutti i giorni.

9 A: A che ora/tu/alzarsi/la mattina?
B: Io/alzarsi/sempre/prima delle otto.

10 A: Tu/sedersi/vicino a me/a lezione?
B: Va bene,/io/sedersi/vicino a te.

E ➔ 3, 4 pag. 209

4 Adesso mi alzo. Ascolta il dialogo e indica l'alternativa corretta.

1. a. Serena telefona a Giulio. ☐ b. Giulio telefona a Serena. ☐
2. a. Serena è a letto. ☐ b. Serena fa colazione. ☐
3. a. Wang si sveglia da solo. ☐ b. Giulio sveglia Wang. ☐
4. a. Wang va a correre. ☐ b. Giulio va a correre. ☐

4.1 Ascolta di nuovo le frasi tratte dal dialogo e completa con i verbi mancanti.

Serena: Scusa eh, ma sono ancora a letto, mi alzo, _____ (1), faccio colazione, _____ (2) i piatti e poi parliamo, va bene?

Giulio: La mattina prima _____ (3) e poi _____ (4) Wang perché lui non sente la suoneria (铃声) del telefono e si arrabbia.

2 Osserva

| io mi lavo | io lavo i piatti | io mi sveglio | io sveglio Wang |

I pronomi riflessivi si usano soltanto quando l'azione ricade sul soggetto stesso. I pronomi riflessivi non si usano, invece, quando l'azione ricade su una persona o un oggetto differenti dal soggetto.自反代词只表示主语的动作指向主语本身。而当动作落在与主语不同的人或物体上时，不能使用反身代词。

il Milione A1-A2

4.2 Completa le frasi con il verbo appropriato.

Esempio:

io mi vesto    io vesto Filippo

1. spogliarsi/spogliare — Io _____ la bambola (主) ogni giorno.
2. spogliarsi/spogliare — Stefano _____ prima di fare la doccia.
3. truccarsi/truccare — La bambina _____ la bambola ogni mattina.
4. truccarsi/truccare — Stefania _____ e poi va in discoteca.
5. lavarsi/lavare — Io _____ tutti i giorni.
6. lavarsi/lavare — La mamma _____ prima di uscire.
7. pettinarsi/pettinare — Lucia non _____ mai di mattina.
8. pettinarsi/pettinare — Anna _____ Maria in bagno.
9. vestirsi/vestire — Noi _____ con abiti sportivi.
10. vestirsi/vestire — Marta _____ la bambola.

 5 pag. 210

4.3 Mi lavo o lavo?

4.4 Collega i verbi della colonna di sinistra con le immagini e la traduzione cinese a destra.

1. svegliarsi
2. annoiarsi
3. prepararsi
4. addormentarsi
5. sedersi
6. togliersi
7. divertirsi
8. fermarsi
9. sentirsi
10. mettersi

A. 闷
B. 乐
C. 脱
D. 穿
E. 睡
F. 坐
G. 听
H. 醒
I. 停
J. 备

1. _____ / _____   3. _____ / _____   5. _____ / _____   7. _____ / _____   9. _____ / _____
2. _____ / _____   4. _____ / _____   6. _____ / _____   8. _____ / _____   10. _____ / _____

Che giornata!

4.5 Completa le frasi coniugando i verbi della colonna di sinistra e poi collegandoli alla corrispondente espressione della colonna di destra.

io/addormentarsi... mi addormento...

1. tu/divertirsi _____ [g]
2. lui/prepararsi _____ [ ]
3. noi/fermarsi _____ [ ]
4. voi/togliersi _____ [ ]
5. loro/sedersi _____ [ ]
6. io/sentirsi _____ [ ]

a. la tuta da ginnastica.
b. per uscire.
c. sulla panchina nel parco.
d. al telefono con Luca.
e. davanti alla porta.
f. un sacco alla festa.
g. *tardi davanti alla TV.*

4.6 Dov'è? Cosa fa?

4.7 In coppia. Completate, prima da soli, le frasi nella tabella scrivendo ciò che vi diverte e ciò che vi annoia nelle due colonne a sinistra. Dopo, usate le domande nella riga in basso a sinistra per intervistarvi e scrivete le risposte ricevute nella colonna di destra.

你们先自己完成表格中的句子，在左边的两栏中写下你所喜欢的东西和你所厌烦的东西。之后，使用左下角一行的问题互相采访，并将你们得到的答案写在右边一栏。

Io...		...e il mio compagno	
Mi diverto quando ___	Mi annoio quando ___	Si diverte quando ___	Si annoia quando ___
Mi diverto con ___	Mi annoio con ___	___	___
Mi diverto in/a ___	Mi annoio in/a ___	___	___
Quando/con chi/dove ti diverti/ti annoi?			

il Milione

A1-A2

5 Che confusione! **Irene è un disastro! Ha una casa nuova, ma alcuni oggetti non sono nel posto giusto. Leggi le parole nel riquadro, guarda le immagini e scrivi le parole corrispondenti aiutandoti con le lettere date.** 真是一团糟！Irene是个大麻烦！她有一套新房子，但有些物品没有放在正确的位置。阅读方框里的单词，看着图片，使用所给的字母写出对应的单词。

> portacenere • caffettiera • comodino • lavatrice • pentola • asciugamani • scopa • libri •
> quadro • tappeto • aspirapolvere • stendino • bicchieri • tablet • caricabatterie •
> orologio • shampoo • carta igienica • spazzola • piatti

Questa è la casa di Irene: in cucina ci sono lo (1) _____n_ , lo (2) _h_____ , il (3) t_____

e il (4)__m_____ ; in bagno Irene tiene i (5)____t_ , la (6)__f_____ , il

(7) q_____ e qualche (8)_____l_ . In camera vicino al letto Irene tiene il (9)_____c_____

, gli (10)_s_____ , la (11) _c____ e la (12) __v_____ . In soggiorno ci

sono la (13) c____ i_____ , l'(14)_s_____ e , la (15) _p_____ e i

(16) ____h_____ . Nel ripostiglio ha messo il (17) _____t , il (18) _____ab_____ ,

due (19) ____i e l'(20) _r_____ .

5.1 Inserisci gli oggetti dell'esercizio 5 negli ambienti appropriati.
把练习5的物体放在合适的环境里。

cucina	camera	soggiorno	bagno	ripostiglio

 6 pag. 210

5.2 Cosa c'è?

Che giornata!

6 Rileggi l'e-mail dell'attività 1.2 e completa la tabella con gli aggettivi possessivi mancanti.

	singolare maschile	singolare femminile	plurale maschile	plurale femminile
io	il mio ragazzo	la _____ amica	i _____ compagni	le _____ coinquiline
tu	il tuo ragazzo	la tua amica	i tuoi compagni	le tue coinquiline
lui/lei	il _____ ragazzo	la _____ famiglia	i suoi compagni	le sue coinquiline
noi	il nostro libro	la _____ famiglia	i nostri compagni	le _____ famiglie
voi	il vostro libro	la vostra famiglia	i vostri compagni	le vostre famiglie
loro	il loro libro	la loro famiglia	i loro compagni	le loro famiglie

3 Osserva e completa

1. Prima dell'aggettivo possessivo c'è sempre l'_____.
2. La **desinenza** (词尾) dell'aggettivo possessivo (maschile, femminile, singolare, plurale) è accordata con (跟谁一致):
   a. ☐ l'oggetto posseduto (占有关系) (cosa o persona).
   b. ☐ il possessore (物主词类).

6.1 Possessivi

6.2 Facciamo un tandem! Leggi l'annuncio che scrive Cai e il messaggio WhatsApp di Lorenzo e completa con gli aggettivi possessivi appropriati.

ANNUNCIO

Mi chiamo Cai e studio Economia all'università. _____ (1) amici dicono che _____ (2) italiano deve ancora migliorare, quindi cerco persone per fare conversazione o un tandem (连串) cinese/italiano. Se sei interessato, _____ (3) numero è 333 4545450, _____ (4) email è cai012345@gmail.com.

Ciao Cai, mi chiamo Lorenzo e studio il cinese. _____ (5) annuncio dice che vuoi fare un tandem cinese/italiano e io sono interessato. Abito in centro, _____ (6) appartamento è vicino a Economia, possiamo fare lì _____ (7) conversazioni. _____ (8) coinquilino, Alberto, cucina sempre: possiamo mangiare _____ (9) lasagne al pesto (香蒜酱千层面) e _____ (10) spaghetti ai frutti di mare (海鲜) mentre parliamo! Se preferisci possiamo vederci anche all'università. Tu dove hai _____ (11) lezioni? Tutte a Economia? Conosco altri due ragazzi interessati, sono _____ (12) compagni di università; in questo momento non ho _____ (13) numeri di telefono, ma se hai altri amici cinesi e anche _____ (14) amici vogliono fare un tandem, possono incontrarsi. Quando possiamo cominciare? Per me va bene anche domani, aspetto presto una tua risposta!

il Milione  A1-A2

6.3 Tombola dei possessivi.

6.4 Anna e Michele.

7 Che cosa stai facendo di bello? Ascolta e indica se le seguenti frasi sono vere o false.

	V	F
1. Giulio è uno studente.	☐	☐
2. Li invita Giulio in pizzeria.	☐	☐
3. Giulio rifiuta l'invito.	☐	☐

7.1 Ascolta di nuovo e seleziona l'opzione corretta.

1. Giulio ☐ sta studiando ☐ sta giocando ☐ sta leggendo.
2. Filippo conosce una pizzeria dove lavora ☐ un suo compagno ☐ la sua ragazza ☐ una sua amica.
3. Giulio sa giocare ☐ a ping pong ☐ a tennis ☐ a bowling.
4. Giulio viene ☐ in autobus ☐ in macchina ☐ in bicicletta.
5. L'appuntamento è per ☐ stasera ☐ domani ☐ domenica.

7.2 Ascolta di nuovo e inserisci nel testo le otto parole mancanti. Attenzione! Non ci sono gli spazi in cui scrivere, devi capire tu dove inserire le parole mancanti.
填写8个遗漏的单词。注意！没有空格可写，你自己必须弄清楚在哪里插入漏掉的单词。

Li: Ciao Giulio, come stai? Ti sento male… che cosa stai facendo in questo momento?
Giulio: Sto studiando… sto scrivendo una tesina per l'esame di economia aziendale.
Li: Ma studi sempre… secchione (书呆子！) Dai, vieni a mangiare una con noi!
Giulio: Ma dove? Ma quando? E con chi?
Li: Conosci Irene e Filippo?
Giulio: Sì, conosco Irene… Filippo no. Ma sì, guarda… volentieri. Ho bisogno di una pausa. Sapete già dove andare?
Li: Filippo conosce una buona, ci lavora una sua amica. Dopo la pizza pensiamo di andare a giocare a bowling. A proposito (对了)… tu sai a bowling?
Giulio: Ma cosa stai dicendo! Stai scherzando (开玩笑)?! Ma certo che so giocare a bowling, sono il re del bowling!
Li: D'accordo, allora ti mando via WhatsApp l' della pizzeria e ci vediamo direttamente alle. Vieni con la tua macchina, vero?
Giulio: Mah, non lo so… c'è il vicino alla pizzeria?
Li: Penso di sì.
Giulio: Va bene, allora vengo in macchina.
Li: Bene, a!
Giulio: Ciao ciao, a domani!

Che giornata! 6

4 Osserva e completa la regola!

Nell'e-mail (1.2) Li dice: *"Che cosa stai facendo? Stai studiando?"*.
Nella telefonata (7.2) Giulio dice: *"Ma cosa stai dicendo? Stai scherzando"*.

- Per indicare un'azione che si svolge nel momento in cui si parla si usa il verbo (1) ☐ essere ☐ stare + un modo del verbo che si chiama **GERUNDIO**. 在表示叙述正在发生的动作时，使用 il verbo ☐ essere ☐ stare + GE-RUNDIO - 种叫副动词的语式。

- **Il gerundio** si forma dalla radice dell'infinito, aggiungendo il suffisso (由不定式加上后缀) (2) -_____ con i verbi che terminano in -ARE o -ENDO con i verbi che terminano in -ERE o -IRE

    -ARE = ANDO   -ERE/-IRE = ENDO
    studi-are = studi**ando**   scriv-ere = scriv**endo**
                         fin-ire = fin**endo**

- I verbi *fare* (facendo), *bere* (bevendo), *dire* (dicendo), sono irregolari.

STARE
Io _____   noi stiamo
tu _____   voi state
lui/lei _____   loro _____

7.3 Completa le frasi con la forma *stare* + gerundio.

1. Giulia (fare) _____ la spesa.
2. Mao e Bo (bere) _____ un caffè.
3. Io (dire) _____ la verità.
4. Tu (mangiare) _____ una pizza.
5. Noi (prendere) _____ l'autobus.
6. Voi (finire) _____ i compiti.

E → 9 pag. 211 / E online → 8

7.4 Cosa stanno facendo?

8 Ascolta di nuovo il dialogo 7.2 e completa la tabella con le forme mancanti.

CONOSCERE	SAPERE
Io _____ (1) Irene.	Io _____ (4) giocare a bowling.
Tu _____ (2) Irene e Filippo?	Tu _____ (5) nuotare molto bene.
Lui/Lei _____ (3) una buona pizzeria.	Lui/Lei *sa* a che ora parte il treno.
Noi *conosciamo* molte città.	Noi *sappiamo* parlare il cinese.
Voi *conoscete* l'indirizzo.	Voi _____ (6) dove andare.
Loro *conoscono* i nostri amici.	Loro *sanno* quando apre il supermercato.

il Milione  A1-A2

5 Osserva e completa

1. Il verbo **conoscere** si usa con ☐ *un verbo o una frase* ☐ *un nome*.
2. Il verbo **sapere** si usa con ☐ *un verbo o una frase* ☐ *un nome*.

- Il verbo **conoscere** indica la conoscenza o la non conoscenza di una persona [*(non) conosco Irene*] o la conoscenza o non conoscenza attiva di qualcosa, perché ho studiato o non ho studiato bene la questione (*conosco il cinese, lo studio da tanto tempo; non conosco abbastanza il cinese, lo studio da poco*).
- Il verbo **conoscere** 表示对一个人了解/认识或不了解/不认识 [(non) conosco Irene] 或者对某件事情的主动了解/懂 或不了解/不懂，因为我学了或没学好这件事 conosco il cinese, lo studio da tanto tempo; non conosco abbastanza il cinese, lo studio da poco).
- Il verbo **sapere** indica l'abilità o la non abilità a fare qualcosa [*(non) so nuotare*] oppure indica l'avere o il non avere una certa informazione *(non so a che ora parte il treno)*. In questo caso è seguito da una frase introdotta da *che, come, quando, dove* ed è molto usato nelle domande per chiedere informazioni *(sai che ore sono?)*. Se la risposta è negativa si risponde non lo so *(non so che ore sono)*.
- Il verbo **sapere** 指的是表示有能力或无能力做某事 /[(non) so nuotare] 或者拥有或不拥有一些信息 (non so a che ora parte il treno)。在这种情况下，它伴随着 che, come, quando, dove 组成句子，并且在询问信息的疑问句中常用(sai che ore sono?)。如果答案是否定句的话，你回答 non lo so (=non so che ore sono)。

8.1 Sottolinea l'opzione corretta.

1. Io non *so/conosco* la professoressa di italiano.
2. Elisa, *sai/conosci* come si dice "cane" in cinese?
3. Sara non *sa/non conosce* andare in bicicletta.
4. Noi *sappiamo/conosciamo* bene i libri di Harry Potter.
5. Ragazzi, *sapete/conoscete* dov'è una farmacia?
6. Marco e Giulio *sanno/conoscono* guidare la moto.

8.2 Gioco dell'oca.

8.3 Lo so fare ma non posso! Leggi il seguente dialogo e indica l'opzione corretta.

Maria: Ciao Stefano, vieni in piscina con noi domani?
Stefano: Penso di no, mi dispiace…
Maria: Perché, non **sai nuotare**?
Stefano: Sì, so nuotare molto bene ma **non posso**, sto male, ho il raffreddore (感冒).
Maria: Oh, capisco! Allora vieni a casa mia dopo cena e giochiamo a carte…
Stefano: Grazie, ma preferisco di no.
Maria: Perché? Di solito ti piace molto, tu **sai giocare a carte** benissimo.
Stefano: Lo so, ma **non posso**, l'esame di Economia è vicino e voglio andare a letto presto.

1. **Stefano** non va in piscina perché ☐ *non ama nuotare* ☐ *non sta bene*.
2. **Stefano** non va a giocare a carte perché ☐ *non vuole fare tardi* ☐ *non ama giocare a carte*.

Che giornata! 6

6 Osserva e completa

1. Il verbo **sapere + infinito** indica…
   a. ☐ l'abilità o la non abilità a fare qualcosa.
   b. ☐ la possibilità o la non possibilità concreta di fare qualcosa.

2. Il verbo **potere + infinito** indica…
   a. ☐ l'abilità o la non abilità a fare qualcosa.
   b. ☐ la possibilità o la non possibilità concreta di fare qualcosa.

8.4 Sottolinea l'opzione corretta.

1. Scusa, *puoi/sai* chiudere la porta?
2. Io non *so/non posso* chiamare Giorgio. Non ho il suo numero di telefono.
3. Ragazzi, *sapete/potete* preparare i panini per il pic nic (野餐) di domani?
4. Matteo ha un anno, non *sa/può* parlare.
5. Wang e Ming vanno spesso in Cina e *sanno/possono* parlare cinese molto bene.
6. *Non so/non posso* leggere il giornale, sono senza occhiali (眼镜)!

9 Ascolta di nuovo queste frasi del dialogo 7.2 e completa con la preposizione mancante.

Giulio: C'è il parcheggio vicino alla pizzeria?
Li: Penso _____ sì.
Giulio: Va bene, allora vengo in macchina.

7 Osserva e completa

Nel dialogo si dice "Penso (1) _____ sì". Se la risposta è negativa si deve dire "Penso (2) ____ _____". Con questa espressione si esprime indecisione o una opinione riguardo qualcuno o qualcosa. 要是答案是否定句的话，要说"Penso (2) ____ _____"。来表达对某人或某事的犹豫不决或者意见。

9.1 Completa con le espressioni "penso di sì/penso di no", a seconda del senso.

1 A: Marco e Laura vengono alla festa?
B: _____ perché devono studiare.

2 A: Compri questo vestito?
B: _____ perché costa molto.

3 A: Sai se Paolo viene a lezione domani?
B: _____ perché adesso sta bene.

4 A: Vai a vedere l'ultimo film di Ang Lee?
B: _____ perché mi piace molto, ma non so se ho tempo.

5 A: Cosa fa Sara stasera? Viene a cena?
B: _____ perché stasera non deve lavorare.

10 E nel tuo disegno?

il Milione A1-A2

11) Fotografie! In coppia. Fotografate almeno 10 oggetti che rappresentano le vostre azioni quotidiane; ad esempio il letto rappresenta l'azione di dormire o di svegliarsi, il sapone l'azione di lavarsi, il divano l'azione di riposarsi. Sequenziate in ordine cronologico le fotografie e inviatevele. B ipotizza il significato di ogni foto ricevuta da A, costruisce una frase e la invia ad A. A risponde "giusto!", "quasi!" o "sbagliato!" in base alla corrispondenza del messaggio ricevuto con ciò che voleva comunicare a B.

拍下至少10个代表你日常生活的物体；例如，床用来代表你们睡眠或起床的动作，肥皂用来代表洗涤的动作，沙发代表休息。按时间顺序排列图片，并且你们互相传发。 B想象A发来的每张图片的含义并造句，再把句子发送给A。根据所收到的信息以及他想传达给B的信息，A回答"giusto!", "quasi!" o "sbagliato!"

11.1) Ecco la mia giornata. Con le foto dell'attività 11 prepara una presentazione da fare alla classe, descrivi le foto, e quindi le attività, mentre mostri le immagini. Nel frattempo prepara alcune (l'insegnante ti dirà quante esattamente) domande a scelta multipla sulla tua presentazione ma in terza persona (es. *Cecilia si sveglia a.alle 6, b.alle 7, c.alle 8*) da consegnare all'insegnante. Quando tutti avranno mostrato la presentazione, rispondi alle domande raccolte dall'insegnante sulla giornata di tutta la classe: vince chi ha una buona memoria!

使用活动11的相片准备一份要在全班同学面前演示文稿，也就是说当你展示图片时描述相片。与此同时，在你的演示里准备一些（老师会准确告诉你具体数量）关于你的演讲的多项选择题，但要以第三人称（例如 *Cecilia si sveglia a.alle 6, b.alle 7, c.alle 8*)，然后交给老师。当每个人都展示了自己的演示文稿后，回答老师收集的关于全班一天的问句:记忆力最好的同学获胜。

E ➔ 11, 12, 13, 14 pagg. 212, 213

12) Rileggi l'unità, sottolinea e scrivi nella tabella tutte le espressioni utili per parlare di: azioni abituali in casa, oggetti della casa e attività che si fanno in casa o fuori.

重读一遍本单元，标出并在表格中写出关于谈论这些活动的有用的表达方式: 家中的日常习惯、家里的物品以及在家里或户外进行的活动。

Azioni abituali in casa	Oggetti della casa	Attività in casa o fuori

12.1) In coppia. Intervistatevi a turno utilizzando le domande nel riquadro. (使用下面的问句互相采访).

A che ora ti alzi durante la settimana? • A che ora ti addormenti nel fine settimana? • In quanto tempo ti prepari la mattina? • Elenca le azioni della tua mattina tipica. • Quando ti diverti? • Quando ti annoi? • Elenca gli oggetti della casa che usi di più (最多). • Cosa fai quando esci con i tuoi amici? • Cosa sta facendo adesso l'insegnante? • Cosa stanno facendo adesso le persone che abitano con te? • C'è qualcuno che sta bevendo adesso in classe? E qualcuno che sta mangiando? • Quale piatto italiano sai cucinare? • Quali sono i tuoi piatti italiani preferiti? • Quanti italiani conosci? • Cosa puoi fare a casa che non puoi fare a scuola in Cina (在中国时，你在家能做的而不能在学校做的事情是什么)?

12.2) Aiutandoti con la traccia delle domande dell'esercizio 12.1, prepara una presentazione personale scritta e poi, senza leggere, ripetila all'insegnante.

借助练习6.1的问句，准备一份书面的自我介绍，先别读，先重复给老师听。

Unità 5-6 ➔ pag. 167

il Milione

A1-A2

7

Gira a destra e poi sempre dritto!

Che cosa impariamo?

Bologna

stadio

castello

fiume

semaforo

parcheggio

metropolitana

ponte

Per comunicare

- Milano è una metropoli
- Vai sempre dritto
- Giro a destra?
- Ci vuole un'ora.
- Non ti preoccupare!
- In bocca al lupo!
- Fa' un po' di spesa!

Grammatica

- ci vuole / ci vogliono
- Gira! (imperativo regolare)
- sii, abbi (imperativo irregolare)
- lo, la, li, le (pronomi diretti)
- io riesco, tu riesci…
- ci (luogo)

Materiale extra online

- Esercizi supplementari online
- Materiale per insegnanti online

il Milione

A1-A2

1 Quali di queste città sono italiane?

Milano

Cagliari

Parigi

Napoli

Perugia

Pechino

Sydney

Pisa

Firenze

Venezia

Torino

Bologna

Palermo

Londra

Genova

Roma

Gira a destra e poi sempre dritto! 7

2 Guarda la cartina e scrivi il nome delle città mancanti aiutandoti con internet.
看地图，借助互联网写出漏掉的城市名称。

Milano • Roma • Cagliari • Napoli • Perugia • Firenze • Palermo • Venezia • Genova • Bari • Torino • Reggio Calabria

il Milione

A1-A2

3 Ascolta la descrizione di 3 città italiane e completa con le parole mancanti. Non è necessario capire il significato delle parole, devi solo trascrivere le parole che senti (只把你所听到的单词拼写下来).

Milano. Milano, capitale mondiale della moda e del design, è una metropoli del Nord Italia ed è capoluogo della Lombardia. È famosa anche per i negozi esclusivi e il _____ (1) più alto d'Italia. Il _____ (2) in stile gotico e il convento di Santa Maria delle Grazie, testimoniano l'eredità artistica e culturale della città. La _____ (3) attraversa tutta la città e permette di raggiungere lo _____ (4) , l' _____ (5) e il _____ (6) alla Scala. Il _____ (7) Sempione è un angolo verde molto rilassante con alberi e un grazioso _____ (8) artificiale.

Napoli. Capitale mondiale della pizza, Napoli è una bellissima città sul mare ricca di arte e storia. Dalla _____ (9) è possibile raggiungere a piedi _____ (10) Plebiscito, il _____ (11) cappella Sansevero dove è possibile vedere la _____ (12) del Cristo Velato e la _____ (13) di San Domenico Maggiore. Da non perdere il (14) _____ dell'Ovo e Spaccanapoli, la strada che divide il centro storico. Dal (15) _____ partono i traghetti per Ischia, la Sicilia e la Sardegna.

Pisa. Pisa è famosa per la sua piazza del Duomo; nella piazza si trovano anche il Battistero e la _____ (16) Pendente, il _____ (17) più famoso al mondo. La città è divisa in due parti dal _____ (18) Arno ed è molto vicina al mare. Per andare da una parte all'altra della città ci sono molti ponti. Il _____ (19) principale si chiama Ponte di Mezzo. Altri luoghi caratteristici sono _____ (20) Blu, il Museo Nazionale di San Matteo e la chiesa di Santa Maria della Spina. La struttura Pisa Mover offre un grande _____ (21) per chi va alla stazione o all'aeroporto.

Gira a destra e poi sempre dritto!

7

3.1 Napoli e Milano.

4 **La città ideale.** In gruppi di 3 o 4 disegnate la vostra città ideale. Scrivete il nome di ogni edificio e luogo della città. Dopo, condividete il disegno sul gruppo social della classe. In ogni gruppo stabilite chi è il disegnatore e chi il controllore, ovvero chi controlla che venga usata esclusivamente la lingua italiana. Vince il disegno più interessante.

3、4人一组。画出你们理想的城市。你们要写出城市里的每一个建筑物和地点的名称，然后在班级的社交群里分享。每组要找出一名绘画师和一位检察官。 检察官是用来监督同学们是否都使用了意大利语来表达的。 谁画的最有趣，谁获胜。

5 **E adesso dove vado?** Ascolta e sottolinea le parole che senti.

1. teatro   2. semaforo   3. stadio   4. incrocio   5. palazzo

   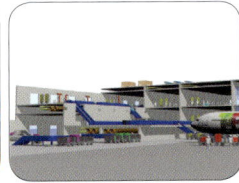 

6. giardini pubblici   7. parcheggio   8. all'angolo   9. aeroporto   10. piazza

5.1 Ascolta di nuovo e indica se le affermazioni sono vere o false.

	V	F
1. Paola telefona a Giulio.	☐	☐
2. Giulio cerca la casa di Paola.	☐	☐
3. Giulio è in autobus.	☐	☐

5.2 Ascolta di nuovo e collega il verbo all'espressione corrispondente.

1. Attraversa   a. sempre dritto.
2. Fermati   b. fino ai giardini pubblici.
3. Gira   c. a destra.
4. Vai   d. la seconda strada.
5. Non girare   e. all'incrocio.
6. Prendi   f. la piazza.
7. Continua   g. a sinistra.

il Milione

A1-A2

5.3 Ascolta di nuovo e completa con i verbi che senti. Poi scegli il percorso (路线) che Giulio fa per arrivare a casa di Paola.

Giulio: Pronto, Paola, sono io… _____ (1), non so come arrivare a casa tua. Secondo Google Maps ci vuole (需要) quasi un'ora.

Paola: Ma dove sei?

Giulio: Sono alla stazione.

Paola: No, no, è vicino, ci vogliono (需要) cinque minuti a piedi. _____ (2) la piazza e _____ (3) all'incrocio. C'è un semaforo. Vedi il semaforo vicino al bar?

Giulio: Sì, lo vedo.

Paola: Bene, _____ (4) a sinistra e _____ (5) sempre dritto fino alla libreria "Nautilus".

Giulio: Ah, sì, la conosco! Ecco, _____ (6) un momento… Ci sono quasi. E adesso dove vado?

Paola: Davanti a te ci sono tre strade, le vedi?

Giulio: Sì, sì, quale prendo? Giro a destra?

Paola: No, _____ (7) a destra, _____ (8) la seconda strada a sinistra e _____ (9) fino ai giardini pubblici. Ci sei?

Giulio: Un attimo… Ma dove sono i giardini pubblici? Non li trovo.

Paola: _____ (10), sei vicino. I giardini sono in fondo alla strada. All'angolo c'è un palazzo giallo. Io abito lì.

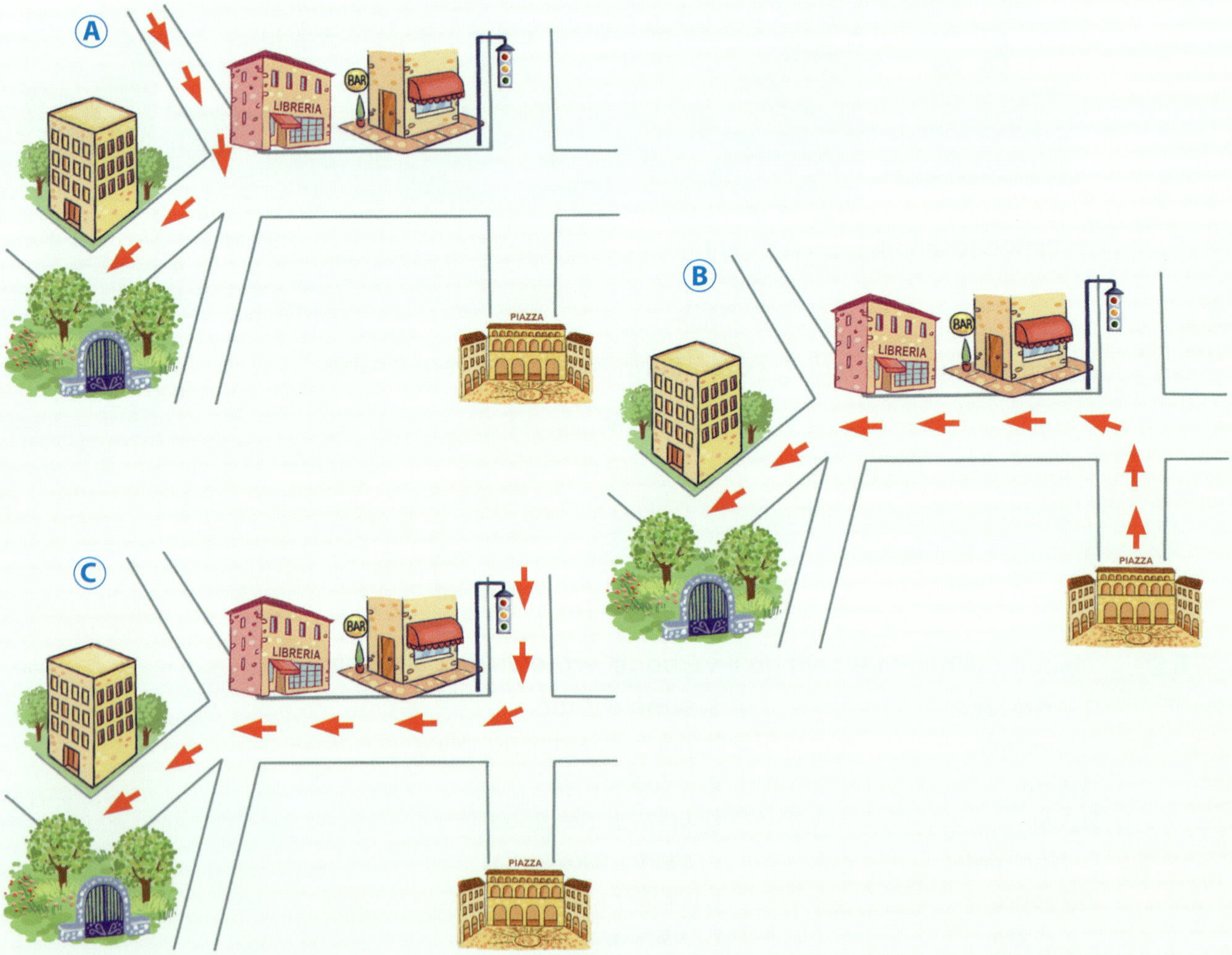

106

Gira a destra e poi sempre dritto! 7

6 Flashcards: la città.

1 Osserva e completa

Ci vuole un'ora. / Ci vogliono cinque minuti.

Ci vuole/ci vogliono sono usati per indicare il tempo necessario per raggiungere una destinazione o compiere un'azione. (指的是为了到达一个目的地或完成一项行动所需要的时间)。

1. *Ci vuole* + ☐ nome singolare ☐ nome plurale;   2. *Ci vogliono* + ☐ nome singolare ☐ nome plurale.

7 Completa con *ci vuole* o *ci vogliono*.

A: Scusa, da qui quanto tempo _____ (1) per andare alla stazione?

B: Dipende, se vai in autobus _____ (2) venticinque minuti, se vai in taxi _____ (3) circa quindici minuti.

A: No, ma io voglio andare a piedi!

B: A piedi? Scherzi? Da qui alla stazione a piedi _____ (4) un'ora! Guarda, fra cinque minuti ti posso accompagnare io, con la macchina _____ (5) poco tempo.

E → 2 pag. 214

2 Osserva e completa

• *Senti, attraversa la piazza, prendi la seconda strada a sinistra.*

- Per dare indicazioni stradali, ordini, consigli o suggerimenti si usa una forma verbale chiamata imperativo. 当需要发出指示、命令、建议或劝说时，所用的一种动词形式叫命令式。

Tu, attraversare → attraversa!	Tu, prendere → prendi!	Tu, sentire → senti!
(1) Girare _____!	(4) Leggere _____!	(7) Aprire _____!
(2) Aspettare _____!	(5) Scrivere _____!	(8) Dormire _____!
(3) Continuare _____!	(6) Chiudere _____!	Finire *finisci!*

- I verbi che finiscono in- **are** all'imperativo della seconda persona prendono la vocale (9)_____ mentre i verbi che finiscono in-**ere** e in -**ire** prendono la vocale (10) _____ .

- (11) L'imperativo negativo alla seconda persona singolare *tu* si forma con la negazione **non** + ☐ *il presente indicativo* ☐ *l'infinito del verbo*.

• *Fermati! Scusami, sai dov'è la stazione?*

- (12) Quando il verbo è accompagnato da un pronome, il pronome è collocato (当动词带有一个代词时，代词总放在) ☐ *prima* ☐ *dopo la forma verbale*.

• *Non ti preoccupare! Non preoccuparti!*

- (13) Quando il verbo accompagnato da un pronome è alla forma negativa, il pronome va (当动词带有代词而且是否定式时，代词放在) ☐ *prima del verbo* ☐ *dopo il verbo* ☐ *prima o dopo il verbo*.

E online → 3

il Milione

A1-A2

8 Leggi il dialogo e coniuga i verbi tra parentesi al modo imperativo informale (tu).

Wang: Ciao Marco, vieni con me in libreria? Voglio cercare un libro per imparare meglio l'italiano.
Marco: Ma dai! Non _____ (1. studiare) da solo! È troppo difficile e soprattutto noioso! _____ (2. cercare) in internet se ci sono scuole vicino a casa tua, oppure _____ (3. scrivere) un' e-mail al Centro Linguistico dell'Università per avere informazioni. _____ (4. iscriversi) a un corso adatto al tuo livello, _____ (5. frequentare) tutte le lezioni e non _____ (6. trovare) scuse per restare a casa. Non _____ (7. restare) in silenzio quando non capisci qualcosa, ma _____ (8. chiedere) sempre all'insegnante di ripetere. Se ti impegni... ce la fai! (你就能做到!)
Wang: Grazie del consiglio, scrivo subito un'e-mail al Centro Linguistico.
Marco: Bravo. Adesso ti saluto, vado a casa e mi riposo un po'.
Wang: A casa? Così presto?
Marco: Ma sì, in questo periodo sono sempre stanco, forse sono stressato per gli esami, non lo so.
Wang: Allora vai a casa e _____ (9. riposarsi). Se sei sempre stanco, _____ (10. provare) a cambiare le tue abitudini: _____ (11. svegliarsi) presto la mattina e _____ (12. uscire) a fare una passeggiata lungo il fiume. Non _____ (13. passare) troppo tempo al cellulare, _____ (14. bere) acqua calda durante il giorno come facciamo noi in Cina e _____ (15. mangiare) pochi carboidrati.
Marco: Grazie dei consigli, Wang!

E → 3, 4 pag. 214

9 Mima l'azione!

10 Qual è il problema? Leggi la chat e immagina qual è il problema di Sandro.

> Xi! Che succede (做) a quest'ora? È mezzanotte! Non dormi?

> Esagerato! Stai tranquillo, sai tutto!

> Ma se non capisco le domande?

> Di' al professore che stai ancora imparando l'italiano, ma se parla lentamente puoi capire. Ora fai un po' di yoga così ti rilassi, dai un'ultima lettura (阅读) agli appunti (笔记) e poi vai a letto. Domani mattina va' a piedi all'università, una passeggiata fa sempre bene.

> Grazie Paolo, sei un amico, mi dai sempre ottimi consigli.

> Ma figurati, in bocca al lupo per domani e fa' una bella dormita!

Gira a destra e poi sempre dritto! 7

 **In bocca al lupo** è un'espressione usata per augurare buona fortuna. È molto usata in contesto universitario prima di esami o prove importanti e solitamente la persona che riceve questo augurio risponde con "crepi!". Negli ultimi anni alcuni preferiscono rispondere "viva il lupo!" manifestando una sensibilità animalista.

In bocca al lupo 的意思是祝愿你走好运。这种表达方式广泛地用在大学里，尤其使用在考试或测试之前。当人们收到这样的祝福时，就要用"crepi!"来回答。 不过近几年出于保护动物权利，人们喜欢说 "狼万岁!"

3 Osserva e completa

Alcuni verbi all'imperativo hanno due forme (有些祈使句/命令句里的动词有两种形式). Rileggi il testo e completa con le forme verbali mancanti.

Dare (给): 1. _____ / da'   Stare: 2. _____ / sta'   Andare: 3. _____ / _____   Fare: 4. _____ / _____
Dire: 5. _____

Collega le forme irregolari dell'imperativo di *sapere, essere* e *avere* all'infinito corrispondente: 把不规则动词 *sapere, essere* e *avere* 的命令式跟相对应的不定式连接起来:

      6. sii   a. avere
      7. abbi   b. sapere
      8. sappi   c. essere

E ➜ 5, 6 pag. 215 / E online ➜ 4, 5, 6, 7

10.1 Consigli a catena.

10.2 Leggi le seguenti frasi e collega ogni consiglio/richiesta (建议/要求) all'immagine appropriata.

1. Ma non studiare anche stasera, vieni al cinema con me! Danno un film bellissimo!
2. Marco, va' al supermercato e fa' un po' di spesa: il frigorifero è vuoto!
3. Perché non vieni a trovarmi? Dai! Va' all'aeroporto e prendi il primo aereo per Pechino!
4. Continua sempre dritto e quando arrivi al semaforo gira a sinistra.
5. Lin, se non stai bene, bevi un po' di acqua calda e resta a casa per oggi.
6. Per arrivare a casa mia, prendi la metropolitana, linea gialla e scendi alla fermata Stadio.
7. Sei sempre a casa! Basta! Esci un po', va' al parco e fa' una bella passeggiata!
8. Per salire sulla Torre di Pisa non fare la fila! Prenota su internet!
9. Vuoi studiare l'italiano? Cerca in internet una scuola nella tua città e iscriviti a un corso!
10. Sei stressato per gli esami? Riposati e non passare troppo tempo al cellulare.

il Milione — A1-A2

10.3 Leggi di nuovo le frasi dell'esercizio 10.2 e sottolinea i 2 verbi all'imperativo presenti in ciascuna frase. Attenzione: una frase ne ha 3! 注意：每个句子里有三个！

11 Guarda le frasi del dialogo e indica a cosa si riferiscono le parole in neretto (黑体字指的是什么？).

A: Vedi il semaforo vicino al bar? B: Sì, **lo** vedo.	A: Vai sempre dritto fino alla libreria Nautilus. B: Ah, sì, **la** conosco...	Davanti a te ci sono tre strade, **le** vedi?	Ma dove sono i giardini pubblici? Non **li** trovo.
Lo = *il semaforo*	**La** = _____	**Le** = _____	**Li** = _____

4 Osserva e completa

Per non ripetere il nome di un complemento oggetto diretto è possibile usare un pronome che corrisponde nel genere e nel numero al nome che sostituisce. I pronomi diretti di terza persona sono: 为了不重复直接宾语的名词，可以使用一个在性数和单复数上与它一致的代词来代替名词。第三人称直接代词是：

maschile singolare → 0. *Lo*   femminile singolare → 2. _____
maschile plurale → 1. _____   femminile plurale → 3. _____

11.1 Completa il dialogo con il pronome diretto corretto.

Cristina: Vieni a bere un caffè?
Ping: No, io _____ (1) bevo dopo la lezione di matematica.
Cristina: Mamma mia! La matematica per me è proprio difficile, non _____ (2) capisco.
Ping: Per me invece è facile, riesco (能) sempre a prendere molti appunti. Se hai bisogno _____ (3) puoi fotocopiare.
Cristina: Grazie, sì. Faccio le fotocopie e poi _____ (4) guardo con calma a casa.
Ping: _____ (5) vuoi fare ora o dopo la lezione?
Cristina: Andiamo subito, perché oggi salto la lezione (旷课). Devo vedere Sauro.
Ping: _____ (6) vedi ancora? Ma dai! Ma se litigate sempre.
Cristina: Lo so, ma i suoi occhiali sono ancora a casa mia e _____ (7) passa a prendere alle 11.
Ping: Allora andiamo subito!
Cristina: Sì, ma aspetta...non trovo le chiavi della bici, _____ (8) metto sempre in questa tasca (口袋). Ah, ecco, sono qui! Tu vai avanti, io prendo la bici e ti raggiungo in copisteria (复印店).
Ping: Hai ancora questa bici rotta? Ma quando _____ (9) cambi?
Cristina: Ehh, non lo so, in realtà vorrei comprare un monopattino (滑板车). Forse _____ (10) compro il mese prossimo.
Ping: Il monopattino? Figo (酷)!!

E → 7 pag. 215 / E online → 8, 9, 10, 11

Gira a destra e poi sempre dritto! 7

5 Osserva e completa

Il verbo *riuscire* si coniuga come il verbo *uscire*.

	io	tu	lui/lei	noi	voi	loro
RIUSCIRE	*riesco*	*riesci*				

 12 Chi lo fa?

6 Osserva!

Quando la domanda inizia con "**Chi...?**", nella risposta il soggetto va **DOPO** il verbo: 当疑问句以 "**Chi...?**" 开头时，答案里的主语总在动词的后面：

1. A: *Chi fa i compiti?*
   B: *Li fa la studentessa.* (pronome + verbo + soggetto)

2. A: *Chi fa la spesa?*
   B: *La fa il papà.* (pronome + verbo + soggetto)

 13 **Leggi il dialogo e indica se le affermazioni sono vere o false.**

Paola: Smetti (别) di guardare il cellulare, concentrati!
Giulio: Ma basta studiare, sono stanco! E poi se diamo l'esame al secondo appello (轮) abbiamo tempo, dai! Guarda qua, al cinema vicino a Ponte Milvio danno Mulan in lingua originale. È in inglese e in cinese con i sottotitoli in italiano.
Paola: Allora andiamo al cinema! Possiamo dirlo a Feng, secondo me anche lui ci vuole venire. A che ora è?
Giulio: Non lo so...aspetta che controllo...alle 6.
Paola: Oggi alle 6 devo andare in biblioteca per portare a Luca gli appunti di Progettazione. Magari (也许) ci vado in bici un po' prima, così arrivo in tempo per il film.
Giulio: Perché non dai gli appunti a Feng? So che dopo cena Luca e Feng si vedono a casa di un loro compagno che dà una festa di compleanno.
Paola: E tu non ci vai?
Giulio: No, non lo conosco.

	V	F
1. **Giulio** vuole guardare un film.	☐	☐
2. **Paola** vuole invitare Feng.	☐	☐
3. **Paola** deve comprare una bici.	☐	☐
4. Dopo cena **Giulio** va a una festa.	☐	☐

il Milione A1-A2

13.1 In coppia, leggete il dialogo interpretando i ruoli di Paola e Giulio.

13.2 Leggi le frasi riferite (提到) al dialogo precedente e metti in ordine cronologico gli eventi (按时间顺序排列).

1. Paola e Giulio studiano insieme. ☐
2. Paola e Giulio danno l'esame al secondo appello. ☐
3. Giulio, Paola e Feng guardano Mulan al cinema. ☐
4. Paolo decide di non andare in biblioteca. ☐
5. Feng dà gli appunti a Luca. ☐

14 Completa la tabella con le forme mancanti del verbo dare aiutandoti con il testo 13 e poi completa l'esercizio con le forme mancanti del verbo.

	io	tu	lui/lei	noi	voi	loro
DARE	do				date	

1. I ragazzi questa sera _____ una festa di compleanno.
2. Feng _____ gli appunti a Paolo per l'esame di Progettazione.
3. Mario, quando _____ questo libro a Marco?
4. Sono stanco, _____ un'ultima lettura agli appunti e vado a dormire.
5. Ragazzi, a chi _____ questi documenti?
6. Oggi studiamo tutto il giorno perché domani _____ l'esame di Chimica.

E online → 12

5 Osserva e completa

Nel dialogo compaiono queste frasi:

1. *Allora andiamo al cinema! Possiamo dirlo a Feng, secondo me anche lui ci vuole venire.*
2. *Oggi alle 6 devo andare in biblioteca per portare a Luca gli appunti di Progettazione. Magari ci vado in bici un po' prima.*
3. *Luca e Feng si vedono a casa di un loro compagno che dà una festa di compleanno. E tu non ci vai?*

"*Ci*" si usa per sostituire un luogo. Quale **luogo** sostituisce in queste frasi?
"*Ci*" 用来代替一个地方。在这些句子中能代替哪个地方？

1. Lui ci vuole venire = Lui vuole venire _____.
2. Magari ci vado in bici = Magari vado _____ in bici.
3. E tu non ci vai? = E tu non vai alla _____?

Gira a destra e poi sempre dritto!

15 Leggi le frasi ad alta voce usando *ci* in sostituzione dei luoghi che vengono ripetuti nella seconda parte della frase. 大声朗读下面的句子并用ci来代替句子中第二部分重复的地方。

1. Mi piace andare al cinema, infatti vado al cinema ogni mercoledì.
2. Una volta all'anno vado in Cina, perché in Cina abita la mia famiglia.
3. C'è una mostra temporanea di Modigliani e io voglio andare alla mostra.
4. La mensa dell'università non è male, io mangio alla mensa tutti i giorni.
5. Un mio compagno dà una festa di compleanno ma io non vado alla festa.
6. Il nostro divano è comodo anche per dormire, io dormo spesso sul divano.

E ➔ 8, 9, 10 pagg. 215, 216 / E online ➔ 13,14

16 Ci lavora il medico.

17 Carte e fiammiferi.

18 Metropoli.

19 Questionario sulla città.

E ➔ 11,12,13,14 pagg. 217... 219

20 Rileggi l'unità, sottolinea e scrivi nella tabella tutte le espressioni utili per parlare di: luoghi della città, espressioni per dare indicazioni stradali, professioni e luoghi di lavoro.
重读本单元，在所有有用的表达方式下划线，并在下面的表格里写:城市的地方、问路用语、职业和工作场所。

Luoghi della città	Espressioni per dare indicazioni stradali	Professioni e luoghi di lavoro

il Milione A1-A2

20.1 In coppia. Intervistatevi a turno utilizzando le domande nel riquadro.

 Come si chiama la tua città? • Quali sono i luoghi più turistici (游客最多的地方) nella tua città? • Quali sono i luoghi che frequenti più spesso (最常去)? • Cosa non ti piace della tua città? • Cosa c'è nelle vicinanze (附近) di casa tua? • Dai indicazioni stradali (给指路) a un amico che deve andare dalla stazione a casa tua. • Dai indicazioni stradali per andare da casa tua al supermercato più vicino. • Dai indicazioni stradali per andare da casa tua alla tua scuola. • Quali consigli (建议) dai a un tuo amico che non dorme perché domani ha un esame? • Quali consigli dai a un amico che vuole migliorare l'italiano? • Quali consigli dai a un amico che deve andare un anno in Italia? • Elenca almeno 7 professioni e il relativo (相对的) luogo di lavoro.

20.2 Aiutandoti con la traccia delle domande dell'esercizio 20.1, prepara una presentazione della tua città e poi, senza leggere, ripetila all'insegnante.
使用练习20.1里的疑问句，准备一份儿你城市的介绍稿，然后先别读，先重复给老师听。

il Milione

A1–A2

8

Che vacanza stupenda!

Che cosa impariamo?

ravioli

gelato

La Città Proibita

regali

pipa

albero

panna cotta

affettati

Per comunicare

- Cosa prendete da bere?
- Per me le lasagne.
- Io invece vorrei…
- Al cioccolato, grazie.
- Prima sono stata a Pechino…
- Due anni fa sono andato a Parigi.

Grammatica

- al, del… (preposizione)
- ho guardato, sono stata (passato prossimo)
- participio: -ato, -uto, -ito
- Non… ancora, già (avverbi)
- a me/mi, a te/ti, a lui/gli… (pronomi indiretti)

Materiale extra online

- Esercizi supplementari online
- Materiale per insegnanti online

il Milione

A1-A2

1 **Prima ordiniamo!** Ascolta il dialogo e segna i piatti elencati qui sotto, che senti nominare. 🎧47

lasagne ☐	penne alla carbonara ☐	tiramisù ☐	spaghetti al pomodoro ☐	bistecca ai ferri ☐
spaghetti allo scoglio ☐	penne all'amatriciana ☐	salsicce e fagioli ☐	pane ☐	ravioli al ragù ☐
tonno alla piastra ☐	risotto ai funghi ☐	pollo arrosto con patate ☐	acqua naturale ☐	acqua gassata ☐
orata al forno ☐	crostata alla marmellata ☐	insalata mista ☐	affettati misti ☐	cotoletta alla milanese ☐
crostini misti ☐	panna cotta ☐	verdure grigliate ☐	vino bianco della casa ☐	gelato alla vaniglia ☐

1.1 Ascolta di nuovo e rispondi alle domande. 🎧47

1. Marco e Martina
    a. ☐ pranzano   b. ☐ cenano   c. ☐ fanno colazione

2. Marco e Martina sono
    a. ☐ al bar   b. ☐ al ristorante   c. ☐ in mensa

Che vacanza stupenda!

3. Da bere Marco e Martina ordinano

a. ☐ acqua gassata b. ☐ acqua naturale c. ☐ vino bianco d. ☐ vino rosso

4. Da mangiare Marco e Martina prendono

a. ☐ lasagne b. ☐ spaghetti al pomodoro c. ☐ pollo arrosto con patate d. ☐ bistecca ai ferri

e. ☐ cotoletta alla milanese f. ☐ insalata mista g. ☐ orata al forno h. ☐ tonno alla piastra

i. ☐ verdure grigliate j. ☐ tiramisù k. ☐ panna cotta

E ➔ 1 pag. 220 / E online ➔ 1

1.2 Leggi il dialogo e completa la tabella.

Marco: Ciao Martina, come stai? Mi devi raccontare del tuo viaggio in Cina!! Deve essere stato un viaggio emozionante.

Martina: Sì, ma prima ordiniamo, che ne dici? Ho un po' di fame! È già l'una!

Marco: Certamente, ecco la cameriera con il menù!

Cameriera: Cosa prendete da bere?

Martina: Io prendo dell'acqua gassata.

Marco: Per me naturale. Martina, tu che cosa prendi? Io vorrei un primo. Qui ci sono lasagne, spaghetti allo scoglio, penne all'amatriciana, spaghetti al pomodoro…

Martina: Io prendo le lasagne! È da tanto che non le mangio… sai, in Cina ho mangiato soprattutto piatti locali. La cucina cinese è fantastica…

Cameriera: Allora, che cosa vi porto?

Martina: Per me le lasagne.

Marco: Per me gli spaghetti al pomodoro.

Cameriera: Volete anche un secondo? Abbiamo pollo arrosto con patate, bistecca ai ferri, cotoletta alla milanese…

Martina: No, per me solo un contorno: un'insalata mista.

Marco: Avete del pesce?

Cameriera: Sì, abbiamo l'orata al forno, il tonno alla piastra…

Marco: Allora tonno alla piastra con verdure grigliate.

Cameriera: E da bere? Volete del vino?

Marco: Sì, oltre all'acqua naturale mezzo litro di vino bianco, per favore!

Martina: Dopo prendiamo anche un dolce, che ne dici?

Marco: Sì, certo. Io voglio il tiramisù.

Martina: Io invece vorrei la panna cotta.

Cameriera: Come? C'è al cioccolato, al caramello e ai frutti di bosco.

Martina: Al cioccolato, grazie.

Cameriera: Benissimo, vi porto subito l'acqua e anche un po' di pane.

Frasi del cameriere per prendere le ordinazioni.
服务员接单时的用语
1. _____
2. _____
3. _____

Frasi dei clienti per ordinare qualcosa.
顾客订单时的用语
4. _____
5. _____
6. _____
7. _____
8. _____
9. _____
10. _____
11. _____
12. _____

E ➔ 2, 3 pag. 220

E online ➔ 2

il Milione A1-A2

Spazio culturale: I pasti

1 Osserva

- ...spaghetti **allo** scoglio, penne **all'**amatriciana, spaghetti **al** pomodoro...
- C'è **al** cioccolato, **al** caramello e **ai** frutti di bosco.

- Per indicare il gusto o il condimento di un alimento o di una bevanda si usa (当表示食物、饮料的味道或调料时，可以使用) la preposizione **a + l'articolo determinativo**.

*Io prendo **dell'**acqua gassata. Avete **del** pesce? Volete **del** vino?*

- Per indicare una quantità indeterminata si usa (当表示不确定的数量时，使用) la preposizione **di + l'articolo determinativo**.

2 Completa con le preposizioni *a* o *di* + articolo.

Cameriere: Come primo abbiamo _____ (1) spaghetti allo scoglio, _____ (2) penne al pomodoro o _____ (3) ravioli al ragù.
Cliente: È possibile avere i ravioli _____ (4) pomodoro?
Cameriere: Sì, certo.
Cliente: Allora prendiamo quelli, e come secondo _____ (5) pollo con le verdure grigliate.
Cameriere: E un dolcino?
Cliente: Sì, una panna cotta _____ (6) cioccolato e un gelato _____ (7) vaniglia.
Cameriere: Perfetto. Porto subito _____ (8) acqua intanto.

3 Completa la tabella con i nomi dell'attività 1. 使用活动1的名称填写表格。

antipasto	primo	secondo	contorno	dolce	bevande

Che vacanza stupenda!

3.1 Role-play al ristorante.

4 Che vacanza stupenda! Leggi il dialogo e segna sulla mappa le città visitate da Martina.
(在地图上标出 Martina 参观的城市).

Marco: Ieri ho guardato le foto che hai postato su Facebook, sono bellissime! Dai, racconta...

Martina: Che vacanza stupenda! Prima sono stata a Pechino, una città ricca di storia e di cultura. Il primo giorno ho visitato la Città Proibita, il Tempio del Cielo e piazza Tiananmen; fra l'altro (另外) ho dormito in un albergo proprio lì vicino alla piazza. La sera ho fatto un giro in risciò per vedere Sanlitun, il quartiere famoso per la vita notturna. Mi sono divertita davvero tanto!

Marco: Immagino…

Martina: Il secondo giorno ho preso l'autobus e sono andata a Mutianyu a vedere e fotografare la Grande Muraglia. Lì ho incontrato un gruppo di italiani in vacanza. La loro guida (导游) ha spiegato la storia della muraglia e l'importanza che ha avuto per il popolo cinese. Ho passato con loro tutto il pomeriggio e poi la sera tutti insieme siamo andati a cena in un ristorante tipico.

Marco: E che cosa avete mangiato?

Martina: Abbiamo mangiato l'anatra alla pechinese e il pollo gongbao... molto piccante ma buono. Ho bevuto anche il tipico tè verde! Io amo il cibo cinese, è il mio cibo preferito. Dopo cena ho chiamato un taxi e sono tornata in albergo.

Marco: Oltre a Pechino hai visitato anche altre città?

Martina: Sì, ma non da sola. Infatti il terzo giorno ho incontrato Anna; ti ricordi?

Marco: Anna… Anna Rossi? Certo che la ricordo, ha lavorato con me all'università! Ma che cosa fa a Pechino?

Martina: Ha venduto la sua casa a Firenze e ora fa l'insegnante di italiano all'università Beida. Prima di partire per la Cina ho chiamato Anna e insieme abbiamo deciso di visitare nei suoi giorni liberi Xi'an e Chengdu.

Marco: Ah, Xi'an, la città del famoso esercito di terracotta (兵马俑)! E a Chengdu cosa avete visto?

Martina: I panda (熊猫)… Che domande! È stato emozionante, ho dato anche una foglia di bambù a un panda, un sogno (梦)! È stato davvero fantastico (好极了)!

Marco: E poi cosa avete fatto? Siete andate in altri posti?

Martina: Beh, Anna è tornata a Pechino per lavoro. Io ho continuato il viaggio per un'altra settimana, ho visitato Shanghai e poi purtroppo il viaggio è finito e sono tornata a casa. Ma… ho già programmato di tornare di nuovo in Cina il prossimo anno (明年)! Non so ancora se in estate o in inverno ma sto pensando a cosa mettere in valigia!

il Milione A1-A2

4.1 Leggi di nuovo e metti in ordine cronologico quello che ha fatto e visto Martina.
(按时间顺序排列 Martina 所做所见的).

Visitare la Città Proibita

Dare da mangiare a un panda

Bere il tè verde

Incontrare Anna Rossi

Fotografare la Grande Muraglia

Vedere l'esercito di terracotta

Fare un giro in risciò

Mangiare il pollo gongbao

2 Osserva e completa

- **Marco:** *Ieri* **ho guardato** *le foto che* **hai postato** *su facebook, sono bellissime! Dai, racconta…*
- **Martina:** *Che vacanza stupenda! Prima* **sono stata** *a Pechino.*

La forma verbale usata in queste frasi si chiama (在这些句子里所使用的动词形式是) *passato prossimo*.

1. Il passato prossimo è un tempo composto che si forma con il presente indicativo di (子是由直陈式现在时) _____ / _____ (detto "ausiliare") e il participio passato del verbo (也叫 "ausiliare") 加上过去分词构成的一种时态。

2. Il passato prossimo si usa per parlare di fatti che accadono (用于谈论事情发生在) ☐ *nel presente* (现在) ☐ *nel passato* (过去).

4.2 Leggi di nuovo il dialogo 4 e completa le frasi con i verbi usati da Martina (Martina 所用过的动词).

1. _____ in un albergo.
2. _____ l'anatra alla pechinese.
3. _____ un gruppo di italiani.
4. _____ una foglia di bambù a un panda.
5. _____ la Città Proibita.
6. _____ a Pechino.
7. _____ a Mutianyu.
8. _____ a cena.
9. _____ in albergo.
10. _____ davvero tanto!

Che vacanza stupenda!

4.3 Completa la tabella con le forme del participio passato delle seguenti frasi tratte dal dialogo 4 (来自对话4).

1. Ieri *ho guardato* le foto che *hai postato* su facebook.
2. Il primo giorno *ho visitato* la Città Proibita; fra l'altro *ho dormito* in un albergo.
3. Lì *ho incontrato* un gruppo di italiani in vacanza.
4. La loro guida *ha spiegato* la storia della muraglia e l'importanza che *ha avuto* per il popolo cinese. *Ho passato* con loro tutto il pomeriggio.
5. *Ha venduto* la sua casa a Firenze.
6. *Ho dormito* in un albergo vicino alla piazza.
7. Poi purtroppo il viaggio *è finito*.

-are	-ere	-ire
guardato		

3 Osserva e completa

1. Il participio passato dei verbi in **-are** finisce in _____ ;
2. Il participio passato dei verbi in **-ere** finisce in _____ ;
3. Il participio passato dei verbi in **-ire** finisce in _____ .

Non tutti i participi passati seguono questa regola. Alcuni verbi hanno il participio passato irregolare. Cerca nel testo il participio dei seguenti verbi: 不是所有的过去分词都遵循这一规则。有些动词是不规则的过去分词。在短文中找出下列动词分词:

4. Fare: _____ / 5. Prendere: _____ / 6. Decidere: _____ / 7. Vedere: _____ / 8. Essere: _____

4.4 Completa il testo con il participio passato dei verbi tra parentesi.

L'estate scorsa Marco e Monica (0. *fare*) hanno **fatto** un viaggio in Sicilia. (1. vendere) Hanno _____ _____ la loro moto e (2. prenotare) hanno _____ un tour di due settimane con guida turistica (导游) in un'agenzia della loro città. I primi due giorni (3. alloggiare) hanno _____ a Palermo. Il primo giorno (4. visitare) hanno _____ due mercati: la Vucciria dove (5. fotografare) hanno _____ i prodotti locali e il famoso mercato di Ballarò dove (6. provare) hanno _____ _____ alcuni cibi siciliani. Dopo la visita ai mercati (7. comprare) hanno _____ il biglietto d'ingresso per il Palazzo dei Normanni. (8. passare) Hanno _____ due ore a ammirare le sale del palazzo. La sera (9. cenare) hanno _____ con la loro guida in un ristorante del centro storico.Il menù era in siciliano e così non lo (10. capire) hanno _____. Per fortuna la guida (11. potere) ha _____ tradurre loro tutti i piatti. Dopo cena (12. preferire) hanno _____ tornare subito in albergo. Il primo giorno a Palermo (13. finire) è _____ molto presto: Marco e Monica (14. avere) hanno _____ una giornata stancante e così (15. volere) hanno _____ _____ andare a letto presto. (16. dormire) Hanno _____ 9 ore e il giorno dopo...

il Milione A1-A2

4 Osserva e completa

- **Ho** guardato le foto.
- **Abbiamo** mangiato l'anatra.
- **Abbiamo** deciso di visitare.
- Cosa **avete** visto?
- E poi cosa **avete** fatto?
- **Ho** incontrato un gruppo di italiani.

MA

- **Sono** stata a Pechino.
- La sera tutti insieme **siamo** andati a cena.
- **Sono** tornata in albergo.
- **Siete** andate in altri posti?
- Il viaggio **è** finito.
- Mi **sono** divertita davvero tanto.

1. Quando il passato prossimo è formato con l'ausiliare avere il participio passato (当由助动词 avere构成的近过去时，过去分词) ☐ *cambia* (变) ☐ *non cambia* (不变).
2. Quando il passato prossimo è formato con l'ausiliare essere il participio passato ☐ *cambia* ☐ *non cambia* e si accorda in genere e numero con il _____ GETTOSOG (riordina le lettere per trovare la risposta) (要和 _____ GETTOSOG 想知答案，重组单词) 保持性数与单复数相一致。)

4.5 Mare e montagna.

5 Osserva

Ausiliare *essere* o *avere*?

Hanno l'ausiliare **AVERE**:
- tutti i verbi **transitivi**, cioè i verbi che possono essere seguiti da un oggetto diretto e che rispondono *chi/che cosa*?;
- i verbi focalizzati sul movimento del corpo: *camminare, passeggiare, nuotare, correre, saltare, ballare, giocare*;
- Alcuni verbi intransitivi come *abitare, dormire, pensare, parlare, telefonare, viaggiare, pranzare, cenare*.

Osserva la frase *Ieri alle 13:00 ho mangiato una pizza con Monica al ristorante*.
Il verbo *mangiare* risponde a diverse domande tra cui la domanda **che cosa**?

Quando?	Quando/A che ora?	ho mangiato	Che cosa?	Con chi?	Dove?
ieri	alle 13:00		una pizza	con Monica	al ristorante

Osserva la frase *Ieri ho incontrato gli amici al bar*.
Il verbo *incontrare* risponde a diverse domande tra cui la domanda **chi**?

Ho incontrato	Chi?	Dove?	Quando?
	gli amici	al bar	ieri

Che vacanza stupenda!

8

Osserva la frase *Ieri alle 13:00 sono andato con Monica al ristorante*.
Il verbo *andare* può rispondere a diverse domande, ma non alla domanda *che cosa?*

Quando?	Quando/A che ora?	sono andato	Che cosa?	Con chi?	Dove?
Ieri	alle 13:00		x	con Monica	al ristorante

Attenzione: L'oggetto diretto non è mai preceduto da una preposizione!
Hanno l'ausiliare **ESSERE**:
- i verbi della vita: *nascere, crescere, diventare, invecchiare, morire*, ecc.;
- i verbi di movimento verso una destinazione specifica (*venire, tornare, andare, partire, arrivare*) e altri verbi di movimento (*entrare, uscire, salire, scendere*);
- verbi di stato in luogo: *essere, stare, restare, rimanere*;
- tutti i verbi riflessivi: *svegliarsi, vestirsi, divertirsi*, ecc.

Attenzione! Il passato prossimo di *essere* e *stare* è uguale:
Essere: *Rossana **è** al mare; ieri Rossana **è stata** al mare.*
Stare: *Rossana **sta** bene; ieri Rossana **è stata** bene.*

E online ➜ 3

5 Leggi le frasi e completa la tabella come nell'esempio. **ATTENZIONE!** Non è sempre possibile completare la tabella in tutte le sue voci (不可能填满所有的表格).

Esempio: Ieri sera ho guardato un film a casa con il mio coinquilino.

1. **Due anni fa** sono andato a Parigi in treno con Irene per il suo compleanno.
2. **Lo scorso fine settimana** Giulia e Andrea hanno comprato un telefono al nuovo centro commerciale.
3. Alessia **stamattina** ha incontrato Ciro.
4. **Ieri mattina** Sara è tornata a casa a piedi con un suo amico.
5. **Lunedì pomeriggio** ho chiamato Angelo per avere notizie di suo figlio.

	Esempio	1	2	3	4	5
Soggetto	(io)					
Azione	ho guardato					
Con chi?	con il mio coinquilino					
Chi?	**X**					
Che cosa?	un film					
Dove?	a casa					
Quando?	ieri sera					
Perché?						
Come?	**X**					

5.1 Quali verbi dell'attività 5 reggono l'oggetto diretto (活动中的哪些动词需要接直接宾语?) e rispondono alla domanda *Chi?* o *Che cosa?*

E online ➜ 4

123

il Milione

A1-A2

5.2 Unisci le espressioni dei due riquadri e forma delle frasi.

1. Abbiamo bevuto • 2. Ho mangiato • 3. Siete andate • 4. Hanno comprato • 5. Hanno fatto • 6. Sono tornati • 7. Sono partita • 8. Hai preso • 9. Avete incontrato • 10. Ho ascoltato

a. una pizza • b. un telefono nuovo • c. l'autobus • d. Anna Rossi • e. una birra • f. dalle vacanze • g. una passeggiata • h. una canzone di Vasco • i. al cinema • j. per Bologna.

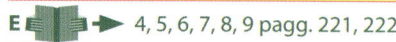

5.3 In coppia. Scrivete i due racconti di Marco e Anna coniugando i verbi al passato prossimo (in terza persona). Correggete con l'aiuto dell'insegnante. Poi, senza guardare il testo che avete scritto, *A* racconta a *B* la vacanza di Marco mentre *B* legge e controlla. Dopo, i ruoli si invertono.
使用近过去时（第三人称）写下关于 Marco 和 Anna 的两个故事。在老师的帮助下进行纠正。
然后别看你们所写的，A同学直接给B同学讲述马可的假期而B读并检查核对。接下来互换角色。

La vacanza di Marco	La gita di Anna
Andare a Venezia con la sua ragazza.	La scorsa estate *passare* una domenica avventurosa (冒险).
Stare tre giorni e *dormire* in ostello (旅馆).	*Partire* la mattina presto
Prima *fare* un giro per la città,	E *andare* in montagna vicino a Lucca.
visitare il Palazzo Ducale,	*Incontrare* i suoi amici
passeggiare per Piazza San Marco,	e insieme *fare* rafting (漂筏运动) sul fiume Serchio.
poi *prendere* il vaporetto (汽艇) per Murano	Dopo due ore *fermarsi*,
e *vedere* la lavorazione del vetro (玻璃加工).	*riposarsi*
Essere una vacanza bellissima	e *mangiare* al ristorante.
e *divertirsi* molto.	*Tornare* a casa stanchi ma contenti.

6 Osserva le frasi e scrivi nel riquadro gli indicatori temporali in ordine cronologico (按时间顺序写出时间指代词).

1. **Due anni fa** sono andato a Parigi.
2. **Lo scorso fine settimana** Giulia e Andrea hanno comprato un telefono.
3. Alessia **stamattina** ha incontrato Ciro.
4. **Ieri mattina** Sara è tornata a casa a piedi.
5. **Lo scorso anno** ho visitato la Cina.
6. **Due giorni fa** ho mangiato al ristorante cinese "你好".

Due anni fa ➔ _____ ➔ _____ ➔ _____ ➔ _____ ➔ stamattina

passato ─────────────────────────────── **presente**

Che vacanza stupenda!

6 Osserva e completa

*Ho **già** programmato di tornare di nuovo in Cina il prossimo anno!*
***Non so ancora** se in estate o in inverno, ma sto **già** pensando a cosa mettere in valigia!*
A: *Vuoi mangiare qualcosa?*
B: *No, grazie, ho **già** mangiato. Però bevo volentieri qualcosa. **Non** ho **ancora** preso il caffè.*
A: *Hai **già** visitato la Cina?*
B: *Sì, ci sono **già** stata due volte, ma non ho ancora visitato Pechino.*

1. Per indicare un fatto che è accaduto nel passato, recente o lontano, si usa: ☐ *già* ☐ *non ancora*.
2. Per indicare un fatto che non è accaduto, ma che con molta probabilità deve accadere si usa ☐ *già* ☐ *non ancora*.
3. Scegli la frase che meglio rappresenta l'immagine qui a destra:

   a. Ho già mangiato ma non ho ancora lavato i piatti. ☐
   b. Non ho ancora mangiato, ma ho già lavato i piatti. ☐
   c. Ho già mangiato e ho già lavato i piatti. ☐

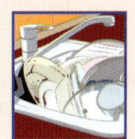

 10 pag. 223

6.1 Cosa hai fatto in vacanza?

6.2 Parti con noi!

6.3 In coppia. Scrivete prima da soli il racconto di una gita o di una vacanza che avete fatto aiutandovi con la griglia dell'esercizio 5 e con il programma delle due gite dell'esercizio 6.2. Dopo aver ricevuto la correzione dell'insegnante, raccontatevi in coppia la vostra vacanza senza guardare il testo. 利用练习5中的表格和练习6.2里的两份旅行计划，你们先自己写出你们个人的一次旅行或度假经历。老师更改后，两人互相口头讲述你们的度假经历，但别看原文。

6.4 Indovina dove sono stato?

 online ➔ 9,10

7 **Ho finito tutti i soldi!** Ascolta la conversazione e segna quello che senti.

il Milione A1-A2

7.1 Ascolta di nuovo e completa le frasi.

| 1. Filippo è andato a vedere i _____ | 2. Ha voluto comprare i _____ | 3. A sua madre ha comprato dei _____ | 4. A suo _____ ha comprato _____ | 5. Ai suoi _____ ha regalato un _____ | 6. Alla sua _____ ha comprato un regalo ma è una sorpresa (惊喜)! |

 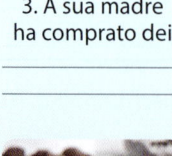 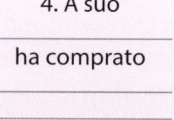 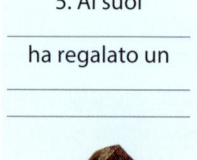 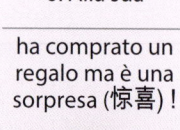  

7.2 Adesso leggi il dialogo e indica la persona/le persone a cui si riferiscono le parole evidenziate. (指出突出强调的词语所指的人).

Lara: Allora com'è andato il tuo fine settimana a Bressanone? Sei andato a vedere i mercatini di Natale, vero? (0) **Ti** sono piaciuti?
Filippo: Sì, tanto, sono molto belli, c'è un'atmosfera magica (神奇的气氛). Solo che...
Lara: Che cosa?
Filippo: Ho voluto comprare i regali di Natale e alla fine ho finito tutti i soldi.
Lara: Davvero? E che cosa hai comprato?
Filippo: Mia madre adora (崇拜) tutti i prodotti natalizi, (1) **a lei** piacciono soprattutto i dolci e così (2) **le** ho preso dei biscotti artigianali. Mio padre fa collezione di pipe, (3) **a lui** piace fumare e quindi (4) **gli** ho comprato una pipa di legno. Sono molto contento perché (5) **gli** è piaciuta tantissimo. E poi ho pensato anche ai miei amici Laura e Giorgio. (6) **A loro** piace molto l'atmosfera del Natale e così (7) **gli** ho regalato un piccolo presepe e…
Lara: Mamma mia! Ma hai pensato proprio a tutti!
Filippo: Sì, anche (8) **a te**!
Lara: No! Veramente!? (9) **A me**? E che cosa (10) **mi** hai comprato?
Filippo: Sorpresa! Se mi inviti a cena potrai scoprire (发现) cosa (11) **ti** ho preso!

(0) **Ti** = a Filippo
(1) **a lei** = _____
(2) **le** = _____
(3) **a lui** = _____
(4) **gli** = _____
(5) **gli** = _____
(6) **A loro** = _____
(7) **gli** = _____
(8) **a te** = _____
(9) **A me** = _____
(10) **mi** = _____
(11) **ti** = _____

7.3 Rileggi il dialogo e completa la tabella con le forme mancanti. Poi completa la regola indicando l'opzione o le opzioni corrette.

Pronomi indiretti	
a me	
a te	ti
a lui	
a lei	
a noi	ci
a voi	vi
a loro	

🔍 7 Osserva e completa

1. – Che cosa ha regalato a sua madre? – : _____ ha regalato dei biscotti.
2. Che cosa ha regalato a suo padre? – : _____ ha regalato una pipa.
3. Che cosa ha regalato a Laura e Giorgio? – : _____ ha regalato un piccolo presepe.

I pronomi indiretti:
4. si usano al posto (代替) di un nome che è preceduto (前面) dalla preposizione _____.
5. rispondono logicamente (逻辑上) alla domanda ☐ chi? ☐ a chi?
6. si usano: ☐ al posto di un nome mai nominato prima (代替以前从未提过的名称)
   ☐ al posto di un nome che è già noto (已知晓的).
7. si trovano: ☐ prima del verbo ☐ dopo il verbo.
8. Si usa *gli* per: ☐ la terza persona singolare maschile ☐ la terza persona singolare femminile ☐ la terza persona plurale maschile e femminile.

Che vacanza stupenda!

7.4 Riscrivi le frasi sostituendo le parti sottolineate con il pronome indiretto corretto.
(使用正确的间接代词取代划线部分).

1. Regalo a Maria un fiore. →
2. Compro a Lucio un libro. →
3. Stasera telefono ai miei genitori. →
4. Do a voi un invito per la festa. →
5. Mando a te gli auguri. →
6. Il professore fa a noi una domanda. →
7. A me piace molto il cinema. →

E ➡ 11 pag. 223 E online ➡ 11

8 Osserva e completa

- Con i seguenti verbi **il pronome indiretto indica il destinatario dell'azione del verbo** (间接代词表示动词动作的接收者): *preparare, regalare, chiedere, dare, prestare, scrivere, telefonare, rispondere, consigliare, dire, prendere, portare, volere bene.*

- Il verbo *piacere* si comporta in modo particolare: la cosa che piace è il soggetto grammaticale del verbo e il destinatario dell'azione è in realtà la persona che esprime gradimento. Per esempio, nella frase *"mi piace la pizza"* la pizza è il soggetto grammaticale e mi si riferisce alla persona che esprime un gusto, in questo caso *"io"*. 使动词 **piacere** 的变位很特殊:被喜欢的事物是语法中动词的主语，动词的对象实际上是来表达满足感的人。例如: 在*"mi piace la pizza"* 里的比萨饼是语法里的主语，而 *mi* 指的是表达口味的人，在此是 *"io"*。

- Altri verbi si comportano (涉及到) come il verbo *piacere*, per esempio: *mancare* (缺乏), *servire* (服务/需要), *bastare* (足够), *interessare* (感兴趣), *sembrare* (好像/似乎) :
  • Paolo è triste perché **gli manca** molto la sua ragazza.
  • Per superare l'esame **ti servono** gli appunti. Prendi i miei!
  • La letteratura non **ci interessa**, preferiamo la matematica.
  • La nuova professoressa di inglese **mi sembra** molto simpatica.
  • Sono sempre in ritardo. Non **mi basta** mai il tempo.

7.5 Per ogni frase indica il soggetto grammaticale e la persona che esprime un gusto.
请在每个句子中指出语法中的主语和表达口味的人。

Soggetto grammaticale / Persona che esprime il gusto

1. Mi piace il tè verde. _____ / _____
2. Ci piacciono i dolci. _____ / _____
3. Paolo è in montagna perché gli piace sciare. _____ / _____
4. Ho regalato un libro a Silvia e le è piaciuto. _____ / _____
5. I ragazzi hanno visto un film che gli è piaciuto. _____ / _____
6. Carlo, ti piace la torta che ho preparato? _____ / _____

7.6 Che cosa hai comprato?

il Milione

A1-A2

7.7 In coppia. In questo testo ci sono molte ripetizioni. Sostituite le parti sottolineate con il pronome indiretto corretto. 在这段短文里有很多重复的地方。用正确的间接代词替换划线部分

> Voglio telefonare a Marina e Roberto, chiedo a Marina e Roberto se vengono a ballare con me. Marina ama molto ballare, a Marina piace soprattutto il tango (探戈), Roberto invece preferisce la salsa (萨尔萨舞). Domani è il compleanno di Marina, così faccio a Marina una sorpresa, regalo a Marina un biglietto per uno spettacolo di tango argentino. Conosco Marina da molto tempo, voglio molto bene a Marina.

Spazio culturale: piacere... volere bene... amare!

8 Una vacanza a...   **9** Indovina la frase!

10 Rileggi l'unità, sottolinea tutte le espressioni utili per parlare di cibo, viaggi e regali e riportale nella tabella.
重新读一遍本单元，在所有谈论食物、旅行和礼物有用的表达方式下划线，然后填入表格里

Cibi e bevande	Attività da fare in vacanza	Oggetti da regalare

10.1 In coppia. Intervistatevi a turno utilizzando le domande nel riquadro.

> Com'è composto (组成) un pasto tradizionale italiano? • Quali primi piatti italiani conosci? • Quali secondi? • Quali contorni? • Quali dolci? • Cosa beve un italiano a tavola? • Vuoi preparare un menù italiano: cosa cucini? • Quali sono i piatti della cucina cinese che preferisci? • Che cosa bevi di solito? • Quando sei stato/a al ristorante l'ultima volta? Preferisci le vacanze al mare, in montagna o in città? Perché? • Racconta la tua ultima vacanza: quando? Con chi? Per quanto tempo? Cosa hai fatto di particolare? • Come hai passato lo scorso fine settimana? • Che cosa hai fatto? Qual è stato l'ultimo regalo che hai comprato: Cosa? A chi? • Nomina 5 compagni e scegli il regalo adatto per ognuno di loro. • Quali sono secondo te i regali tipici per Natale in Italia? • Quali sono i regali tipici per il Capodanno cinese?

10.2 Aiutandoti con la traccia delle domande dell'esercizio 10.1, prepara una presentazione personale scritta in cui parli di: 1. Quali sono i tuoi gusti in fatto di mangiare e bere (che cosa mangi di solito, che cosa ti piace di più, che cosa non ti piace per niente, che cosa prendi di solito quando vai al ristorante, che cosa conosci della cucina italiana, che cosa ti piacerebbe provare ecc); 2. I viaggi (dove sei stato/a, quando, con chi, che cosa hai fatto e visto).
借用练习10.1的问句，准备一份书面的自我介绍。其中要讲述：1.你在饮食方面的口味是什么？比如：平时你吃什么？最喜欢什么？你不喜欢什么？去餐馆时你点什么菜？你了解意大利美食吗？你想尝什么食品？等等。2.旅游。比如：你去过哪儿？什么时候？和谁一起去的？你做了以及看到了什么？

il Milione A1-A2 9

Che taglia porti?

Che cosa impariamo?

verde	gonna	felpa	cappello

scarpe	cotone	A quadri	jeans

Per comunicare

- Buongiorno, vi posso aiutare?
- C'è il 30% di sconto.
- La gonna è carina.
- Che ne dici di queste scarpe marroni?
- Secondo me ti stanno bene.
- Di che colore è?
- Questa maglietta gialla è un po' larga.

Grammatica

- giallo, verde, viola… (aggettivi)
- mi sta, mi stanno…
- fare la spesa, fare spese…
- ne voglio due, le voglio tutte…
- l'ho messa… (pronomi diretti)
- mi, ti, gli… (pronomi indiretti)

Materiale extra online

- Esercizi supplementari online
- Materiale per insegnanti online

il Milione A1-A2

1 Completa con i due colori (颜色) mancanti e rispondi alle domande.

_____ | verde | giallo | viola | marrone | _____ | rosa | grigio | arancione | bianco | nero

a. Qual è il tuo colore preferito? È il _____

b. Cos'è? Come si chiama?

1. È bianco e nero, vive in Cina: è il _____
2. È rossa e bianca, si mangia: è la _____
3. È italiana, rossa e veloce: è la _____
4. È gialla e si beve fredda: è la _____
5. È la tipica bevanda nera italiana: è il _____
6. È un colore, rosso + giallo = è l' _____

E online ➔ 1

2 **Che taglia porti?** Ascolta, leggi la prima parte del dialogo e indica la risposta corretta.

Commessa: Buongiorno, vi posso aiutare?
Francesca: Devo andare a una festa (聚会) e sono indecisa tra un vestito lungo, una gonna corta o dei pantaloni…
Commessa: Da ieri abbiamo i saldi, su questo vestito viola e su questi pantaloni blu c'è il 30% di sconto, invece su questa gonna rosa c'è il 50%. Vuoi provare qualcosa?
Francesca: La gonna è carina, ma il colore… però mi piacciono i pantaloni!

Dove si svolge (进行) **il dialogo?**
☐ **a.** in una libreria ☐ **b.** in un supermercato ☐ **c.** in un negozio di abbigliamento (服装店)

2.1 Ascolta, leggi il dialogo e, aiutandoti con i colori, scrivi il nome del capo di abbigliamento (服装类型) appropriato sotto le immagini corrispondenti.

1. _____ 2. _____ 3. _____ 4. _____ 5. _____ 6. _____
7. _____ 8. _____ 9. _____ 10. _____ 11. _____ 12. _____ 13. _____
14. _____ 15. _____ 16. _____ 17. _____ 18. _____ 19. _____ 20. _____

Che taglia porti?

Commessa:	Buongiorno, vi posso aiutare?
Francesca:	Devo andare a una festa e sono indecisa tra un vestito lungo, una gonna corta o dei pantaloni…
Commessa:	Da ieri abbiamo i saldi, su questo vestito viola e su questi pantaloni blu c'è il 30% di sconto, invece su questa gonna rosa c'è il 50%. Vuoi provare qualcosa?
Francesca:	La gonna è carina, ma il colore… però mi piacciono i pantaloni!
Commessa:	Sì, sono molto belli, sono di seta. Vuoi provarli? Che taglia porti?
Francesca:	La 42. Ok, li provo. Dove sono i camerini?
Commessa:	In fondo a destra.
Roberto:	Invece io devo andare in montagna e mi servono un maglione e dei calzini caldi. E poi, boh! Non saprei… forse anche delle scarpe sportive.
Commessa:	Che numero hai?
Roberto:	Il 43.
Commessa:	Che ne dici di queste scarpe marroni? Sono di pelle ma sono un po' strette. Per il maglione… ne abbiamo tanti, in colori diversi. Questo in verde ti piace? È di lana, ma leggero, ti consiglio di abbinarlo a una maglietta di cotone o di seta. Questa maglietta gialla a maniche corte (短袖), per esempio, è perfetta. È un po' larga ma… è la moda! Oppure se preferisci abbiamo questa felpa arancione…
Roberto:	No, una felpa ce l'ho già. E anche la giacca. Ho un giubbotto rosso, l'ho comprato un mese fa. Provo le scarpe, va bene? A proposito, mi mancano anche guanti, sciarpa e un berretto!
Commessa:	Hai detto che ti servono anche i calzini, vero? Purtroppo abbiamo finito quasi tutto! Per i calzini sono rimasti solo questi, lunghi e a quadri rossi e neri, guanti neri, da abbinare a un berretto a righe bianche e nere, per la sciarpa abbiamo il nero o il grigio.
Roberto:	Preferisco tutto in nero… ma … e Francesca? Oh, eccola, sta uscendo dal camerino.
Francesca:	Come mi stanno questi pantaloni?
Commessa:	Secondo me ti stanno bene.
Francesca:	A casa ho anche una camicia bianca che ci sta bene, però mi mancano le scarpe e la borsa.
Commessa:	Abbiamo questi stivali con il tacco alto e questa borsa. E, se vuoi, anche una cintura. Tutto in nero, in vernice.
Francesca:	Sì, mi piace. La vernice è molto elegante (优雅). Prima provo gli stivali, se mi vanno bene li prendo e prendo anche i pantaloni, la borsa, le scarpe e la cintura. Quanto viene in tutto?
Commessa:	Allora…in tutto… spendi 270 euro.
Francesca:	È un po' caro, ma va bene lo stesso. Pago con la carta, va bene?
Commessa:	Certamente!
Francesca:	E tu, Roberto, che cosa hai deciso?
Roberto:	Io prendo il maglione, la maglietta, due paia di calzini, i guanti, la sciarpa e il berretto. Le scarpe no, non sono convinto, ci devo pensare.
Commessa:	Allora tu spendi 168 euro.
Roberto:	Va bene, pago in contanti.

2.2 **Leggi di nuovo il dialogo e collega le frasi delle due colonne.**

1. Francesca e Roberto sono
2. Francesca compra
3. Roberto compra
4. Francesca non compra
5. Roberto non compra
6. Francesca porta la taglia
7. Francesca spende
8. Roberto spende
9. Francesca paga
10. Roberto paga

a. pantaloni, stivali, borsa e cintura.
b. scarpe, giacca, felpa.
c. 168 euro.
d. in contanti.
e. in un negozio di abbigliamento.
f. 270 euro.
g. maglione, maglietta, calzini, guanti, berretto, sciarpa.
h. vestito, gonna.
i. con la carta di credito.
j. 42.

il Milione A1-A2

1 Osserva e completa

Rileggi il dialogo 2.1 e completa con i colori.

a. il vestito _____, i pantaloni _____, la gonna _____, le gonne rosa.
b. il maglione _____, la felpa _____, i maglioni verdi, le felpe arancioni.
c. il giubbotto _____, la camicia _____, i giubbotti rossi, le camicie bianche.

I colori sono aggettivi che possiamo dividere in 3 gruppi.

1. Aggettivi che hanno 4 desinenze diverse: -o/a rispettivamente per il maschile e femminile singolare; i/e rispettivamente per il maschile e femminile plurale.
   Quali sono? _____ / _____

2. Aggettivi che hanno 2 desinenze diverse: -e per il maschile e femminile singolare; -i per il maschile e femminile plurale.
   Quali sono? _____ / _____

3. Aggettivi che sono invariabili (non cambiano mai).
   Quali sono? _____ / _____ / _____

3 Completa la tabella con i colori del riquadro.

| rosso • rosa • giallo • blu • nero • marrone • viola • bianco • verde • grigio • arancione |

1° gruppo (o/a; i/e)	2° gruppo (e; i)	3° gruppo

3.1 Di che colore è?
In coppia. A legge la domanda, B guarda la tabella e risponde con il colore corretto accordato in genere e numero. A e B scrivono il colore nello spazio della risposta e si alternano nelle domande fino a esaurimento capi.

双人活动。按照例子做练习。比如:A同学读题，B同学看着表格并使用性数相符的正确颜色来回答问题。A,B 同学在空格里写下颜色，俩人互问直到把表格上所有的服装都问完为止。

Che taglia porti?

> *Esempio:*   **A:** *Di che colore è la maglietta?*
>   **B:** *È rossa.*

1. Di che colore è la maglietta? È _____
2. Di che colore sono i pantaloni? Sono _____
3. Di che colore è il maglione? È _____
4. Di che colore sono le scarpe? Sono _____
5. Di che colore sono i calzini? Sono _____
6. Di che colore è la gonna? È _____
7. Di che colore è il cappotto? È _____
8. Di che colore è il giubbotto? È _____
9. Di che colore sono i vestiti? Sono _____
10. Di che colore è il berretto? È _____
11. Di che colore è la giacca? È _____
12. Di che colore è la felpa? È _____
13. Di che colore sono gli stivali? Sono _____
14. Di che colore è la borsa? È _____
15. Di che colore è la cintura? È _____
16. Di che colore sono i guanti? Sono _____
17. Di che colore sono i cappelli? Sono _____
18. Di che colore è la sciarpa? È _____
19. Di che colore è la camicia? È _____
20. Di che colore è il piumino? È _____

 E ▶ 1 pag. 227 / E online ▶ 3

3.2   Di che colore...?

3.3   **Com'è? Leggi il testo e collega le espressioni alle immagini.**

Sono indecisa tra un (1) vestito **lungo**, una (2) gonna corta o dei pantaloni, ma non (3) **di jeans**. Mi servono un maglione e dei calzini caldi, forse anche delle (4) scarpe **sportive**.

Che ne dici di queste scarpe marroni? Sono (5) **di pelle** ma sono un po' (6) **strette**. Il maglione è di lana, ma (7) **leggero**, ti consiglio di abbinarlo a una maglietta (8) **di cotone** o (9) **di seta**.

Questa maglietta gialla è un po' (10) **larga**, ma ... è la moda! Per i calzini sono rimasti solo questi, lunghi e (11) **a quadri**, guanti neri, da abbinare a un (12) berretto **a righe**.

Abbiamo questi (13) stivali **con il tacco alto**. E, se vuoi, anche una cintura. Tutto in nero, (14) **in vernice**. La vernice è molto elegante.

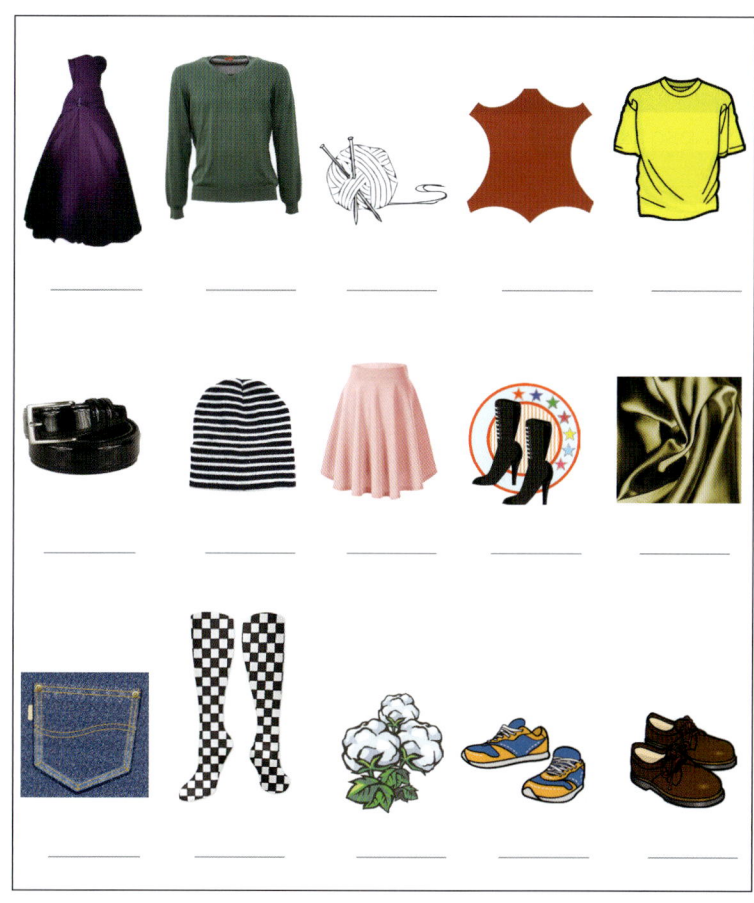

il Milione   A1-A2

3.4 Completa con l'espressione corretta, come nell'esempio.

La maglietta non è piccola, è grande.

1. Il vestito non è lungo è _____
2. La gonna non è corta, è _____
3. Il maglione non è pesante (厚), è _____
4. Le scarpe non sono strette, sono _____
5. Le scarpe non sono con il tacco basso (跟儿矮), sono con il tacco _____
6. La camicia non è di seta, è _____
7. I calzini non sono di cotone, sono _____
8. Il berretto non è a righe, è _____
9. I pantaloni non sono eleganti, sono _____
10. La cravatta (领带) non è di lana, è _____

2 Osserva

I pantaloni di jeans sono normalmente chiamati *jeans* e si pronunciano come in inglese.

E → 2 pag. 227 / E online → 4

3.5 Indovina chi?

3 Osserva e completa

Francesca: Come *mi stanno* questi pantaloni?
Commessa: Secondo me *ti stanno* bene.
Francesca: Prima provo gli stivali, se *mi vanno* bene li prendo.
Cliente: Come *mi sta* la giacca?
Commessa: *Ti sta* molto bene.
Cliente: Avete un'altra taglia? Questa non *mi va* bene.

Le espressioni **mi sta/mi stanno, ti sta/ti stanno, mi va/mi vanno**, ecc. si usano per indicare o per chiedere se un capo di abbigliamento è adatto (一件服装是否合适). Queste espressioni si costruiscono (这些表达方式的结构) come il verbo *piacere* e quindi il pronome *mi/ti*, ecc. è 1. ☐ indiretto ☐ diretto e il verbo è sempre coniugato (总是适用于...) 2. ☐ alla prima persona singolare ☐ alla terza persona singolare o plurale.

Completa le frasi nel modo corretto.

3. Paolo non compra i pantaloni perché non gli ☐ sta ☐ stanno bene.
4. Luisa compra la gonna perché ____ sta bene.

Che taglia porti?

4 Comprare in un negozio. **Collega le domande e le risposte in modo appropriato.**

1. Che taglia porti?
2. Dove sono i camerini?
3. Che numero hai?
4. Come mi sta la giacca?
5. Come ti stanno i pantaloni?
6. Ti posso aiutare?
7. Posso pagare in contanti?
8. Quanto costa la gonna?
9. C'è uno sconto sulle camicie?
10. La vuoi provare?

a. Sì, il 30%.
b. Trenta euro.
c. No, grazie, sto guardando.
d. La 42.
e. Ti sta benissimo.
f. Sì, dov'è il camerino?
g. In fondo a sinistra.
h. Sono un po' larghi.
i. Sì, certo, alla cassa.
j. Il 43.

4.1 Chi lo dice? **Inserisci le seguenti espressioni nel riquadro appropriato. Dopo, controllate in coppia.**

> Che taglia porti? • Dove sono i camerini? • Che numero hai? • La 42 • Il 43 • Vuoi provare qualcosa? • Come mi sta/mi stanno? • Abbiamo anche altri colori. • Ti/Vi posso aiutare? • Da ieri abbiamo i saldi. • Non sono convinto, ci devo pensare. • Se mi vanno bene li prendo. • Pago con la carta, va bene? • Mi dispiace abbiamo finito quasi tutto. • Posso pagare in contanti? • In tutto spendi 50€. • È un po' caro. • Ti sta/Ti stanno bene.

il commesso/la commessa	il/la cliente

il Milione

A1-A2

4.2 **Role-play al negozio.** In coppia. Con le espressioni dell'attività precedente e le indicazioni qui sotto costruite un dialogo tra cliente e commesso/a in un negozio di abbigliamento. Dopo, recitatelo davanti alla classe. Quando una coppia recita il dialogo, il resto della classe assegna un voto da 0 a 10 alla produzione. Vince l'interpretazione migliore. 双人活动。利用上面的练习游戏以及下面的要求做出一段服装店里的顾客和售货员之间的对话，然后在课堂上做演示。当一组同学在做演示时，其他同学给他们打分点评，分数从0分到10分。哪组演示的好，哪组赢

Commesso/a
È il primo giorno di saldi. Nel tuo negozio hai molti capi di abbigliamento, ma ti sono rimasti pochi capi di colore blu e nero e molti capi di tutti gli altri colori. Il tuo principale ti ha detto che devi assolutamente cercare di vendere questi ultimi, possibilmente quelli di colore rosso e giallo. Se ci riesci avrai un aumento di stipendio.
这是减价活动的第一天。在店里你有很多服装，蓝、黑两种颜色的没剩下几件，而其它颜色的却很多。经理已经告诉过你要想方设法地多卖掉那些其他颜色的，尤其是红色和黄色的。要是你卖得好，他就会给你加薪。

Cliente
È il primo giorno di saldi e entri in un negozio che ha molti capi di abbigliamento in vetrina. Vorresti comprare dei pantaloni per tuo fratello, una maglietta e delle scarpe. I suoi colori preferiti sono il nero, il blu e il bianco. Hai un budget di 120 euro e vuoi comprare almeno 4 capi.
今天是减价活动的第一天。你走进一家橱窗里摆放着很多服装的商店里。你想给你弟弟买几条裤子，还想买件 T 恤和一双鞋。弟弟最喜欢的颜色是黑、蓝、白色。你准备总共花上120块欧元，而且至少要买 4 件。

5 **Non ti preoccupare, ci vado io!** Ascolta il dialogo e indica la risposta giusta.

1. Roberto e Hua Zhang sono ☐ *a casa* ☐ *al supermercato*.
2. Hua Zhang ☐ *va a fare la spesa* ☐ *non va a fare la spesa* con Roberto.
3. Roberto ☐ *compra* ☐ *non compra* tutti gli oggetti della lista.

Che taglia porti?

9

5.1 Ascolta di nuovo e collega confezioni e quantità ai prodotti corrispondenti.
再听一遍，把包装/容器、数量和其相应的产品连接起来。

1. un vasetto　　2. due etti　　3. un chilo　　4. un pacco　　5. mezza dozzina

6. tre confezioni　　7. due barattoli　　8. un litro　　9. due bottiglie

di

a. prosciutto crudo 生火腿　　b. marmellata di more　　c. ravioli freschi　　d. zucchero

e. carne di manzo　　f. vino　　g. uova　　h. pomodori　　i. latte

1. ___ / 2. ___ / 3. ___ / 4. ___ / 5. ___ / 6. ___ / 7. ___ / 8. ___ / 9. ___

E ➔ 4 pag. 228

5.2 La spesa.

4 Osserva e completa!

Fare la spesa　　MA **fare spese/acquisti/shopping**

1. **Fare la spesa** significa comprare ☐ *cibo e prodotti per la casa* ☐ *abbigliamento e acquisti in generale.*

2. **Fare spese** significa comprare ☐ *cibo e prodotti per la casa* ☐ *abbigliamento e acquisti in generale.*

il Milione

A1-A2

6 Ascolta di nuovo e completa con le parole mancanti.

Hua Zhang: Stasera vengono Laura e Tian Chen a cena... e non ho ancora fatto la spesa!
Roberto: Non ti preoccupare, ci vado io! Che devo comprare?
Hua Zhang: Guarda, ho scritto qui la lista, allora almeno un chilo di _____ (1) di manzo, di zucchero ne è rimasto poco quindi un pacco di zucchero, due _____ (2) di pomodori, un litro di latte, ah no, il latte no, l'ho preso ieri, poi due etti di prosciutto _____ (3), delle mele, un vasetto di marmellata di more, mezza dozzina di uova, tre confezioni di ravioli _____ (4) e due bottiglie di vino.
Roberto: Quante mele devo comprare?
Hua Zhang: Ne puoi comprare due chili, così faccio una _____ (5).
Roberto: Ne prendo un po' di più ... ho letto che sono in _____ (6) e poi mi piacciono molto.
Hua Zhang: Va bene, a dopo.

Due ore dopo...

Roberto: Sono tornato!
Hua Zhang: Dove hai messo la _____ (7)?
Roberto: L'ho messa là sul tavolo.
Hua Zhang: Mah.... e lo zucchero?
Roberto: Lo zucchero? Noo, non l'ho comprato!
Hua Zhang: E i _____ (8)?
Roberto: Perché... non li ho comprati? Eccoli!
Hua Zhang: E le _____ (9), le hai comprate?
Roberto: Non le ho trovate!
Hua Zhang: Ma non hai chiesto al _____ (10)?
Roberto: Veramente no.
Hua Zhang: Hai preso la marmellata?
Roberto: Perché, mi hai detto di comprare la marmellata?
Hua Zhang: Ma la _____ (11)? L'hai aperta almeno?
Roberto: Ehm, no... l'ho persa prima di _____ (12) al supermercato.
Hua Zhang: Che disastro che sei! E poi ora il supermercato è anche chiuso!
Roberto: Su ... dai ... però ho preso tante mele, ne ho prese cinque chili!

Che taglia porti? 9

Leggi i dialoghi e indica a cosa si riferisce la particella *ne*

1. ne=_____ 2. ne=_____ 3. ne=_____ 4. ne=_____

- Nella frase enunciativa la particella (在陈述句里的小品词) *ne* si trova (5) ☐ *prima del verbo* ☐ *dopo il verbo* e si riferisce a qualcosa di cui viene espressa (指的是) (6) ☐ la qualità ☐ la quantità.

- Il verbo dopo il *ne* è seguito dalla quantità numerica[1] o indefinita[2], talvolta accompagnata da un contenitore[3], un'unità di misura[4] o una frazione[5] (动词的前面是 ne,而动词后紧跟着可数的数量[1] 或不确定的数量[2], 有时还紧随着一个容器[3], 一个计量单位[4], 或一个分数[5]):

Di solito ne prendo **due**[1]; *Ne prendo* **un po'**[2] *di più; Ne mangia* **un pacco**[3] *al giorno; Ne puoi comprare* **due chili**[4]*; Io ne voglio* **due fette**[5].

- Per chiedere la quantità di qualcosa già noto si usa il pronome **quanto** accordato in genere e numero all' elemento richiesto seguito dalla particella **ne** e dal verbo 在询问已经知道的东西的数量时,使用疑问代词 quanto 的性数要和前面所代替的词语的性数保持一致,然后后面紧跟着小品词 ne 和动词:

- *Ecco le arance. Quante ne vuole?*
- *Abbiamo il vino nuovo. Quanto ne vuole?*
- *In questo supermercato ci sono i pomodori bio! Quanti ne prendiamo?*
- *Ci serve la carne per il ragù. Quanta ne compriamo?*

7. Rileggi il dialogo 3 e prova a spiegare perché il secondo bambino usa il pronome diretto **la** al posto della particella **ne**. 试着解释一下为什么第二个男孩儿用直接代词 la 而没用小品词 ne。

6.1 **Al mercato.** Completa i dialoghi con i pronomi diretti (*lo, la, li, le*) e la particella *ne*. Poi collega le immagini alle parole del testo.

Al banco della frutta

Commesso: Cosa desidera?
Cliente: Volevo delle *banane* ☐
Commesso: Quante _____ (1) vuole?
Cliente: _____ (2) vorrei tre. Poi… anche delle *fragole* ☐ per favore.
Commesso: Quante _____ (3) vuole?
Cliente: Tre etti.
Commesso: Perfetto. Altro?
Cliente: Belle queste *arance* ☐ !
Commesso: _____ (4) vuole tutte?
Cliente: No, sono troppe, _____ (5) prendo due chili.
Commesso: Basta così?
Cliente: Quelli sono *pompelmi* ☐ ?
Commesso: Sì, sono gli ultimi cinque.
Cliente: Allora _____ (6) prendo tutti.

Al banco della verdura

Cliente: Buongiorno, avete le *zucchine* ☐ ?
Commesso: No, mi dispiace, sono finite.
Cliente: E i *peperoni* ☐ ?
Commesso: Certamente, quanti _____ (7) vuole?
Cliente: _____ (8) prendo due rossi e due gialli, per favore.
Commesso: _____ (9) rimangono solo 5.
Cliente: Allora _____ (10) prendo tutti.
Commesso: Ho le *melanzane* ☐ in offerta, quante _____ (11) vuole?
Cliente: Quanto costa la confezione intera?
Commesso: Vediamo… sono 5 melanzane, viene 7 euro. Se vuole _____ (12) tolgo due.
Cliente: No, va bene, _____ (13) prendo tutta.

a.   b.   c.   d.   e.   f.   g.

E ▶ 5 pag. 228

il Milione  A1-A2

6.2 Rosso pomodoro!

6.3 Leggi di nuovo il dialogo dell'esercizio 6 e scrivi i participi irregolari corrispondenti ai seguenti verbi.

1. fare _____   5. leggere _____   9. aprire _____
2. scrivere _____ 6. mettere _____   10. perdere _____
3. rimanere _____ 7. chiedere _____ 11. chiudere _____
4. prendere _____ 8. dire _____

6.4 Completa il testo coniugando i verbi al passato prossimo.

Ieri al bar ho incontrato Marisa e le (1. chiedere-io) _____ come va il suo lavoro. Marisa mi (2. dire-lei) _____ che sabato è stata una giornata molto stressante per lei. (3. aprire-lei) _____ il negozio alle 9:00 e (4. mettere) _____ in ordine la vetrina (橱窗). La titolare del negozio (店主) le (5. scrivere) _____ un messaggio per ricordarle di chiamare il tecnico dell'aria condizionata (空调维修工) ma lei (6. vedere) _____ il messaggio solo un'ora dopo. Alle 13:00 (7. fare) _____ una breve pausa pranzo al bar e poi alle 14:00 (8. tornare) _____ subito in negozio per l'apertura pomeridiana (下午). (9. chiudere) _____ il negozio molto tardi e così (10. perdere) _____ l'autobus per tornare a casa. (11. rimanere) _____ quindi in centro ed (12. andare) _____ a cena con una sua amica. A mezzanotte (13. prendere) _____ un taxi ed (14. tornare) _____ a casa. Prima di dormire (15. leggere) _____ la sua rivista di moda preferita. Si è addormentata molto tardi.

E ➔ 6 pag. 229 / E online ➔ 8, 9

6.5 Il venerdì di Marisa.

7 Rileggi le battute del dialogo 6 e indica negli appositi spazi a cosa si riferiscono i pronomi diretti in grassetto. Poi completa la regola.

6 Osserva e completa

A quali parole si riferiscono i pronomi diretti in grassetto?

Dove hai messo la spesa?   *E lo zucchero?*
L'ho mess**a** là sul tavolo.   1. _____   No, non **l'**ho comprat**o**!   2. _____
E gli spaghetti?   *E le uova?*
Perché... non **li** ho comprat**i**?   3. _____ Non **le** ho trovat**e**!   4. _____

5. Quando il pronome diretto precede il passato prossimo la vocale del participio passato ☐ *corrisponde* ☐ *non corrisponde* a quella del pronome.

6. Il pronome diretto maschile o femminile singolare che precede l'ausiliare ☐ *perde* ☐ *non perde* la vocale.

7. Il pronome diretto maschile o femminile plurale che precede l'ausiliare ☐ *perde* ☐ *non perde* la vocale.

当直接代词在近过去时之前时，过去分词的元音 (5) ☐ 和此代词的元音匹配 ☐ 和此代词的元音不匹配。单数阴阳性直接代词在助动词之前 (6) ☐ 删去元音 ☐ 不删去元音。而复数阴阳性直接代词在助动词之前 (7) ☐ 删去元音 ☐ 不删去元音。

Che taglia porti?

7.1 Completa le frasi con la desinenza appropriata.

1 A: Giulia, hai comprato la gonna?
B: No, non l'ho comprat____

2 A: Marco, hai comprat____ i pantaloni?
B: Sì, li ho comprat____ ieri!

3 A: Rossana, hai comprat____ le scarpe da ginnastica?
B: Sì, le ho comprat____!

4 A: Filippo, hai comprato il cappello?
B: No, non l'ho comprat____!

7.2 Completa le frasi con il pronome appropriato e collegale ai capi d'abbigliamento e accessori corrispondenti.

1. Belle ma... troppo strette. Io porto il 40! Alla fine non ____ ☐ ho comprate.
2. Bella eh?! ____ ☐ ho comprata ieri. Ci tengo il portafoglio, gli occhiali e le chiavi.
3. Io ho sempre freddo alle mani quindi ____ ☐ ho messi quando sono uscita.
4. Stefano è sempre elegante. ____ ☐ ho comprata per lui.
5. Maria ____ ☐ ha comprato perché non sopporta (忍受) il sole.
6. Bello! Sembra anche caldo! ____ ☐ hai comprato per quest'inverno?
7. ____ ☐ ho comprati con il tacco alto perché quest'anno sono alla moda così!
8. ____ ☐ ho comprate di cotone a maniche corte.

> a. gli stivali • b. la cravatta • c. il cappello • d. i guanti • e. le magliette •
> f. le scarpe • g. la borsa • h. il maglione

7.3 Domino dei pronomi.

7.4 La lista della spesa.

8 Collega le frasi a sinistra con le corrispondenti frasi a destra, secondo il senso. (按照内容)

1. A te piace il sushi?
2. **Vi interessa** il calcio?
3. Sicilia d'inverno? A voi piace l'idea?
4. Anna, **ti interessa** l'italiano?
5. **Ti ho visto** al cinema!
6. **Ti chiamiamo** dopo. Va bene?
7. **Mi chiamate** quando arrivate?
8. Quando **vi leggo** in chat rido sempre.
9. Quando arrivate **ci trovate** al bar.
10. Quando arrivate **chiamateci** subito!

a. Sei sicuro? Hai visto me o Francesco?
b. A me sì, interessa molto! Voglio studiare in Italia.
c. Sì, **mi piace**. È il mio cibo preferito!
d. Leggi noi e ridi? Davvero?
e. No, non chiamate me, chiamate Luigi, non ho il cellulare.
f. Troviamo solo voi? E gli altri?
g. A noi non interessa molto. Preferiamo il tennis.
h. Sì, dai, **ci piace** l'idea.
i. No, prima Anna e poi chiamiamo voi.
j. Sì, chiamiamo te o la mamma.

> 1. ____ / 2. ____ / 3. ____ / 4. ____ / 5. ____ / 6. ____ / 7. ____ / 8. ____ / 9. ____ / 10. ____

il Milione A1-A2

8.1 Completa la chat di gruppo seguente con le espressioni del riquadro.
(选用练习8中的粗体字完成对话。)

> vi interessa • mi piace • ti interessa • ti ho visto • ti chiamiamo • mi chiamate • vi leggo
> • ci piace • ci trovate • chiamateci

Anna: Ragazzi, venite sabato al centro commerciale "Il borgo"? Iniziano i saldi! Dopo possiamo andare a mangiare al nuovo ristorante giapponese. A me piace molto il sushi… posso dire che _____ (1) tutto il cibo giapponese. _____ (2) fare un po' di shopping?

Feng: Sì, noi siamo liberi e… _____ (3) l'idea. E anche a noi piace il pesce crudo.

Lucia: Veramente, a me non piace tanto. Mangiare il pesce crudo è pericoloso!

Anna: Puoi prendere la tempura. Prima però lo shopping!

Lucia: No, lo shopping no!

Anna: Lo so perché non _____ (4)! Hai già comprato tutto ai saldi!

Lucia: Cosa?

Anna: Sì _____ (5) ieri, al mercato. Ho visto te e Sara davanti alla bancarella dei vestiti.

Lucia: Hai visto me? Impossibile! Sbagli! Forse hai visto solo lei! Ieri sono stata tutto il giorno in casa.

Feng: Ok, ragazze, non litigate. Allora, io e Anna andiamo prima a fare acquisti e quando siamo pronti _____ (6) Va bene Lucia?

Lucia: Ok, va bene. _____ (7) quando siete pronti.

Roby: Ciao raga, _____ (8) solo ora. Veniamo anche io e Bing Jiie Wang. _____ (9) già lì perché prima dobbiamo andare dall'ottico (配镜师). _____ (10) quando arrivate.

8.2 Dopo la correzione dell'esercizio precedente, rileggi il testo e completa la tabella con le forme toniche e atone dei pronomi diretti e indiretti.
改写完上面的练习以后，再读一遍课文，然后用直接代词和间接代词的重读形式或非重读形式填空。

Pronomi indiretti	
forme atone	forme toniche
	a te
gli	a lui
le	a lei
	a voi
gli	a loro

Pronomi diretti	
forme atone	forme toniche
lo	lui
la	
	noi
li	loro (maschile)
le	loro (femminile)

Che taglia porti?

8.3 Completa con il pronome appropriato e indica se è diretto (D) o indiretto (I).
(用 (D) 指出直接代词，用 (I) 指出间接代词).

		D	I
0.	Ho visto Anna e __le__ ho dato un regalo.	☐	☑
1.	Abbiamo comprato i giornali e _____ abbiamo letti.	☐	☐
2.	Ho incontrato Maria e _____ ho domandato un'informazione.	☐	☐
3.	Laura ha chiamato il gatto e _____ ha dato il latte.	☐	☐
4.	A: Stefano, hai provato queste camicie? - B: No, ora _____ provo.	☐	☐
5.	A: Ti piacciono questi pantaloni? - B: Sì, _____ piacciono molto.	☐	☐
6.	A: Come mi sta questo vestito? - B: _____ sta benissimo.	☐	☐
7.	Domani è il compleanno di Nora, _____ voglio scrivere un biglietto di auguri.	☐	☐
8.	A: Ragazzi, volete qualcosa? - B: Sì, perché non _____ aiuti a fare i compiti?	☐	☐
9.	A: Ti ha scritto, Francesca? - B: No, non _____ ha scritto né telefonato.	☐	☐
10.	Ho incontrato Paolo e _____ ho invitato a cena.	☐	☐
11.	Se dovete andare all'aeroporto, _____ porto io.	☐	☐
12.	Questa sciarpa è molto bella, quasi quasi _____ regalo a Maria.	☐	☐

E ➜ 7, 8 pag. 229 / E online ➜ 11

9 Un incontro fortunato.

10 In coppia. Scegliete uno stilista o un marchio italiano di abbigliamento famoso (Gucci, Dolce&Gabbana, Valentino, Prada, ecc.) e cercate il sito web ufficiale. Scegliete l'abbigliamento e gli accessori adatti per vestire un ragazzo e una ragazza per il giorno della laurea. Salvate le immagini, descrivete con brevi didascalie i capi di abbigliamento scelti e realizzate un collage. Mostrate il collage alla classe inviandolo all'insegnante o postandolo nel gruppo social.

你们选择一位意大利设计师或服装品牌（如Gucci, Dolce&Gabbana, Valentino, Prada等）并寻找官方网站，为就要毕业的男女生选择设计合适的服装和配饰，这些穿着是用在他们参加毕业典礼的那天，然后把他们设计的图片保存下来。你们用简短的几句字幕来概括你的服装设计，并制作成拼贴图画。最后，把你的拼贴图展示给大家，并发给老师或贴到班级的社交群里。

11 In coppia. Avete a disposizione un budget di 250€ per scegliere, in un sito web italiano di vostro gradimento, capi di abbigliamento e accessori per vestire un ragazzo e una ragazza per un'escursione in montagna. Una volta scelti i capi, fotografateli, descriveteli registrando un messaggio vocale e poi postate il tutto nel gruppo social della classe.

你们可以在你们所喜欢的意大利网站里，为要登山的姑娘们和小伙子们选择服装和配饰。不过你们最多能花250块欧元。选好服装以后，拍下来，把你的想法录下来，以此来讲述你的设计，然后把录音和设计都发布到班级的社交群里。

il Milione   A1-A2

12 Rileggi l'unità, sottolinea tutte le espressioni utili per completare la tabella.
重新阅读此单元，标出所有有用的短语来完成表格。

Capi di abbigliamento e accessori	Aggettivi che descrivono capi di abbigliamento	Prodotti del supermercato

12.1 In coppia. Intervistatevi a turno utilizzando le domande nel riquadro.

Che taglia porti? • Che numero hai? • Come ti vesti normalmente? • Preferisci abiti sportivi o eleganti? • Come sei vestito/a in questo momento? • Quando fai shopping, come paghi? • Preferisci fare shopping on line o nei negozi? • Perché? • La moda italiana è conosciuta nella tua città? • Quali sono gli stilisti più famosi e apprezzati? • Qual è il tuo colore preferito? • Vai un fine settimana fuori città: cosa metti in valigia? • Qual è stato l'ultimo vestito e/o accessorio che hai comprato? • Cosa metti quando vai a una festa? • Devi andare al matrimonio (婚礼) di un amico, descrivi il tuo abbigliamento. • Scegli uno studente/una studentessa della classe e descrivi com'è.
Di solito, quanto spesso fai la spesa? Dove? • Cosa compri per una cena con gli amici? • Che tipo di frutta e verdura ti piace? • Devi cucinare qualcosa di italiano: cosa compri? • Quanti litri di acqua bevi al giorno? • Quanti chili di frutta consumi (消费) alla settimana? • Quanto spesso mangi la carne di manzo? • Descrivi cosa c'è nel frigorifero di casa tua.

12.2 Aiutandoti con la traccia delle domande dell'esercizio 12.1, prepara una presentazione personale scritta in cui parli dei tuoi gusti sui capi di abbigliamento.
利用练习12.1里的问句，写一份自我介绍，内容是谈论你对服装的品位。

il Milione

A1-A2 **10**

In questa foto che cosa facevi?

Che cosa impariamo?

album

compagni

prendere il sole

calvo

capelli corti

pelle chiara

baffi

giovane

Per comunicare

- Questa è la mia famiglia
- Mentre mia madre prendeva il sole…
- Ero in vacanza con…
- Mia sorella era alta e aveva…
- Amo cucinare…
- Mi piacerebbe incontrare una persona sensibile…

Grammatica

- mia madre, mio padre, i miei genitori…
- ero, giocavamo… (imperfetto)
- potrebbe, dovresti, vorrei… (condizionale)
- qualche, nessuno, qualcuno, qualcosa…

Materiale extra online

- Esercizi supplementari online
- Materiale per insegnanti online

il Milione

A1-A2

1 Guarda le immagini e di' dove tieni di solito le foto di famiglia. Scrivi le parole mancanti negli spazi appropriati (说说你平时把家人照片保存在哪里。在恰当的空格里写出漏掉的词语).

a. alla parete   b. in una scatola   c. in una _____   d. in un album   e. sul _____

cellulare • cornice digitale

1.1 Guarda le fotografie e collega le espressioni nel riquadro alle foto corrispondenti (ATTENZIONE! C'è un'espressione in più!).

a. In questa foto ci sono i miei colleghi di lavoro • b. Ecco i miei amici! • c. Questo sono io con mia sorella e i miei nonni • d. I miei compagni di classe all'ultimo giorno di scuola • e. Questi sono i miei genitori il giorno del loro matrimonio

1. ____ / 2. ____ / 3. ____ / 4. ____

1.

2.

3.

4.

In questa foto che cosa facevi?

1.2 Osserva l'albero genealogico di Irene e, aiutandoti con le frasi che seguono, inserisci negli spazi vuoti le parole appropriate per esprimere le corrispondenti relazioni di parentela.
观察 Irene 的家谱图。参考下面的句子，在空白处插入恰当的词语来表达对应的直系亲属关系的词语。

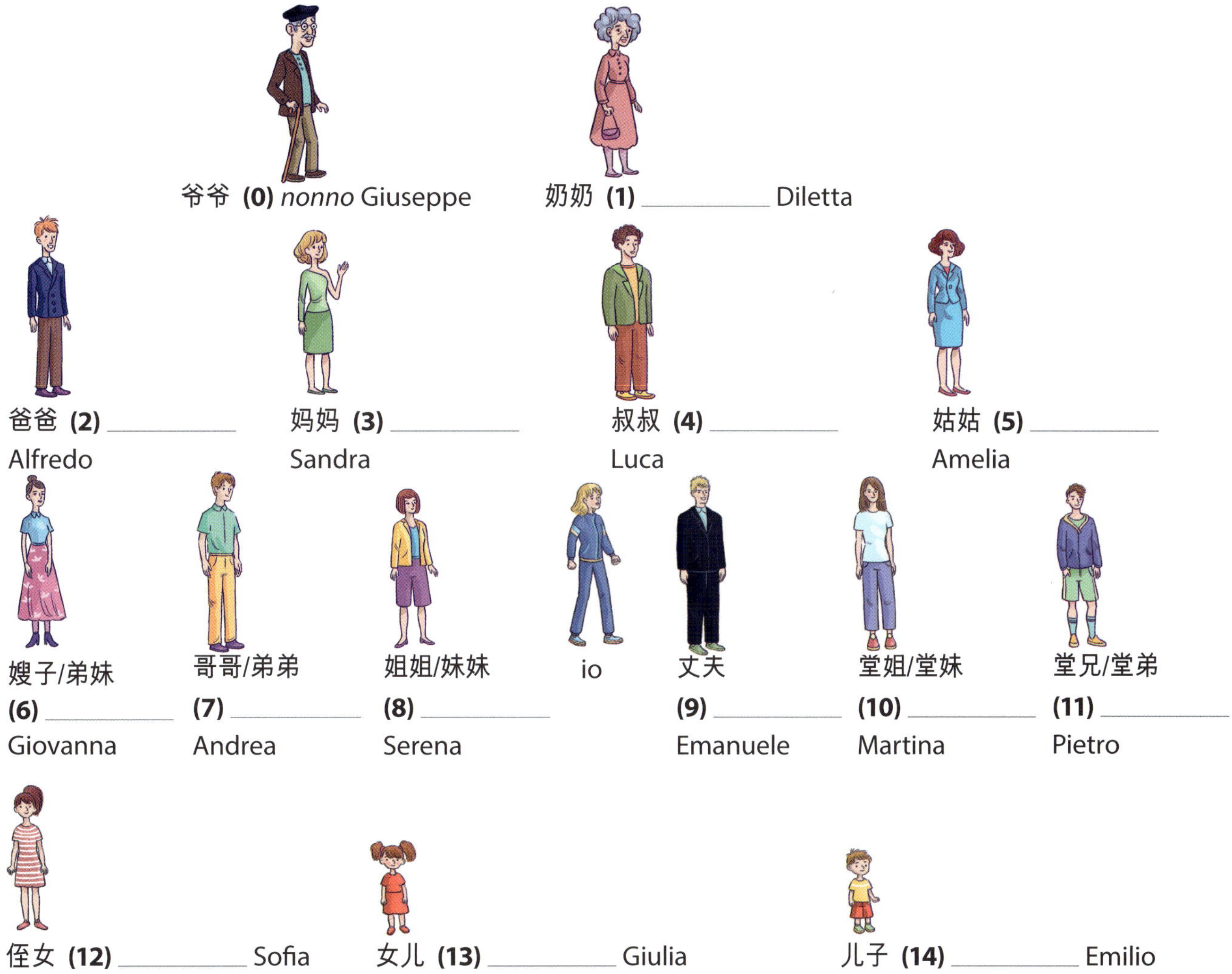

爷爷 **(0)** *nonno* Giuseppe   奶奶 **(1)** _____ Diletta

爸爸 **(2)** _____ Alfredo   妈妈 **(3)** _____ Sandra   叔叔 **(4)** _____ Luca   姑姑 **(5)** _____ Amelia

嫂子/弟妹 **(6)** _____ Giovanna   哥哥/弟弟 **(7)** _____ Andrea   姐姐/妹妹 **(8)** _____ Serena   io   丈夫 **(9)** _____ Emanuele   堂姐/堂妹 **(10)** _____ Martina   堂兄/堂弟 **(11)** _____ Pietro

侄女 **(12)** _____ Sofia   女儿 **(13)** _____ Giulia   儿子 **(14)** _____ Emilio

Questa è la mia famiglia: mio **nonno** si chiama Giuseppe, ha il cappello nero e una giacca marrone; mia **nonna** si chiama Diletta, ha un vestito con una cintura e una borsa; mio **zio** si chiama Luca, ha una giacca verde; mia **zia** si chiama Amelia, ha giacca e gonna blu; mio **cugino** si chiama Pietro e ha una felpa azzurra; mia **cugina** si chiama Martina e ha una maglietta bianca; mia sorella si chiama Serena, ha una giacca gialla; mio **padre** si chiama Alfredo, ha i pantaloni marroni e una giacca blu; mia **madre** si chiama Sandra, ha un vestito verde; mio **fratello** si chiama Andrea, ha una camicia verde; mia **nipote** si chiama Sofia, ha un vestito a righe; mia **cognata** si chiama Giovanna, ha una gonna rosa e una maglietta celeste; io mi chiamo Irene, ho una tuta e le scarpe sportive; mio marito si chiama Emanuele, ha giacca e pantaloni neri; mio **figlio** si chiama Emilio e ha i pantaloni rossi; mia **figlia** si chiama Giulia e ha un vestito rosso.

1 Osserva

- il/la nipote; i/le nipoti
- La parola *nipote* ha due significati: indica il figlio o la figlia dei fratelli o delle sorelle oppure il figlio o la figlia dei figli.

il Milione   A1-A2

1.3 Guarda l'esercizio 1.2 e completa le frasi con i nomi di parentela appropriati (con l'articolo).

Esempio: Irene è *la moglie* (妻子) di Emanuele e *la nipote* di Giuseppe e Isolina.

1. Giovanna è _____ di Irene e _____ di Andrea.
2. Alfredo è _____ di Sandra.
3. Andrea è _____ di Irene e _____ di Giuseppe e Diletta.
4. Amelia è _____ di Andrea e Irene.
5. Martina è _____ di Irene e Andrea.
6. Emanuele è _____ di Irene.
7. Emilio e Giulia sono _____ di Irene e Emanuele.
8. Giuseppe e Diletta sono _____ di Andrea e Irene.
9. Serena è _____ di Andrea e Irene.
10. Luca è _____ di Andrea e Irene.
11. Sofia è _____ di Irene e Andrea.
12. Pietro è _____ di Irene e Andrea.
13. Irene e Andrea sono _____ di Giuseppe e Diletta.
14. Irene e Andrea sono _____ di Sofia.

E → 1 pag. 233 / E online → 1

2 **Quante foto!** Ascolta il dialogo e rispondi alle domande.

	V	F
1. Giorgio è il marito di Irene.	☐	☐
2. Giorgio è a casa di Irene.	☐	☐
3. Insieme guardano delle foto.	☐	☐
4. Nelle foto ci sono gli amici di Irene.	☐	☐

2.1 Ascolta di nuovo il dialogo e completa gli spazi vuoti con le parole che senti.

Drin

Irene: Oh, ciao Giorgio!
Giorgio: È permesso?
Irene: Entra, entra, accomodati, ti faccio un caffè?
Giorgio: Grazie... guarda, guarda… una cornice elettronica! La voglio anch'io! Quanto l'hai pagata?
Irene: Non lo so, è un regalo di Emanuele, _____ (1), per il nostro anniversario di matrimonio.
Giorgio: Ah, ah, qui dov'eri?
Irene: Ero in vacanza con Emanuele, _____ (2), Sandra e Alfredo, e _____ (3) Andrea con sua moglie Giovanna e _____ (4) Sofia.

148

In questa foto che cosa facevi?

Giorgio: Ah, ma qui siete all'Elba!

Irene: Sì, qui eravamo all'Isola d'Elba, ci andavamo sempre in estate quando eravamo piccoli e ci torniamo ancora quando possiamo. In questa foto avevo otto anni e avevo ancora i capelli lunghi e ricci.

Giorgio: Avevate una casa?

Irene: Prendevamo una casa in affitto vicino al mare. Mi ricordo che tutte le mattine io e mio fratello giocavamo sulla spiaggia mentre _____ (5) prendeva il sole e mio padre leggeva il giornale o dormiva sotto l'ombrellone.

Giorgio: E… in quest'altra foto invece chi c'è?

Irene: Qui eravamo al compleanno di _____ (6) Giuseppe. C'era tutta la famiglia, sua sorella, i suoi tre fratelli, _____ (7), i loro figli, cioè i miei zii, tutti _____ (8) e infine i miei genitori.

Giorgio: In questa foto invece che cosa facevi? Giocavi a pallavolo?

Irene: No, non giocavo a pallavolo, questa non sono io, è _____ (9) con i suoi compagni di squadra. Giocavano nella squadra della scuola, qui erano a Genova per la finale. Quel giorno faceva molto freddo. Mi ricordo anche che lei era molto emozionata.

Giorgio: E questa foto con i gatti? Che carini!

Irene: Eh sì, è vero, avevamo due gattini, dormivano sempre sul divano e in questa foto c'ero anch'io che dormivo con loro. Qui avevo otto anni. Mi piacevano molto gli animali, io e mio fratello avevamo anche un cane e un pesce rosso.

Giorgio: Ah, guarda come eri felice qui! Ma cosa bevevi?

Irene: Bevevo la cioccolata calda che _____ (10) mi faceva sempre a merenda. La prendevo tutte le volte che andavo a trovarla. La nonna diceva sempre che la sua cioccolata era speciale e che mi faceva diventare grande, forte e bella.

Giorgio: E infatti aveva ragione!

2 Osserva e completa

- Mentre (1) **mia madre** prendeva il sole (1) **mio padre** leggeva il giornale.
- Ero in vacanza con Emanuele, (2) **i miei genitori**, e (1) **mio fratello** con (1) **sua moglie** e (3) **la loro figlia**.
- C'era tutta la famiglia, (2) **i suoi fratelli**, (2) **le loro mogli** …

1. I nomi di famiglia singolari ☐ *richiedono* ☐ *non richiedono* l'articolo quando sono preceduti dall' aggettivo possessivo.

2. I nomi di famiglia plurali ☐ *richiedono* ☐ *non richiedono* l'articolo quando sono preceduti dall'aggettivo possessivo.

3. Quando un nome di famiglia singolare è preceduto dall'aggettivo possessivo loro ☐ *richiede* ☐ *non richiede* l'articolo.

- Le parole *famiglia, bambino/a, fidanzato/a, compagno/a* e i nomi affettivi *babbo, mamma* e *papà* richiedono sempre l'articolo quando sono preceduti dall'aggettivo possessivo.

Attenzione! Se il nome di famiglia viene modificato (per esempio con un aggettivo) il possessivo è sempre preceduto dall'articolo (物主词前面总是有冠词): *la mia prima moglie; il suo fratello più piccolo; il mio fratellino; la mia cara nonna.*

il Milione A1-A2

2.2
Completa il testo scrivendo i nomi qui sotto elencati negli spazi con la linea continua (___) e scrivendo l'articolo dove necessario negli spazi con i puntini (........).
完成下面这一段儿。在实线上写名词，而在虚线上写出冠词。

> moglie • cognati • fratello • amico • nipoti • padre • piatti • madre • ~~marito~~

Mi chiamo Gioia e vi presento la mia famiglia. (1) .... mio *marito* si chiama Massimo. Ci siamo sposati due anni fa (我们俩两年前结的婚). Quando l'ho conosciuto era divorziato (离婚). Con Vera, (2) ...la... **sua prima** _____ , ha un figlio, Martino, che oggi ha sette anni. Spesso Martino viene a mangiare da noi e io gli preparo (3) .... **suoi** _____ preferiti, a volte porta anche (4) .... **suo** _____ Filippo, un compagno di scuola. I genitori di Massimo, Anna e Franco, abitano vicino a noi: (5) .... **sua** _____ lavora ancora, insegna matematica in un liceo, (6) .... **suo** _____ è da poco in pensione (退休) quindi passa molto tempo con (7) .... **suoi tre** _____ , Alessia, Claudia e Martino. Massimo ha infatti due fratelli e con (8) .... **miei** _____ ho un bellissimo rapporto (关系). Alessia e Claudia sono le figlie di Andrea, (9) .... **suo più piccolo** ed Elena, mentre suo fratello Guido abita a Londra e non ha figli.

E ➜ 2, 3 pag. 233 / E online ➜ 2, 3, 4

2.3
Disegna l'albero genealogico. In coppia. A intervista B per ricostruire l'albero genealogico della sua famiglia. Dopo, i ruoli si invertono. A 同学采访B同学来重新制作 B 的家庭树图 然后互换角色。

Esempio: A: Come si chiama tuo padre? A: Come si chiamano i tuoi fratelli?
B: Mio padre si chiama Bo Zhang. B: I miei fratelli si chiamano Li e Zhang.

3 Osserva e completa

(1) **Ero** in vacanza con Emanuele. (2) **Giocavamo** sulla spiaggia mentre mia madre (3) **prendeva** il sole e mio padre (4) **leggeva** il giornale o (5) **dormiva** sotto l'ombrellone. In questa foto invece che cosa (6) **facevi**? Ma cosa (7) **bevevi**?
Scrivi l'infinito dei verbi in neretto.
1. essere / 2. _____ / 3. _____ / 4. _____ / 5. _____ / 6. _____ / 7. _____
Questa forma verbale si chiama imperfetto e serve per parlare di (8) ☐ azioni presenti ☐ azioni passate.

3
Rileggi il testo 2.1 e sottolinea tutte le forme dell'imperfetto che riesci a individuare. Poi completa la tabella con le forme verbali mancanti.

Forme regolari

giocare	avere	prendere	dormire
	av*evo*	prend*evo*	
	av*evi*	prend*evi*	dorm*ivi*
gioc*ava*	av*eva*		
			dorm*ivamo*
gioc*avate*	av*evate*	prend*evate*	dorm*ivate*
	av*evano*	prend*evano*	

Forme irregolari

essere	fare	bere	dire
	fac*evo*		dic*evo*
		bev*evi*	dic*evi*
		bev*eva*	
	fac*evamo*	bev*evamo*	dic*evamo*
era*vate*	fac*evate*	bev*evate*	dic*evate*
	fac*evano*	bev*evano*	dic*evano*

In questa foto che cosa facevi?

3.1 Coniuga i verbi all'imperfetto e associa le frasi alle foto corrispondenti.

| a. _____ | b. _____ | c. _____ | d. _____ | e. _____ |

| p. _____ | | | | f. _____ |

1. Qui (noi - essere) _____ in vacanza al mare.
2. Mia cugina (dormire) _____ sotto l'ombrellone.
3. Mia madre (leggere) _____ un libro.
4. I miei cugini (giocare) _____ a pallavolo.
5. (Noi - avere) _____ due gattini.
6. (Io - avere) _____ un pesce rosso.
7. In questa foto (noi - fare) _____ la spesa.
8. (Voi - giocare) _____ sulla spiaggia.
9. (Io - fare) _____ spesso delle foto.
10. Qui mia nonna (preparare) _____ la torta.
11. (Io - avere) _____ i capelli lunghi e ricci.
12. Quel giorno (fare) _____ freddo.
13. Dopo il mare mio fratello (essere) _____ stanco.
14. Mia madre (dire) _____ di non mangiare la cioccolata.
15. Le mie sorelle (prendere) _____ il sole al mare.
16. I miei zii (andare) _____ sempre in barca.

| o. _____ | | | | g. _____ |

| n. _____ | | | | h. _____ |

| m. _____ | l. _____ | k. _____ | j. _____ | i. _____ |

4 Osserva e completa

Associa le seguenti frasi alle funzioni corrispondenti:
1. Tutte le mattine io e mio fratello **giocavamo** sulla spiaggia.
2. In questa foto **avevo** otto anni […]
3. […] **avevo** i capelli lunghi e ricci.
4. Mi ricordo che lei **era** molto emozionata.
5. Quel giorno **faceva** molto freddo.
6. Qui dov'eri? **Eravamo** all'Isola d'Elba.

a. ☐ raccontare un'azione abituale; b. ☐ descrivere situazioni; c. ☐ dire l'età; d. ☐ descrivere la condizione psicologica/emotiva; e. ☐ descrivere l'aspetto fisico; f. ☐ descrivere il tempo atmosferico.

il Milione

A1-A2

3.2 Da bambino...

3.3 Il disegno più bello.

3.4 Personaggi famosi.

4 **Com'è?** Ascolta più volte le descrizioni e indica l'informazione che senti.

1. Il mio vicino di casa è giovane ☐ anziano ☐ e calvo ☐, ha i baffi ☐ la barba ☐ e ha gli occhi azzurri ☐ a mandorla ☐.

2. Mia sorella era alta ☐ bassa ☐, aveva i capelli biondi ☐ castani ☐ e gli occhi azzurri ☐ marroni ☐.

3. Il mio amico era alto ☐ basso ☐ magro ☐ grasso ☐ e aveva i capelli rossi ☐ biondi ☐.

4. Mio fratello era magro ☐ grasso ☐ bello ☐ brutto ☐ e aveva i capelli corti ☐ lunghi ☐ e lisci ☐ ricci ☐.

5. Mia cognata è alta ☐ bassa ☐, ha i capelli neri ☐ biondi ☐ lisci ☐ ricci ☐ e la pelle chiara ☐ scura ☐.

4.1 Ascolta di nuovo e associa le descrizioni dell'aspetto fisico alle persone corrispondenti.

a.   b.   c.   d.   e.

152

In questa foto che cosa facevi?

4.2 Ascolta di nuovo e scrivi le parole mancanti.

| 1. Il mio vicino di casa è _____. È basso, non è né _____ né magro, è calvo, ha i baffi e ha gli occhi a _____. | 2. Quando aveva 5 anni mia sorella era bassa, _____, aveva i capelli biondi, lunghi e _____ e gli occhi azzurri. Aveva la pelle molto _____. | 3. Il mio migliore amico, quando era _____, era basso, un po' grasso, aveva i _____ rossi e portava gli _____. | 4. Questo è mio fratello quando aveva 28 anni. Era alto, _____ e magro. Aveva i capelli _____, lisci e neri e gli _____ marroni. | 5. Mia cognata ha 27 anni, è _____ e magra. Ha i capelli _____, neri e ricci e ha la _____ scura. |

5 Osserva

4.3 Scrivi le descrizioni appropriate sotto ogni immagine.

Lui è...

1. _____ 2. _____ 3. _____ 4. _____ 5. _____ 6. _____ 7. _____ 8. _____ 9. _____ 10. _____

Lui/lei ha i capelli ...

1. _____ 2. _____ 3. _____ 4. _____ 5. _____ 6. _____ 7. _____ 8. _____ 9. _____

Lui/lei ha ...

1. _____ 2. _____ 3. *la pelle* _____ *scura* 4. _____ 5. *gli occhi* _____ 6. _____ 7. _____ 8. _____

il Milione A1-A2

4.4 Metti in ordine le lettere delle parole in neretto e completa le altre con la desinenza corretta.

1. Maria ha gli **ochci** _____ grand___ e azzurr___. Ha i **cllapei** _____ lung___, biond___ e ricc___. È alt___ e magr___ e porta gli **olccaihi** _____.

2. Carlos è giovan___ e bell___. Ha la **plele** _____ scur___. Ha i **biffa** lung___, ma non la **braba** _____.

3. Il mio amico Sandro è anzian___, calv___ e ha gli occhi piccol___: uno è verd___ e l'altro è azzurr___.

4. Xiao Li è giovan___, è alt___, ha gli occhi a **mnadarlo** _____ e i capelli cort___, ner___ e lisc___.

5. Il mio gatto ha gli occhi verd___ e i baffi lungh___ e bianch___. È grass___ e bell___.

 5 pag. 234

4.5 Descrizioni.

4.6 Chi è Carmine?

5 Cerchi l'anima gemella? In coppia. Leggete i profili di Fausto, Annabella e Matteo e indicate quale secondo voi potrebbe essere la loro anima gemella tra quelle che trovate nel riquadro. Motivate poi la vostra scelta al resto della classe. 你们阅读 Fausto, Annabella e Matteo. 的个人资料，并指出你们认为哪一位能成为他们的灵魂伴侣。接下来向全班同学说出你们的理由。

Sono Fausto, ho 30 anni, sono alto, ho i capelli lunghi e gli occhi verdi. Sono un ragazzo sportivo, mi piace fare kickboxing e **qualche** volta faccio bungee jumping e gioco a badminton. **Non** ho ancora conosciuto **nessuna** con le mie stesse passioni. Con gli amici sono estroverso e divertente, mi piace andare alle feste e stare in mezzo alla gente. Sono attivo e non sto mai fermo. La mia persona ideale è aperta alle novità, non fuma e ama il cibo etnico. Sono alla ricerca di **qualcuna** con un carattere (性格) simile al mio per una relazione sincera, anche di convivenza.

Ciao, il mio nome è Annabella, ma **nessuno** mi chiama così. Per **tutti** gli amici sono Bella. Ho 26 anni, sono magra e non molto alta. Di carattere sono timida, poco socievole e potrei sembrare antipatica ma poi quando conosco una persona dolce... mi apro. Odio lo sport perché sono un po' pigra, preferisco leggere un bel libro sul divano o dipingere. Quando sono libera esco con le amiche per fare **qualcosa** di bello insieme. A tavola mangio **tutto**, ma solo cibo italiano e buon vino! Cucino sempre le specialità della mia regione, la Puglia, per **qualche** amico che viene a cena a casa mia.

In questa foto che cosa facevi?

Ciao a **tutte**, sono Matteo. Toscano di nascita, abito da dieci anni a Bari. Ho 35 anni, alto, con occhi azzurri e capelli biondi. Non male, eh? Purtroppo è solo uno scherzo! Ma … **niente** paura, non sono bellissimo, ma ho un buon carattere: simpatico, gentile, romantico e anche generoso. Ho un gatto e un cane che vengono sempre con me. Quando non lavoro faccio il volontario in un canile (市政犬舍). Cerco **qualcuno** con la passione per gli animali come me. Amo stare in compagnia e **non** mi piace per **niente** stare da solo.	15 16 17 18 19 20 21

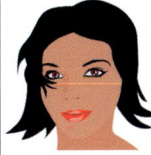

Jessica. Amo cucinare, ma la mia passione è l'arte, soprattutto dipingere. Sono una persona *onesta*, ma un po' *testarda* e *nervosa*. L'uomo ideale **potrebbe** essere un artista come me.	22 23 24

Alessio90. Nella vita mi piace il relax. Il carattere della mia donna ideale? **Dovrebbe** essere *tranquilla*. Ah, molto importante! **Vorrei** un'amante della buona cucina!	25 26

Zhao_Jianing. Per me **sarebbe** importante incontrare un ragazzo dinamico, *avventuroso* (喜欢冒险的) e che ama scoprire cose nuove, anche a tavola. Non mi piacciono le persone noiose e antipatiche! Però **vorrei** anche una persona *sincera*, disposta a innamorarsi sul serio. Non mi piacciono i ragazzi *disonesti*. Il nostro primo appuntamento? Al ristorante cinese naturalmente!	27 28 29 30 31

Vera Anima. Mi **piacerebbe** incontrare una persona con un carattere *sensibile*, non *avara* e disposta a vivere con me e i miei cinque gatti. Non **potrei** vivere con qualcuno che è *scortese* e che non ama gli animali.	32 33 34

Liu_Jiaxuan. Mi piacciono **tutti** gli sport estremi. Rafting, parapendio, alpinismo… però sono anche un ragazzo dolce e affidabile. C'è **qualche** ragazza che ha voglia di conoscermi?	35 36 37

L' anima gemella di Fausto è _____ perché _____

L' anima gemella di Annabella è_____ perché _____

L' anima gemella di Matteo è _____ perché _____

il Milione

A1-A2

5.1 Leggi le frasi, metti in ordine le parole in corsivo e scegli l'immagine appropriata al significato corrispondente.

a. b. c. d. e.
f. g. h. i. j.

1. Parlo poco, mi emoziono facilmente sono *ta midi* _____ ☐
2. Mi alzo presto la mattina e non sto mai fermo, sono *ovatti* _____ ☐
3. Non mi piace Giulio, non si comporta bene e non è *ostone* _____ ☐
4. Paola ha un carattere piacevole, piace a tutti, è *saticimpa* _____ ☐
5. Mi piace fare le cose con calma, sono un tipo *trilloanqu* _____ ☐
6. Gina ha un buon carattere e non risponde mai male, è *gileent* _____ ☐
7. Leo ha un brutto carattere e non ha pazienza (耐心), è *nosoerv* _____ ☐
8. Matteo aiuta sempre tutti, è una persona molto *grosaene* _____ ☐
9. Ad Alessia piace stare in casa e guardare la tv, è molto *pagri* _____ ☐
10. Silvio non offre mai un caffè agli amici, è un tipo *arova* _____ .

5.2 Rileggi i testi dell'esercizio 5 e completa con i contrari (反义词) dei seguenti aggettivi.

1. noioso	_____ (riga 2-4)	6. _____ (riga 16-18)	avaro
2. _____ (riga 3-5)	pigro	7. _____ (riga 20-22)	disonesto
3. timida	_____ (riga 8-10)	8. nervoso	_____ (riga 23-25)
4. simpatico	_____ (riga 9-11)	9. _____ (riga 29-31)	insensibile (麻木不仁的)
5. scortese	_____ (riga 15-17)		

5.3 **Qualità o difetti?** Leggi gli aggettivi e sottolinea in verde le qualità e in rosso i difetti.

Sportivo
Estroverso
Divertente
Attivo
Sincero
Timido
Socievole
Dolce
Scortese

Pigro
Simpatico
Gentile
Romantico
Generoso
Onesto
Testardo
Nervoso
Insensibile

Tranquillo
Avventuroso
Noioso
Antipatico
Sincero
Disonesto
Sensibile
Avaro

E → 6 pag. 234

In questa foto che cosa facevi?

10

5.4 **Com'è?** Ascolta i dialoghi e associa le descrizioni all'aggettivo appropriato scegliendo tra quelli dell'elenco. 🎧57

timido • nervoso • divertente • socievole • sportiva • avaro • pigra • romantico • testarda • noioso

1. _____
2. _____
3. _____
4. _____
5. _____
6. _____
7. _____
8. _____
9. _____
10. _____

5.5 **Qualità e difetti in una persona.** In coppia. Intervistatevi con le domande qui di seguito e poi riferite al resto della classe e all'insegnante.

1. E tu che tipo sei? Elenca qualità e difetti. → *Io sono _____ .*
2. Come sono i tuoi genitori? → *Mio padre è _____ mia madre è _____ .*
3. Come deve essere il tuo amico/la tua amica ideale?
4. Come **non** deve essere il tuo amico/la tua amica ideale?
5. Come deve essere il carattere della tua anima gemella?
6. Come **non** deve essere il professore ideale?

6 Osserva e completa

Indica qual è l'infinito dei verbi in neretto. 指出黑体字动词的不定式。

1. L'uomo ideale **potrebbe** essere un artista come me. _____
2. La mia donna ideale **dovrebbe** essere tranquilla. _____
3. **Vorrei** un'amante della buona cucina! _____
4. Per me **sarebbe** importante incontrare un ragazzo dinamico. _____
5. Mi **piacerebbe** incontrare una persona con un carattere sensibile. _____
6. Non **potrei** vivere con una persona che non ama gli animali. _____
7. Vuoi incontrare l'anima gemella? **Dovresti** uscire di più! _____
8. Scusa, **potresti** chiudere la finestra per favore? _____

Le forme verbali delle frasi che hai letto appartengono ad un modo del verbo che si chiama **Condizionale presente**. Che cosa esprimono secondo te? 你刚读的那些句子的动词形式属于条件式现在时。

a. desiderio Frase n° _____
b. possibilità Frase n°. _____
c. consiglio Frase n° ___7___
d. richiesta gentile Frase n°. _____

Attenzione: *Mi **piacciono** gli uomini dinamici.* → *Mi **piacerebbero** gli uomini dinamici.*
*Ti **piace** giocare a badminton?* → *Ti **piacerebbe** giocare a badminton?*

il Milione A1-A2

6 Rileggi la tabella precedente e completa con le forme mancanti del condizionale presente dei seguenti verbi.

	essere	potere	dovere	volere
io	sarei		dovrei	
tu	saresti			vorresti
lui/lei				vorrebbe

6.1 Qual è il problema? Leggi i messaggi di queste tre persone e indica qual è il problema di cui parlano, scrivendo il numero corrispondente. Attenzione, ci sono due frasi in più! Dopo, per ogni messaggio, trova i due consigli di Manola.
通过写出对应的题号数字来指出他们在谈论着什么问题。注意:有两个多余的句子！最后，为每条信息找出Manola的两个建议。

Messaggio A. Cara Manola, aiutami! Il mio ragazzo mi vuole lasciare! Lui vorrebbe una persona amante dei viaggi e delle feste, mentre io sono pigra, mi piace solo stare a casa a guardare la TV. Che cosa mi consigli? ☐

Messaggio B. Manola, sono disperata! Ho trovato un lavoro molto interessante, ma in una città lontana da dove abito ora. Dovrei trasferirmi, ma mio marito non vuole perché non vuole lasciare i suoi amici. Che cosa posso fare? ☐

Messaggio C. Cara Manola, ho un grande problema! Mio figlio vuole smettere di studiare! Lui sta frequentando l'ultimo anno di Ingegneria civile ma vuole lasciare tutto per andare a fare il cuoco! Sono disperata! ☐

1. La donna vorrebbe avere un figlio, ma non ha un partner.

2. La donna non ha soldi per andare in vacanza perché è senza lavoro.

3. La ragazza vorrebbe cambiare lavoro, ma il marito non vuole.

4. La donna ha un problema con il figlio perché non vuole più studiare.

5. La ragazza è molto diversa dal fidanzato e lui vuole lasciarla.

a. Potresti accettare il lavoro per un tempo limitato e poi tornare nella vecchia città. ☐
b. Dovresti accettare la sua decisione e capire che lui è felice senza la scuola. ☐
c. Dovresti accettare l'idea che avete due caratteri troppo diversi. ☐
d. Potresti chiedergli di finire prima gli studi e poi fare il lavoro che preferisce. ☐
e. Potresti parlare con lui e spiegare che questo lavoro sarebbe molto importante per te. ☐
f. Potresti uscire con lui almeno un giorno alla settimana. ☐

In questa foto che cosa facevi? 10

6.2 **Ho bisogno di un consiglio!** L'insegnante attacca un post-it sulla schiena di ogni giocatore con un problema/desiderio. Tutti girano per la classe, leggono i post-it degli altri e danno dei consigli. Ogni giocatore deve indovinare quale sia il suo problema/desiderio in base ai consigli ricevuti. 老师在每个玩家后背都贴上一张便利贴，上面写着一个问题或愿望。同学们在教室里绕着圈转，都读其他同学的便利贴并提出建议。每个玩家都根据所得到的建议猜出他的便利贴上写的问题或愿望。

7 Osserva e completa

- **Qualche** volta gioco a badminton e faccio bungee jumping.
- Cucino sempre le specialità della mia regione per **qualche** amico.
- **Non** ho ancora conosciuto **nessuna** con le mie stesse passioni.
- **Nessuno** mi chiama Annabella.
- **Non** mi piace per **niente** stare da solo.
- Cerco **qualcuno** con la passione per gli animali come me.
- Sono alla ricerca di **qualcuna** con un carattere simile al mio.
- Esco con le amiche per fare **qualcosa** di bello insieme.
- Per **tutti** gli amici sono Bella.
- Ciao a **tutte**, sono Matteo.
- A tavola mangio **tutto**.

- L'aggettivo **qualche** è invariabile (不变的) ed è sempre seguito da un nome (1) ☐ singolare ☐ plurale.
- Con l'espressione **qualche** amico si intende (指的是) (2) ☐ un solo amico ☐ più di un amico.
- Il pronome **nessuno/a** può essere usato prima o dopo il verbo. Quando è usato dopo il verbo, il verbo è preceduto dalla negazione (否定词) (3) _____
- Anche la parola **niente** vuole la negazione (4) _____ prima del verbo.
- **Qualcuno/a** è usato per indicare (5) ☐ persone ☐ cose.
- **Qualcosa** è usato per indicare (6) ☐ persone ☐ cose.
- **Tutti gli amici:** attenzione all'articolo! (7) Tutte ___ volte; (8) tutti___ giorni; (9) tutta ___ notte.
- A tavola mangio **tutto**. Quando *tutto* significa "ogni cosa" (每个东西) si usa SOLO (10) ☐ al maschile singolare ☐ al maschile plurale.

7 Completa con gli indefiniti appropriati.

nessuna • qualcuno • qualcosa • tutto • qualcuna • tutte • tutti • qualche (2) • niente

1. Quando ero piccolo giocavo _____ i giorni con il mio amico Liu Chengxun.
2. Ho fame, vorrei ordinare _____ da mangiare.
3. _____ cucina bene come Li Ruoxi: è veramente una cuoca unica.
4. Se vuoi incontrare _____ ragazzo interessante, conosco _____ che ti potrebbe piacere.
5. Non sono una persona difficile a tavola; mangio e bevo _____, mio marito invece non mangia _____ .
6. Sto cercando la ragazza giusta per me; vorrei _____ con un carattere dolce.
7. Mi piace tanto Furio; _____ le volte che lo vedo divento rossa.
8. Quando andavo in vacanza portavo sempre con me _____ libro.

7.1 Qualcosa da mangiare.

il Milione  A1-A2

8 **Chi sono?** A turno uscite dall'aula e il resto della classe vi assegnerà una nuova identità (preferibilmente un personaggio famoso e conosciuto da tutti). Al rientro, dovete indovinare chi siete con domande alle quali il resto della classe può rispondere solo "sì-no".
:你们轮流从教室里出去，班里的同学会给你们一个新的身份（最好是一位大家都认识的名人）。当你们回到教室里时，用疑问句猜测你们是谁，其他同学只能用 "sì-no" 回答。

9 Chi ha rubato la Gioconda?   **10** Alla conquista dell'Italia!

11 Come eravamo?

E → 8, 9, 10, 11, 12 pagg. 235... 238 / E online → 12, 13

12 Rileggi l'unità, sottolinea tutte le espressioni utili per completare la tabella con i nomi di famiglia e le parole per descrivere il carattere e il fisico di una persona.
重读一遍本单元，在所有有用的表达方式下划线来完成表格中的亲属关系以及用来描述一个人的性格和外貌的词语。

Relazioni di famiglia	Descrizione caratteriale	Descrizione fisica

12.1 In coppia. Intervistatevi a turno utilizzando le domande nel riquadro.

 Dove tieni le foto più importanti? • Mostra 3 foto dal tuo cellulare e descrivile. • Chi fa parte della tua famiglia? • Descrivi fisicamente e caratterialmente 3 persone della tua famiglia. • Come passavi le vacanze estive da piccolo/a? • Come passavi il Capodanno da piccolo/a? • Descrivi il tuo migliore amico o la tua migliore amica a scuola. • Come dovrebbe essere la tua anima gemella (fisicamente e caratterialmente)? • Quali difetti un amico non dovrebbe avere? • Descriviti fisicamente e caratterialmente. • Dai dei consigli a un amico che non riesce a superare l'esame di italiano. • Dai dei consigli a un amico che cerca nuovi amici.

12.2 Aiutandoti con la traccia delle domande dell'esercizio 12.1, prepara una presentazione personale scritta in cui descrivi la tua famiglia e parli di come passavate il Capodanno quando eri piccolo/a.
使用练习 12.1 的疑问句，准备一份书面的个人介绍文稿，在其中描述你的家人，并谈谈你小时候是怎么度过春节的。

Unità 9-10 → pag. 173

TEST unità 0-2

1. Ascolta i dialoghi e indica le risposte corrette. 听录音，选出正确答案。

Dialogo 1
1. La conversazione è ☐ *formale* ☐ *informale*.
2. Luis è di ☐ *Madrid* ☐ *Barcellona*.
3. Alev è ☐ *egiziana* ☐ *turca*.

Dialogo 2
1. A Luis ☐ *piace* ☐ *non piace* il corso.
2. A Luis ☐ *piacciono* ☐ *non piacciono* gli esercizi di grammatica.
3. Per Alev è ☐ *facile* ☐ *difficile* scrivere.

Dialogo 3
1. Alev e Luis sono ☐ *al bar vicino all'università* ☐ *al distributore dell'università*.
2. I ragazzi hanno lezione tra ☐ *5* ☐ *15* minuti.
3. ☐ *Alev* ☐ *Luis* offre i caffè.

Dialogo 4
1. Alev ha il telefono ☐ *in classe* ☐ *nello zaino*.
2. Luis ha ☐ *una penna* ☐ *una matita*.
3. Il numero di telefono di Luis è ☐ *3-3-9-67-65-83-5* ☐ *3-3-9-76-57-83-5*

1 punto per ogni item corretto: ___ / 12

2. Leggi il testo e collega le immagini alla persona corrispondente.
读短文并把图片与对应的人物连接起来。

Luisa ogni mattina entra al bar, saluta il cameriere e ordina la colazione. Poco dopo arriva anche Michele. Luisa da mangiare prende un cornetto alla crema e da bere un cappuccino e un succo di frutta. Michele chiede il menù e poi decide se mangiare un panino o una pizzetta. A Michele non piace il caffè e così ordina un bicchiere d'acqua frizzante. Quando arriva la colazione Luisa mette lo zucchero nel cappuccino e guarda le e-mail sul tablet e Michele scrive i messaggi sul telefono e guarda i video su Tik Tok. Dopo, Luisa paga la colazione e aspetta l'autobus per andare al lavoro. Michele parla un po' con il cameriere e poi prima di pagare chiede al barista un tè.

Michele: _____   Luisa: _____

0,5 punti per ogni item corretto: ___ / 6

TEST unità 0-2

3 Metti in ordine il dialogo inserendo le battute della segretaria al posto giusto.

A: Buongiorno, sono qui per l'iscrizione al corso di italiano B2.
B: *Bene, abbiamo ancora posto. Come ti chiami?*
A: Bai Yaxin. Il nome è Yaxin, il cognome è Bai.
B: _____ (1)
A: Sì, ipsilon-a-ics-i-enne.
B: _____ (2)
A: Sono cinese, di Shanghai.
B: _____ (3)
A: Abito qui a Napoli in piazza del Mercato 131.
B: _____ (4)
A: 3-3-8-59-67-628.
B: _____ (5)
A: Preferisco pagare in contanti. E quando inizia il corso?
B: _____ (6)
A: Allora pago subito così domani posso iniziare.

> a. Benissimo, è tutto. Il corso costa 150 euro, puoi pagare anche con la carta.
> b. Perfetto, di dove sei Yaxin?
> c. Che bella la Cina! E qual è il tuo indirizzo in Italia?
> d. Domani alle 9 in aula ITA_1.
> e. Ok, un momento che scrivo l'indirizzo… e il tuo numero di telefono?
> f. *Bene, abbiamo ancora posto. Come ti chiami?*
> g. Yaxin si scrive con la ipsilon?

1 punto per ogni item corretto: ___ / 6

4 Completa le frasi con l'articolo determinativo o indeterminativo, secondo il senso.
根据内容，使用定冠词或不定冠词完成句子。

1. A: Che cosa prendi?
   B: _____ cappuccino, grazie. E anche _____ pasta.
   A: _____ pasta come? Con la crema o con la marmellata?
2. In tutto sono tre euro. Ecco _____ scontrino!
3. Vorrei un panino con _____ pomodoro. E anche _____ aranciata.
4. Mi chiamo Javier Cercas, Javier è _____ nome, Cercas è _____ cognome.

2 punti per ogni item corretto: ___ / 8

5 Completa le frasi.

1. Akin (♂) è uno student___ turc___ di Ankara.
2. Sarah (♀) è una studentess___ australian___ di Perth.
3. Francisco (♂) e Dario (♂) sono due student___ spagnol___
4. Shū Lán (♀) e Yǎ (♀) sono due ragazz___ cines___ di Shanghai.
5. Garance (♀) è una ragazz___ frances___ di Parigi.
6. Alain (♂) e Sophie (♀) sono due ragazz___ frances___ di Lione.

1 punto per ogni item corretto: ___ / 6

TEST unità 0-2

6 Collega le espressioni di destra a quelle di sinistra per formare dei mini-dialoghi.
将左右连接完成对话。

1. Quant'è?
2. Mangi qualcosa?
3. Oggi offro io!
4. Ti piace il pesce?
5. Buongiorno, che cosa prende?
6. Grazie!

a. Grazie!
b. Non molto. Preferisco la carne.
c. Prego!
d. Un panino vegetariano, per favore.
e. Quattro euro e cinquanta.
f. Niente grazie, non ho fame.

1 punto per ogni item corretto: ___ / 6

7 Completa le frasi con la forma verbale coniugata, come nell'esempio.

Xie Na è una studentessa cinese di Arte. Lei (0. studiare) _studia_ all'Università di Bologna. A pranzo Xie Na non (1. avere) _____ molta fame, (2. lei - mangiare) _____ solo una piadina e (3. bere) _____ una Coca o un tè. Non (4. prendere) _____ il caffè, è troppo amaro, secondo lui. Oppure (5. leggere) _____ il menù e (6. ordinare) _____ un piatto di pasta o un'insalata. Dopo pranzo (7. scrivere) _____ le mail o i messaggi su WeChat e (8. ascoltare) _____ un po' di musica.

1 punto per ogni item corretto: ___ / 8

8 Scegli la forma corretta.

Mi chiamo Wang e sono cinese (1) *di/da* Pechino ma abito (2) *in/a* Firenze, (3) *a/in* Via dei Servi numero 18. Firenze (4) *è/ha* una città bellissima. Sono una cantante d'opera e sono (5) *a/in* Italia (6) *per/di* studiare l'italiano. (7) *Ho/Sono* 27 anni. (8) *Mi piace/Mi piacciono* molto la lingua italiana e (9) *mi piacciono/mi piace* i professori del mio corso: sono molto (10) *bravi/brave*. Cerco una ragazza italiana (11) *per/da* parlare italiano. Il mio numero (12) *per/di* telefono è 3337213577.

1 punto per ogni item corretto: ___ / 8

Totale ___ / 60

TEST unità 3-4

1 Ascolta e indica che ore sono.

1. a. 11:55	b. 12:00	c. 12:30
2. a. 20:00	b. 18:00	c. 6:08
3. a. 03:15	b. 15:45	c. 15:30
4. a. 19:30	b. 07:13	c. 17:30
5. a. 22:00	b. 02:20	c. 14:00

1 ▸ punto per ogni item corretto: ___ / 5

2 Ricostruisci il testo scrivendo le parole corrispondenti ai disegni.
通过写出与图片相对应的单词完成下面的短文。

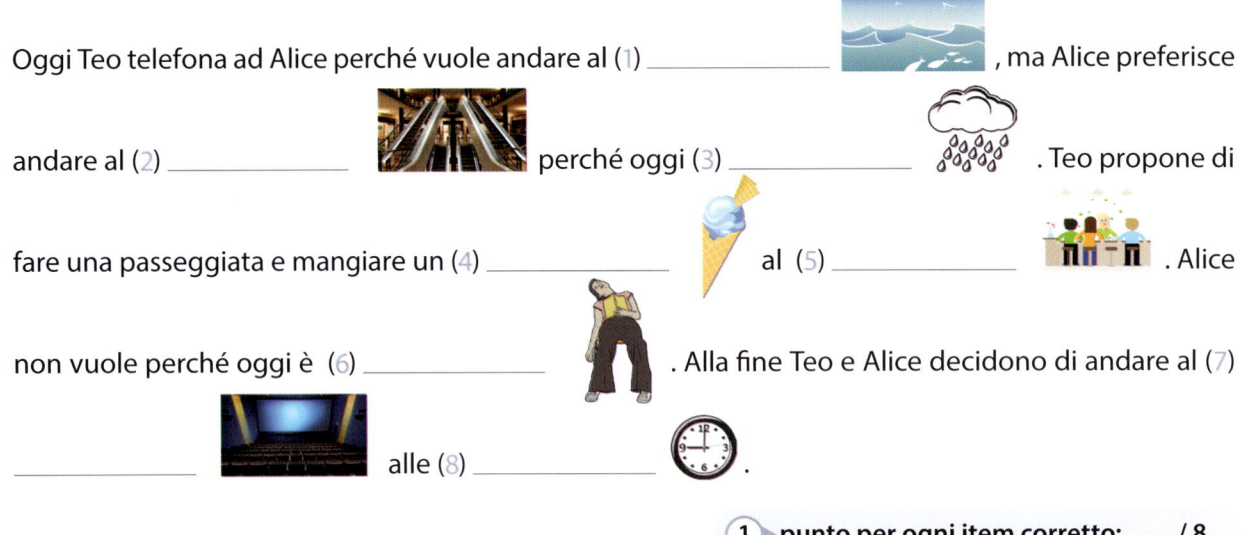

Oggi Teo telefona ad Alice perché vuole andare al (1) _____, ma Alice preferisce andare al (2) _____ perché oggi (3) _____. Teo propone di fare una passeggiata e mangiare un (4) _____ al (5) _____. Alice non vuole perché oggi è (6) _____. Alla fine Teo e Alice decidono di andare al (7) _____ alle (8) _____.

1 ▸ punto per ogni item corretto: ___ / 8

3 Leggi e indica se le frasi sono vere (V) o false (F).

Giulia e Francesco sono in stazione a Firenze e comprano due biglietti per andare a Milano perché Andrea, un loro amico, abita a Milano da un anno e loro vanno a visitare la città e a vedere il loro amico. Francesco parla con l'impiegato alla biglietteria e Giulia è al telefono e scrive messaggi alle sue amiche. Un biglietto per il treno regionale che parte alle undici e quarantacinque costa diciassette euro e cinquanta. Il treno parte dal binario sette e non devono cambiare perché è un treno diretto. Francesco paga in contanti perché la macchinetta per la carta di credito non funziona, dopo timbra i biglietti alla macchinetta vicino alla biglietteria automatica. Adesso sono pronti ma decidono di comprare un panino al bar prima di partire e poi mangiare sul treno quando sono in viaggio. Il bar è chiuso, allora prendono due panini e due bibite al distributore automatico al binario cinque. Oggi il treno è in ritardo di quindici minuti e i ragazzi aspettano al binario.

	V	F
1. Giulia e Francesco hanno un amico a Milano.	☐	☐
2. Francesco e Giulia comprano i biglietti insieme.	☐	☐
3. Un biglietto costa 11.45€.	☐	☐
4. Il treno parte alle 7.	☐	☐
5. Francesco deve pagare in contanti.	☐	☐
6. La biglietteria automatica e la macchinetta per timbrare sono vicine.	☐	☐
7. I ragazzi decidono di mangiare quando sono sul treno.	☐	☐
8. Due panini e due bibite costano 5€.	☐	☐

1 punto per ogni item corretto: ____ / 8

4) La giornata di Carol. Scegli la forma appropriata.

Carol è una studentessa che (1) *studiare/studia/studi* italiano all'Università di Pisa. Di solito la mattina lei (2) *esce/esco/uscite* presto e (3) *vado/andare/va* a lezione. Verso le 10:00 (4) *hai/ha/avere* una pausa e (5) *fa/faccio/fai* colazione al bar con le sue amiche Astrid e Betty. Mentre loro (6) *bevono/bere/beve* un cappuccino parlano dell'università. Alle 13:00 (7) *uscire/escono/uscire* dall'università e (8) *vanno/va/andiamo* a pranzo. Spesso mangiano in mensa, qualche volta in un bar vicino all'università. Dopo pranzo Carol prende l'autobus e (9) *torni/torna/torno* a casa. Carol è una ragazza sportiva, così quando il tempo è bello (10) *fa/faccio/fare* un po' di sport: (11) *giocare/gioco/gioca* a tennis con il suo coinquilino Mark o (12) *corre/corro/corri* un po' al parco. Se invece piove o il tempo è brutto, (13) *stai/stare/sta* a casa e (14) *leggi/leggono/legge* un libro. Verso le sei qualche volta lei e Mark (15) *vanno/vai/andiamo* in centro e prendono un aperitivo. Dopo cena Carol studia: (16) *devo/deve/devi* fare molti compiti e poi (17) *volere/voglio/vuole* imparare l'italiano in fretta così (18) *possono/può/possiamo* parlare con i suoi amici italiani.

1 punto per ogni item corretto: ____ / 18

5) Scrivi le seguenti parole al posto giusto nella tabella.

novembre • è brutto • estate • domenica • autunno • piove • martedì • fa freddo • mercoledì • agosto • aprile • sabato • primavera • è bello • inverno • dicembre

stagioni	mesi	giorni della settimana	tempo atmosferico

1 punto per ogni item corretto: ____ / 16

TEST unità 3-4

6 Completa le seguenti frasi con la parola o la preposizione appropriata.
使用恰当的单词或前置词完成下列句子。

1. Il ☐☐☐☐☐☐☐ è tra lunedì e mercoledì.
2. Giocare ☐ basket.
3. In ☐☐☐☐☐☐☐ fa freddo e nevica.
4. Compro le medicine in ☐☐☐☐☐☐☐☐.
5. ☐☐☐☐☐, aprile e maggio sono i mesi della primavera.
6. Vado in ☐☐☐☐☐☐☐ a prendere il treno.
7. Oggi c'è ☐☐☐☐☐.
8. Compro il giornale in ☐☐☐☐☐☐☐.
9. Qualche ☐☐☐☐☐ vado al cinema.
10. Il distributore automatico è ☐☐☐ l'edicola e la biglietteria.
11. Vado a nuotare in ☐☐☐☐☐☐☐.
12. Il cielo è molto ☐☐☐☐☐☐☐.
13. Gennaio, febbraio, ☐☐☐☐☐☐ aprile.
14. Il ☐☐☐☐☐☐☐ è tra giovedì e sabato.
15. Non è felice, è ☐☐☐☐☐☐.

1 punto per ogni item corretto: ___ / 15

7 Sottolinea le 5 parole che possono essere associate al verbo *fare*.
指出能和动词 *fare* 有关联的词语。

FARE il cibo · correre · shopping · sport · un cellulare · yoga · colazione · il cuoco · il fine settimana

1 punto per ogni item corretto: ___ / 5

8 Leggi il testo e inserisci i 5 *che* mancanti. 读短文并填上 5 个漏掉的 *che*。

Quando ho tempo libero mi piace passeggiare. Vado al parco e vedo le persone passeggiano come me. Al parco incontro anche molti ragazzi corrono e guardo i bambini giocano con la palla. Quando vado al parco sono sempre felice. Qualche volta nel mio tempo libero vado a casa di Sara: Sara è la ragazza abita vicino a casa mia e ha un ragazzo vuole fare il pasticciere: insieme prepariamo delle torte buonissime!

1 punto per ogni item corretto: ___ / 5

Totale ___ / 80

TEST unità 5-6

1) Ascolta i messaggi e indica l'opzione corretta.

1. Messaggio di Chiara:
   Chiara invita Mara a
   a. vedere il suo appartamento.   b. conoscere le sue coinquiline.   c. cena a casa sua.

2. Messaggio di Guido:
   Guido
   a. lavora in un'agenzia.   b. vuole vedere la casa di Matteo.   c. va all'università con Matteo.

3. Messaggio di Anna:
   Marisa
   a. lavora in ufficio con Anna.   b. abita in casa con Anna.   c. pulisce la casa di Anna.

4. Messaggio di Laura:
   Laura e Marco devono comprare
   a. una libreria.   b. una lampada.   c. un divano.

5. Messaggio di Alice:
   Alice cerca
   a. un compagno di studi.   b. una camera da sola.   c. un appartamento libero.

1 punto per ogni item corretto: ___ / 5

2) Leggi il testo e sottolinea (划线) in blu le frasi vere e in rosso quelle false.

Caro Mirco,
abito a Pisa da quasi un anno ma devo dire che solo adesso sto bene e mi sento come a casa. Finalmente abito in un appartamento in centro e l'affitto non è molto alto, pago 250 euro per una camera singola, più le spese. Non è male, no? In casa ci sono altri tre ragazzi: un ragazzo tedesco che dorme in una singola e due ragazzi spagnoli che dormono nella doppia. In casa ci sono 3 camere, una cucina, un soggiorno con divano e tv e un bagno. Il bagno non ha la finestra, è un po' buio, invece la cucina è molto luminosa. La proprietaria di casa abita al secondo piano (noi siamo al terzo), è una signora anziana e sola che è felice della nostra compagnia. Qualche volta il pomeriggio vado a casa sua; lei è contenta di farmi qualche lezione di italiano. Mi insegna la coniugazione dei verbi e le preposizioni e le racconto della vita in Cina. Qualche volta le porto il nostro tè cinese, che a lei piace tanto e poi, quando preparo qualcosa di buono faccio un piatto anche per lei. Anche la vita in casa con i miei coinquilini è molto diversa dalla mia vita in Cina. I due ragazzi spagnoli escono quasi tutte le sere della settimana, vanno a casa di amici e fanno un sacco di feste, si divertono davvero molto. Io non vado spesso con loro, preferisco stare a casa soprattutto perché non parlo ancora bene l'italiano. In casa ci dividiamo i compiti: io pulisco il bagno perché a loro non piace, e loro puliscono la cucina anche quando cucino io. E tu? Raccontami qualcosa!
Chen Shun

TEST unità 5-6

1. Chen Shun è contento del suo appartamento.
2. Nell'affitto ci sono anche le spese.
3. Lui divide la camera con un ragazzo tedesco.
4. Il bagno non è luminoso perché è senza finestra.
5. La proprietaria abita al piano di sopra.
6. La signora insegna un po' di italiano a Chen Shun.
7. La signora offre sempre il tè a Chen Shun.
8. Qualche volta Chen Shun cucina per la signora.
9. Agli studenti spagnoli piace andare alle feste.
10. Chen Shun pulisce sempre la cucina.

1 punto per ogni item corretto: ____ / 10

3) Leggi il testo e scegli la parola appropriata.

Stefano ha trent'anni, abita a Milano e da due mesi lavora come agente immobiliare, ovvero aiuta le persone a (1) *guardare/trovare/pulire* la casa giusta. Dal lunedì al venerdì lavora in agenzia: risponde al (2) *telefono/computer/lavoro*, prende appuntamenti e accompagna i clienti a vedere case e appartamenti. Oggi, per esempio, Stefano ha un (3) *giorno/appuntamento/orario* con una coppia di ragazze che cerca un bilocale in centro. Stefano ha la casa (4) *costosa/vera/giusta* per loro: un mini appartamento con due stanze a cinque minuti a (5) *piedi/casa/passeggiata* dal Duomo. L'appartamento è un po' caro ma c'è tutto: la cucina è grande ed ha anche un (6) *tavolo/garage/divano* che può essere un letto per gli ospiti, una camera matrimoniale con una terrazza piccola ma con una bella vista sulla (7) *stanza/città/macchina*. È al quarto piano ma c'è l'(8) *ascensore/autobus/ingresso*. Purtroppo però non ha il garage. Questo può essere un problema perché le ragazze hanno un'(9) *agenzia/auto/amica* e, come tutti sanno, trovare parcheggio nel centro di Milano è davvero (10) *presto/difficile/buono*. Anche se non ha il posto auto, l'appartamento è molto carino, moderno e (11) *luminoso/brutto/occupato* e lui è sicuro che può piacere alle ragazze. Inoltre, il bilocale è in una zona con molti bar, ristoranti e locali; la sera c'è tanta gente che (12) *si annoia/si lava/si diverte* e che balla fino a tardi.

1 punto per ogni item corretto: ____ / 12

4) Leggi il testo e coniuga i verbi all'infinito.

La giornata di Sara e Francesco inizia presto. (1. Loro - svegliarsi) _____ alle 6:30: mentre Sara (2. farsi) _____ una doccia e (3. vestirsi) _____, Francesco (4. preparare) _____ la colazione. Dopo la colazione, Sara (5. lavare) _____ i piatti e alle 7:00 (6. svegliare) _____ Matteo, il loro figlio. Matteo non (7. volere) _____ alzarsi, e (8. dire) _____ a Sara: "Dai mamma, (9. io-venire) _____ tra 10 minuti!" Poi alla fine Matteo (10. alzarsi) _____ e mentre (11. fare) _____ colazione, Francesco (12. togliersi) _____ il pigiama e (13. prepararsi) _____ per andare al lavoro. Matteo finisce di mangiare e (14. andare) _____ in bagno. Ora tocca a lui: (15. lavarsi) _____ i denti e (16. cambiarsi) _____. Alle 8 sono pronti per uscire. Matteo (17. mettersi) _____ lo zaino, Sara prende il computer e tutti e tre (18. uscire) _____. Prima di andare al lavoro, Francesco (19. dovere) _____ portare Matteo a scuola. Sara lavora vicino a casa e così (20. potere) _____ andare in ufficio a piedi.

1 punto per ogni item corretto: ____ / 20

TEST unità 5-6

5) Leggi e sottolinea l'opzione corretta.

Cara Lucia,
ti scrivo ora (1) *ma/perché* ho un po' di tempo. In questo periodo (2) *sto/sono* studiando molto e quindi (3) *vado/esco* poco. Quando non studio, sto a casa, metto in ordine la mia camera e passo un po' di tempo con i (4) *miei/suoi* coinquilini: Maria e il (5) *suo/tuo* ragazzo americano Vincent. Anche loro studiano nella (6) *mia/vostra* università e a volte andiamo (7) *a/in* lezione insieme. Vincent sta (8) *facendo/fare* un corso di italiano: ancora non (9) *può/sa* parlare molto bene, ma è molto bravo e impara velocemente. Maria è la (10) *sue/sua* insegnante privata! Maria conosce Vincent (11) *per/da* due anni ma solo da poco parla (12) *di/con* lui in italiano. Mi trovo molto bene con loro perché sono (13) *tristi/simpatici* e intelligenti. E tu che mi racconti? (14) *So/Conosco* che ora abiti in una (15) *singola/grande* casa e che stai in una camera (16) *occupata/doppia* con una ragazza francese. Da quanto tempo vi conoscete? Ti piace (17) *vivere/essere* con lei? E poi… è vero che non hai più la tua (18) *luminosa/vecchia* macchina? Come ti muovi adesso in città? Un'altra cosa: fra un mese Maria e Vincent vanno in vacanza. Perché non (19) *viene/vieni* a trovarmi? La (20) *loro/sua* camera è (21) *libera/buia* e puoi dormire lì se vuoi. Dai, sarebbe bello! Aspetto tue notizie!
Simona

1 punto per ogni item corretto: ___ / 21

6) Leggi il testo e completa con le preposizioni articolate.

L'appartamento di Valentina è piccolo, ma carino. Ha una cucina, un soggiorno, un bagno e due camere. Ha anche una terrazza con vista (1. su) _____ mare. (2. Tra) _____ due camere c'è un ripostiglio. (3. In) _____ ripostiglio Valentina tiene la scopa e lo stendino. (4. In) _____ camera da letto matrimoniale c'è un tavolo molto antico. (5. su) _____ tavolo c'è un computer e alcuni libri (6. di) _____ università. Davanti (7. a) _____ tavolo c'è un piccolo armadio. (8. In) _____ armadio ci sono gli asciugamani, le coperte e i vestiti. Nel centro (9. di) _____ cucina c'è un grande frigorifero e (10. su) _____ frigorifero ci sono tutte le foto (11. di) _____ sue vacanze. (12. Su) _____ terrazza ci sono la lavatrice e un altro tavolo che Valentina usa per cenare con i suoi amici soprattutto nel fine settimana.

1 punto per ogni item corretto: ___ / 12

Totale ___ / 80

TEST unità 7-8

1 Ascolta il dialogo e indica l'opzione corretta.

1. Tiziana
   - a. ha paura dell'esame. ☐
   - b. ha problemi con il suo ragazzo. ☐
   - c. studia con difficoltà. ☐

2. Per Federico Tiziana deve
   - a. studiare di meno. ☐
   - b. fare movimento. ☐
   - c. andare al mare con gli amici. ☐

2 punti per ogni item corretto: ___ / 4

2 Leggi il messaggio e indica l'opzione corretta.

Nuovo messaggio

A
Oggetto

Ciao Antonio,

allora so che da domani fino a domenica sei in Umbria. Mi dispiace ma domani non sono a Perugia, torno dopodomani, quindi non ci possiamo incontrare. Comunque ti do alcuni consigli per visitare la città. Quando arrivi alla stazione, prendi l'autobus che va in centro e scendi in Piazza Italia. Non andare a piedi. Ci vogliono 40 minuti e la strada non è molto bella. Da Piazza Italia prendi il corso e arriva a Piazza IV Novembre. Al centro della Piazza c'è una fontana molto antica e davanti c'è la Sala dei Notari. E poi, se continui a passeggiare per la città, non perdere l'acquedotto, Palazzo Gallenga e l'arco etrusco. Per vedere tutto ti basta un paio d'ore. Per mangiare… vediamo ah sì, se vuoi mangiare qualcosa di tipico va' al ristorante Da Leo o, se invece vuoi mangiare una buona pizza, prova la pizzeria Mediterranea sempre in centro e sempre a pochi minuti a piedi da Piazza IV Novembre. Se vuoi altre informazioni, chiamami pure! In tutti i casi più tardi ti invio un altro messaggio per dirti cosa fare nel pomeriggio.

Buona Perugia e… divertiti!
Isabella

Invia

---

1. Isabella
   - a. vuole accompagnare Antonio a visitare Perugia.
   - b. racconta ad Antonio la sua vacanza a Perugia.
   - c. dice ad Antonio cosa fare e dove mangiare a Perugia.

2. Per visitare Perugia
   - a. i mezzi non sono necessari.
   - b. ci vogliono circa due ore.
   - c. basta fermarsi in una piazza.

3. Da Leo è
   - a. un ristorante che fa piatti tipici.
   - b. è una pizzeria vicino alla stazione.
   - c. è un locale in piazza IV Novembre.

2 punti per ogni item corretto: ___ / 6

TEST unità 7-8

3 Viaggio a Siena e dintorni (周边). Leggi il blog di Chiara e scegli l'opzione corretta.

Se state pensando a una vacanza on the road in Italia la Toscana è la regione che fa per voi! In Toscana trovate tutto, arte, cultura, natura, relax e buona cucina. Oggi voglio proporvi la vacanza che ho fatto la scorsa estate con un gruppo di amici. Noi abbiamo deciso di fare questo viaggio in primavera, perché secondo me è la stagione migliore, ma anche l'autunno va bene. In estate, forse, fa un po' troppo caldo.

Allora, siamo partiti da Firenze la mattina presto e dopo circa 60 chilometri ci siamo fermati a San Gimignano, la città delle torri. Infatti ce ne sono 16. A San Gimignano abbiamo mangiato in un piccolo ristorante i pici al ragù, un piatto tipico della zona. La sera siamo ripartiti con destinazione Siena. A Siena c'è tantissimo da vedere, ma i monumenti sono tutti ben segnalati e anche se non hai una guida in un fine settimana puoi visitarla per bene; è perfetta per essere attraversata a piedi e con un unico biglietto valido 3 giorni è possibile visitare il Palazzo comunale e il Duomo. Il biglietto è gratuito per i bambini fino a 6 anni, mentre ha un prezzo ridotto per quelli da 7 a 11 anni. Un grande evento famoso in tutto il mondo è il Palio di Siena, una corsa di cavalli organizzata due volte all'anno nella piazza centrale della città: Piazza del Campo. Siamo stati cinque giorni a Siena, ma abbiamo visitato Siena per i primi tre giorni; il terzo giorno è piovuto e allora abbiamo passato tutto il giorno nel museo di Santa Maria della Scala e abbiamo visitato la casa di Santa Caterina da Siena. Il quarto giorno è piovuto e io non mi sono sentita bene e quindi sono rimasta sempre in albergo. Il quinto giorno invece siamo andati a visitare i paesi vicini.

La sera siamo sempre ritornati a Siena per dormire nel nostro piccolo ma confortevole B&B proprio dietro Piazza Salimbeni, la piazza che ospita la sede della più antica banca del mondo. L'ultimo giorno abbiamo salutato il nostro piccolo albergo e siamo partiti per tornare a casa. È stata una vacanza indimenticabile.

1. Chiara consiglia di visitare Siena
   a. perché è in Toscana.
   b. in primavera e autunno.
   c. con degli amici.

2. San Gimignano è famosa
   a. per le sue torri.
   b. per i pici al ragù.
   c. perché è vicino a Siena.

3. È facile visitare Siena
   a. con una visita guidata.
   b. in 3 giorni.
   c. a piedi.

4. I bambini fino a 11 anni
   a. hanno il biglietto gratis.
   b. hanno uno sconto.
   c. pagano il biglietto intero.

5. Durante la vacanza
   a. è piovuto sempre.
   b. Chiara è stata male.
   c. hanno visto il Palio.

6. Hanno dormito in un albergo
   a. dietro una banca.
   b. vicino a Siena.
   c. nella piazza principale.

3 punti per ogni item corretto: ___ / 18

TEST unità 7-8

4 Leggi il testo, sottolinea il pronome corretto coniuga il verbo all'imperativo informale "tu".

Vuoi fare un viaggio diverso e divertente? Non (1. *perdere*) _____ tempo a cercare in internet, (2. *venire*) _____ da noi e (3. *scegliere*) _____ una delle nostre offerte last minute! Se non sei mai stato in Sicilia, (4) *la/le/gli* puoi conoscere in modo originale… in barca a vela. Ami le escursioni in montagna? (5) *Gli/Le/La* puoi fare con le nostre guide esperte. (6) *Ti/Mi/Gli* piace la cucina tipica? (7. *Partecipare*) _____ a uno dei nostri tour enogastronomici attraverso le regioni italiane! Se vuoi fare una sorpresa al tuo partner, (8) *lo/le/gli* puoi regalare uno dei nostri viaggi organizzati. Fino alla prossima settimana (9) *gli/lo/li* puoi trovare a prezzi scontati. (10. *Fare*) _____ presto perché le offerte stanno finendo!

2 punti per ogni item corretto: ___ / 20

5 Sabato e domenica a Verona. Completa il testo con le espressioni nel riquadro. Attenzione ci sono due parole in più!

> vacanza • vedere • visitatori • centro • mondo • città • palazzi • monumento • visita • organizzare

Programmare un weekend a Verona è semplice ma bisogna (1) _____ bene la propria visita. Questa città infatti offre ai (2) _____ moltissimi luoghi imperdibili. La città è famosa in tutto il (3) _____ come città dell'amore, per la famosa storia di "Romeo e Giulietta". A Verona sono moltissime le attività da fare, tra (4) _____ antichi, opere teatrali e musicali, mostre e architettura, la città ha molto da offrire. Tra le cose da (5) _____ a Verona ci sono anche numerosi musei. Merita una (6) _____ il Museo Archeologico del Teatro Romano. Il (7) _____ più famoso della città è l'Arena, il terzo anfiteatro romano più grande d'Italia. Si trova nel (8) _____ della città e potete arrivarci da qualsiasi zona di Verona.

2 punti per ogni item corretto: ___ / 16

6 Una serata in centro. Coniuga i verbi al passato prossimo.

Ieri sera io e Francesco (1. andare) _____ in centro e (2. fare) _____ un apericena. Francesco (3. prendere) _____ uno spritz e io un vino bianco con degli stuzzichini. Dopo (4. essere) _____ al cinema e (5. vedere) _____ il Pechino Film Festival. (6. essere) _____ una serata davvero piacevole ma (7. io/addormentarsi) _____ tardi perché (8. avere) _____ il mal di pancia per i troppi stuzzichini.

2 punti per ogni item corretto: ___ / 16

Totale ___ / 80

1. Ascolta i tre dialoghi e completa la tabella con le informazioni mancanti.

N°	capi di abbigliamento & scarpe	numero di scarpe	taglia	prezzo
1				
2				
3				

1,5 punti per ogni item corretto: ____ / 18

2. Leggi questi ricordi d'infanzia e per ognuno di essi scegli la frase corrispondente. ATTENZIONE! Ci sono 4 frasi in più.

1. Quando ero piccola ogni domenica andavo a casa dei miei nonni, facevamo giochi con le carte oppure mangiavamo insieme. Mi piaceva passare il tempo su una piccola casa sull'albero: lì giocavo insieme ai miei cugini per interi pomeriggi.

2. Da bambino avevo i capelli biondi ed ero molto più piccolo rispetto a tutti gli altri bambini. Per questo ero timido e non parlavo molto. Con il tempo sono cambiato, i capelli sono diventati castani, io sono diventato alto e anche la mia personalità è cambiata: oggi sono più estroverso e aperto.

3. Quando ero piccolo mi piaceva giocare con la neve; non mi piaceva quando pioveva perché non potevo uscire, dovevo stare in casa e ero triste perché non potevo stare fuori. Quando faceva caldo andavo in piscina per fare il bagno, ci passavo delle ore finché mia madre gridava che era ora di uscire dall'acqua.

4. Quando avevo 5 anni abitavo a Milano. Dopo ci siamo trasferiti a Torino e lì mi piacevano tanto i miei nuovi amici ma dopo 4 anni con tutta la mia famiglia siamo andati a vivere a Palermo. Là, quando faceva caldo andavo a prendere il sole sulla spiaggia e ci rimanevo tutto il giorno.

a. Era molto diverso sia nell'aspetto fisico sia nel carattere. ☐
b. Faceva spesso un viaggio con tutta la famiglia per festeggiare il compleanno. ☐
c. Ha vissuto in varie città e una di queste era vicino al mare. ☐
d. In estate andava al mare e giocava con la sabbia insieme agli amici. ☐
e. Un giorno alla settimana passava la giornata con altri familiari. ☐
f. Amava fare giochi all'aperto e non era felice quando doveva stare in casa. ☐

2 punti per ogni item corretto: ____ / 8

TEST unità 9-10

3 Leggi il testo e inserisci le parole al posto giusto, come nell'esempio. Le parole sono in ordine.

Non dubbio, spesa degli italiani è cambiata in ultime settimane. Vediamo com'è cambiato il carrello degli italiani, negozi ma anche online, e perché.
Le abitudini dei consumatori stanno profondamente cambiando. La farina è diventata molto importante nella spesa, insieme alle uova, latte a lunga conservazione, ai prodotti surgelati, al burro, alla pasta, al riso e al caffè macinato. A casa gli italiani cucinano, impastano, il tempo ai fornelli, e questi sono tutti ingredienti base delle ricette più classiche.
non sa cucinare o non ha mai cucinato non sta imparando adesso: forse anche per questo ci sono prodotti che continuano a crescere come la surgelata (冷冻). E poi affettati, mozzarelle, wurstel, patatine e gelati. Da segnalare anche l'aumento notevole delle di camomilla oltre a vino e birre.
Qualcuno la spesa online e i negozi vicino a casa. Rispetto allo stesso periodo dello scorso gli acquisti sono infatti aumentati del 17,8%.

1. *c'è: Non c'è dubbio*
2. la: _____
3. queste: _____
4. nei: _____
5. italiani: _____
6. al: _____
7. passano: _____
8. gli: _____
9. chi: _____
10. pizza: _____
11. vendite: _____
12. preferisce: _____
13. anno: _____

1 punto per ogni item corretto: ___ / 12

4 Lui e Lei. Leggi il testo e indica l'opzione corretta.

Lui è un tipo estroverso e sportivo. (1) *Lo/Le/Gli* piacciono molto gli sport, soprattutto il calcetto. (2) *Gli/Lo/Li* pratica tutti i venerdì sera con i suoi colleghi di lavoro. Quando vince una partita li invita al bar e (3) *gli/li/le* offre da bere. Quando è a casa (4) *la/gli/lo* piace lavorare in giardino e giocare con i bambini. Lui ama molto la cucina di Laura, soprattutto le lasagne. Di solito Laura (5) *le/li/gli* prepara la domenica a pranzo e lui (6) *ne/le/li* mangia sempre due porzioni (份). Lei è una donna tranquilla, riflessiva e un po' timida. (7) *Gli/Le/Li* piace leggere e ascoltare la musica: (8) *le/la/gli* ascolta sempre quando è in macchina e va al lavoro, o anche in casa, mentre cucina. Appena ha un po' di tempo prende un libro per (9) *leggerli/lo/le*, ma il suo momento preferito è la sera, a letto, prima di addormentarsi. In casa ha tanti libri, ma non c'è abbastanza spazio così (10) *lo/gli/li* ha messi dappertutto (到处都是): in soggiorno, ma anche in camera da letto, in cucina e in bagno. Il marito (11) *la/le/gli* chiama "la signora dei libri" e dice che la loro casa non è una casa ma una biblioteca ma (12) *le/la/lo* ama lo stesso anche se sono molto diversi.

1 punto per ogni item corretto: ___ / 12

TEST unità 9-10

5 Completa il testo con i verbi all'imperfetto.

Quando ero piccola (1. passare) _____ il mese di agosto al mare. Ricordo che verso il tramonto, (2. fare) _____ delle passeggiate in pineta o un po' di sport da spiaggia, (3. giocare) _____ soprattutto a racchettoni con la mia vicina di ombrellone: non (4. essere) _____ due campionesse, ma (5. divertirsi) _____ un mondo! Dopo il tramonto (6. tornare) _____ a casa stanchissima, (7. mangiare) _____ qualcosa di leggero che (8. preparare) _____ la mia mamma in pochi minuti, poi (9. uscire) _____ per fare una passeggiata tra le bancarelle per un souvenir o un gelato, quattro chiacchiere e poi a letto… le vacanze (10. potere) _____ essere molto stancanti!

1,5 punto per ogni item corretto: ___ / 15

6 Scrivi gli aggettivi al posto giusto facendo attenzione agli accordi e scegli il connettivo più adatto.

tranquillo • geloso • avaro • timido • nervoso • sportivo • pigro • disonesto • socievole • generoso

1. Marisa è una ragazza _____, *infatti/ma/anche* aiuta sempre i suoi amici.
2. Gianluca e Stefano sono _____ *anche/e/ma* stanno tutto il giorno sul divano.
3. Sara è una bambina calma e _____ *perché/e/ma* qualche volta si arrabbia molto.
4. Zhang è sempre _____ *e/ma/anche* alle feste si presenta a tutti.
5. Mi piacciono le persone _____ *e/ma/infatti* non quelle che vanno in palestra.
6. Sara e Anna sono _____ e parlano poco *ma/anche/e* con i loro amici.
7. Suo zio è _____ *infatti/ma/però* nessuno vuole lavorare con lui.
8. Sua sorella è _____ *perché/ma/anche* non lascia mai il fidanzato da solo.
9. Il mio papà è _____; fuma molto e spesso ha *ma/e/anche* mal di testa.
10. I nostri amici sono _____ *ma/anche/infatti* a Natale spendono molto per i regali.

1 punto per ogni aggettivo corretto; **0,5** punti per ogni connettivo corretto ___ / 15

Totale ___ / 80

Eserciziario

1 **Sottolinea la forma verbale corretta.** 指出正确的动词变位形式。

1. A: Buonasera, io *sono/sei/è* Laura Ferrari. E Lei?
   B: *Sono/Sei/È* Bianchi, piacere.
2. A: Io mi chiamo Luisa e tu *sono/sei/è*?
   B: Ciao, *sono/sei/è* Maria.
3. A: Buongiorno, Lei *sono/sei/è* la professoressa…
   B: *Sono/Sei/È* Maria Rossi, buongiorno!

2 **Completa i dialoghi con le espressioni nel riquadro. Attenzione! La parola iniziale ha sempre la lettera maiuscola.** 用下面的表达方式完成对话。注意！首字母总要大写。

---
ci vediamo • buonanotte (2) • buongiorno (2) • a presto • ciao (4) • arrivederci (2) • buonasera (2) • piacere (2)
---

1. A: _____, Anna.
   B: _____, Carla, come stai?

2. A: _____, professoressa.
   B: Ah, _____.

3. A: _____, dottore.
   B: _____ signora, come sta?

4. A: _____, signor Rossi.
   B: _____.

5. A: Allora _____
   B: Sì, _____.

6. A: _____, signor Bianchi!
   B: _____!

7. A: _____ a domani.
   B: _____.

8. A: _____, amore.
   B: _____, mamma.

3 **Riordina le frasi. Attenzione! La parola iniziale ha sempre la lettera maiuscola.** 重新组句。注意！首字母总要大写。

1. capito / ho
2. lo / non / so
3. capito / non / ho
4. come /ciao, / stai/ ?
5. male / c'è / non
6. in / scusi, / bagno / vado
7. italiano / capire / difficile / è / l'
8. "lavagna" / cosa / che / significa / ?
9. per / favore / ripetere /può / scusi, /?
10. si / dice / come / "cestino" / cinese / in /?
11. Luisa, / signora / buongiorno / come / sta /?
12. ciao, / Marco. / e / mi chiamo / tu, / ti chiami / come / ?

Eserciziario unità 0

4 Collega le parole alle immagini corrispondenti. 将单词与对应的图片连接在一起。

1. Penna ___ 2. Libro ___ 3. Pagina ___ 4. Zaino ___ 5. Matita ___ 6. Cestino ___
7. Lavagna ___ 8. Ascoltare ___ 9. Leggere ___ 10. Scrivere ___ 11. Parlare ___

a    b    c    d 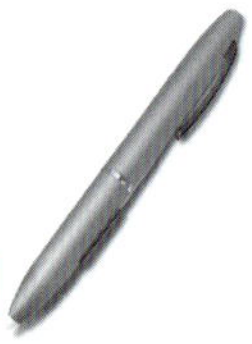   e    f

g 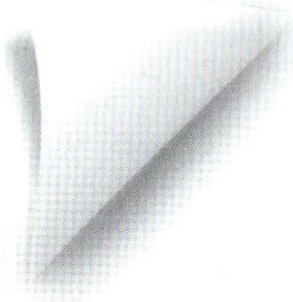   h 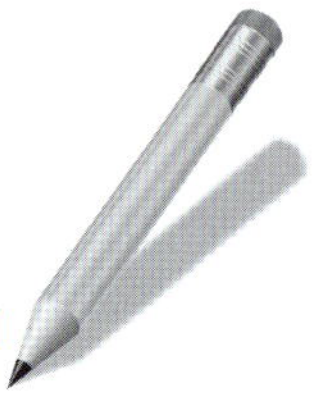   i    l    m

5 Separa le parole, come nell'esempio. 仿照例子，将字符串拆分成单词。

*libro/pagina*pennaquadernomatitalavagnaprofessorezainocestinosedia

6 Riordina le lettere per formare la parola. 仿照例子，将字符串拆分成单词。

1. a p i e r r ___
2. a s t c o r a l e ___
3. c i p a e r e ___
4. l e e g e g r ___
5. p a l a r r e ___
6. s c e v i r r e ___
7. r e e p r i t e ___
8. c l l a g e o r e ___

7 Usa le parole della lista per formare tutte le possibili combinazioni. 使用表中的单词做组合。

il libro - l'italiano - le parole - la pagina - il professore - lo zaino

aprire___	ripetere___
leggere___	scrivere___
parlare___	ascoltare___
capire___	collegare___

8 Cruciverba. Completa con i numeri corrispondenti. 填字游戏。用对应的数字填空。

Orizzontali: 2. 9 - 4. 2 - 5. 6 - 6. 5 - 8. 16 – 10. 4 - 12. 10 - 13. 8 - 17. 18 - 18. 17 - 19. 13
Verticali: 1. 11 - 3. 20 - 7. 14 - 9. 19 - 11. 1 - 12. 12 - 14. 3 - 15. 15 - 16. 7

9 Leggi i due testi e indica gli oggetti che si trovano nella classe di Irene (A), nella classe di Alessia (B) o in tutte e due (A e B).
读这两篇短文，指出物体是在Irene (A)班里的还是在Alessia (B)班里的，甚至两个班里都有的。

A. La classe di Irene

Nella classe di Irene ci sono dodici studenti che lavorano in coppia, devono parlare. Ogni studente ha il suo zaino, la sua penna e il suo quaderno e il libro di italiano. Alla lavagna c'è il professore che spiega un esercizio difficile a pagina 10. Qualche volta usa il computer. Vicino a lui c'è un cestino per la carta.

B. La classe di Alessia

Nella classe di Alessia ci sono dieci studenti che devono ascoltare e scrivere. Ogni studente ha il suo zaino, la sua matita e il suo quaderno e il libro di italiano.
Alla cattedra c'è la professoressa, seduta sulla sedia, che spiega l'esercizio a pagina 5. La professoressa parla lentamente perché l'italiano è difficile.

Eserciziario unità 0

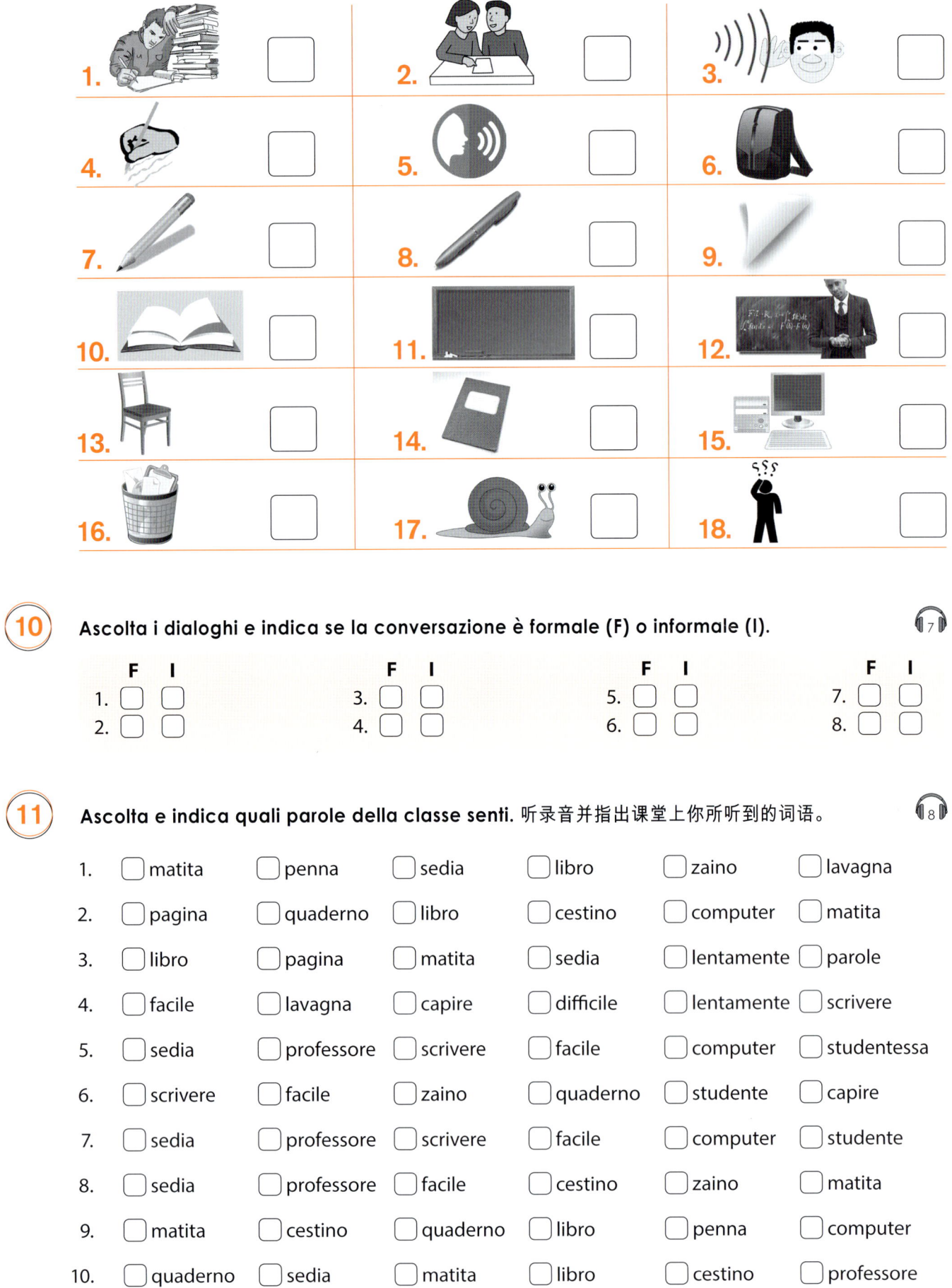

10 Ascolta i dialoghi e indica se la conversazione è formale (F) o informale (I).

	F I		F I		F I		F I
1.	☐ ☐	3.	☐ ☐	5.	☐ ☐	7.	☐ ☐
2.	☐ ☐	4.	☐ ☐	6.	☐ ☐	8.	☐ ☐

11 Ascolta e indica quali parole della classe senti. 听录音并指出课堂上你所听到的词语。

1. ☐ matita ☐ penna ☐ sedia ☐ libro ☐ zaino ☐ lavagna
2. ☐ pagina ☐ quaderno ☐ libro ☐ cestino ☐ computer ☐ matita
3. ☐ libro ☐ pagina ☐ matita ☐ sedia ☐ lentamente ☐ parole
4. ☐ facile ☐ lavagna ☐ capire ☐ difficile ☐ lentamente ☐ scrivere
5. ☐ sedia ☐ professore ☐ scrivere ☐ facile ☐ computer ☐ studentessa
6. ☐ scrivere ☐ facile ☐ zaino ☐ quaderno ☐ studente ☐ capire
7. ☐ sedia ☐ professore ☐ scrivere ☐ facile ☐ computer ☐ studente
8. ☐ sedia ☐ professore ☐ facile ☐ cestino ☐ zaino ☐ matita
9. ☐ matita ☐ cestino ☐ quaderno ☐ libro ☐ penna ☐ computer
10. ☐ quaderno ☐ sedia ☐ matita ☐ libro ☐ cestino ☐ professore

Eserciziario

1 Indica le frasi formali.

1. Sei americano? ☐
2. Io sono spagnolo, e Lei? ☐
3. Ciao, io sono Michele. E tu? ☐
4. Signor Wang, Lei è di Pechino? ☐
5. Scusi, ha una penna per favore? ☐
6. Sono Giulio, piacere. E tu come ti chiami? ☐

2 Completa l'aggettivo di nazionalità.

1. Yoko è giappones___.
2. Santiago è argentin___.
3. Giorgia è argentin___.
4. Tian Ruoxi è cines___.
5. Lu Han è cines___.
6. Matteo è italian___.
7. Pina è italian___.
8. Lui è turc___.
9. Vanida è tailandes___.

3 Completa le frasi con i pronomi nel riquadro. 用下面的人称代词完成句子。

io (2) • tu (2) • lei • Lei (2) • noi (2) • voi • loro

1. _____ sono giapponese, e _____ di dove sei?
2. A: Signor Sanchez, _____ è spagnolo? - B: No, _____ sono argentino.
3. _____ è italiana, di Pisa.
4. A: Buongiorno, sono Paolo Rossi, _____ è ? B: Mario Bianchi, piacere.
5. Ciao, io mi chiamo Luca, e _____ ?
6. _____ siamo cinesi di Qingdao.
7. _____ sono Paolo e Francesca, due studenti del corso di inglese.
8. A: _____ siete coreani? - B: No, _____ siamo cinesi.

Pisa

4 Essere o avere? Sottolinea la forma verbale corretta. 指出正确的动词变位形式。

1. Mila *è* / *ha* una studentessa giapponese.
2. Loro *sono* / *hanno* una penna.
3. Santiago *è* / *ha* 20 anni.
4. Noi *siamo* / *abbiamo* di Tokyo.
5. *Sono* / *ho* cinese.
6. Anna, *sei* / *hai* un cellulare?
7. *Siete* / *avete* studenti di italiano?
8. Lu Chan e Bo Wang *sono* / *hanno* uno zaino nuovo.

5 Completa con le desinenze corrette. 写出单词的结尾。

1. Marco e Paolo sono due student___ italian___ di Roma.
2. Anna e Luisa sono due studentess___ italian___ di Napoli.
3. Anna e Marco sono due student___ italian___ di Genova.
4. Clara e Rosa sono due ragazz___ spagnol___ di Madrid.
5. Pedro e Manuel sono due ragazz___ spagnol___ di Siviglia.
6. Pedro e Ana sono due ragazz___ spagnol___ di Siviglia.
7. Chloé e Julie sono due ragazz___ frances___ di Parigi.
8. Bernard e Jean Pierre sono due ragazz___ frances___ di Lione.
9. Juliette e Gerard sono due ragazz___ frances___ di Nizza.

Roma

Eserciziario unità 1

6 Scrivi i seguenti numeri in lettere. 用字母写出下列数字。

a. 113: _____
b. 300: _____
c. 1815: _____
d. 1921: _____
e. 2001: _____
f. 24.000: _____
g. 100.000: _____

7 Rispondi alle frasi in modo affermativo o negativo, secondo l'*esempio*.
仿照例子，用肯定式或否定式回答。

Esempio:
Xiao Li è cinese?(✓) — *Sì, lei è cinese.*
Abiti a Pisa? (✗) — *No, (io) non abito a Pisa.*

1. Il professore è di Firenze? (✓) _____
2. Pisa è grande?(✗) _____
3. Diego è francese? (✗) _____
4. Mila studia italiano?(✓) _____
5. Hai il libro di italiano? (✗) _____
6. Le studentesse cinesi hanno una penna? (✗) _____
7. Ti chiami Maria?(✓) _____
8. Santiago abita a Milano? (✗) _____

8 Leggi il testo e indica se le seguenti frasi sono vere o false. Dopo correggi le informazioni sbagliate e scrivi le frasi corrette negli spazi qui sotto. 读短文并指出下面的句子对还是错。然后修改错误的信息并在下面写出正确的句子。

Ciao! Mi chiamo Mark, ho 35 anni, sono di Londra, in Inghilterra. Abito a Pisa, in un appartamento in via Santa Maria, con un'amica australiana di Sidney. Sono un professore di inglese all'università. Oggi è la prima lezione del corso di livello B2.
In classe ci sono dodici studenti. Cinque studenti sono italiani, due studenti sono cinesi, una studentessa è giapponese, un ragazzo è spagnolo, due sono francesi e una è turca.
Gli studenti hanno lo zaino con il libro di inglese, il quaderno e la penna. In aula ci sono la lavagna, il computer e il cestino per la carta. Gli studenti sono gentili e tranquilli.
Possiamo cominciare la lezione! Saluto gli studenti e scrivo il mio nome e l'indirizzo e-mail alla lavagna.

	Vero	Falso
1. Mark è uno studente di inglese.	☐	☐
2. Mark è australiano di Sidney.	☐	☐
3. La casa di Mark è in via Santa Maria.	☐	☐
4. L'amica di Mark è una professoressa.	☐	☐

5. Il corso di inglese è all'università. ☐ ☐
6. Sette studenti non sono italiani. ☐ ☐
7. Due studenti sono in ritardo. ☐ ☐
8. Gli studenti non hanno il libro. ☐ ☐
9. Mark saluta gli studenti della classe. ☐ ☐
10. Mark scrive il numero di telefono. ☐ ☐

9 Leggi i testi e indica se le seguenti frasi appartengono al testo A, al testo B, a entrambi o a nessuno. 读短文并指出下面的句子是属于短文A还是短文B的，甚至两者都不属于。

Testo A
Saluti da Firenze

Ciao a tutti! Siamo due studenti cinesi di Xiamen. Abbiamo 21 anni. Io mi chiamo Yă Qín. Il mio amico si chiama Feng Li.
Siamo a Firenze per studiare arte per tre anni. La città è bellissima. Io studio italiano perché non parlo ancora bene. Nella mia classe ci sono tanti studenti stranieri. Due spagnoli, tre russi, un ragazzo tailandese e tre ragazze giapponesi. Tutti gli studenti sono gentili. Il corso è interessante. Ho due professori bravissimi.
Feng Li non studia italiano perché parla l'italiano molto bene.

Testo B
Ciao da Milano

Salve! Siamo due studentesse americane.
Io sono di Chicago, ho 22 anni e mi chiamo Sally, la mia amica è di New York, ha 20 anni e si chiama Sarah. Io studio moda, Sarah studia canto (美声).
La città è grande e moderna, ma non è tranquilla. Io studio italiano, scrivo bene, ma parlo male. Nella mia classe tutti gli studenti sono americani e a lezione parlo solo inglese. Vorrei parlare con studenti italiani. Questo è il mio indirizzo e-mail:
supersally@gmail.com

	A	B	A/B	Nessuno
1. Siamo studentesse.	☐	☐	☐	☐
2. Siamo italiani.	☐	☐	☐	☐
3. Siamo studenti di arte.	☐	☐	☐	☐
4. Siamo in Italia.	☐	☐	☐	☐
5. Abito in una città grande.	☐	☐	☐	☐
6. Studio italiano.	☐	☐	☐	☐
7. Il corso ha studenti stranieri.	☐	☐	☐	☐
8. Abbiamo 30 anni.	☐	☐	☐	☐
9. Parlo inglese.	☐	☐	☐	☐
10. Non parlo bene italiano.	☐	☐	☐	☐
11. Scrivo bene italiano.	☐	☐	☐	☐
12. Ho un ragazzo italiano.	☐	☐	☐	☐

Eserciziario unità 1

10 Leggi gli annunci. Indica qual è la persona giusta per Maria.

> Ciao! Mi chiamo Maria, ho 23 anni. Sono italiana. Studio la lingua cinese. Cerco (寻找) una ragazza per uno scambio (交换) italiano-cinese. ☐

A	B	C
Mi chiamo Ana, ho 30 anni e sono messicana. Sono un'insegnante di spagnolo. Cerco una ragazza per uno scambio italiano-spagnolo.	Mi chiamo George, ho 18 anni e sono australiano. Sono uno studente di francese. Cerco un ragazzo per uno scambio inglese-francese.	Mi chiamo Rosa, ho 23 anni e sono cinese, di Pechino. Studio italiano e cerco una ragazza per uno scambio cinese-italiano.

11 Ascolta e scrivi la nazionalità. Attenzione al genere e al numero. 听录音并写出国籍。注意它的性数和单复数。 🎧16

1. _____ 2. _____ 3. _____ 4. _____
5. _____ 6. _____ 7. _____ 8. _____
9. _____ 10. _____

12 Ascolta e indica se le affermazioni sono vere o false. 听录音并指出对还是错。 🎧17

Testo 1   V   F
1. Duccio è italiano di Savona. ☐ ☐
2. Ha ventotto anni. ☐ ☐
3. Studia matematica a Perugia. ☐ ☐

Testo 2   V   F
1. Carmen e Ana sono spagnole. ☐ ☐
2. Carmen è una professoressa. ☐ ☐
3. Ana studia all'università. ☐ ☐
4. Ana ha 35 anni. ☐ ☐

13 Ascolta e indica le parole che senti. Le parole sono in ordine. 听录音并指出所听到的词语。词语是有顺序的。 🎧18

☐ lezione ☐ classe ☐ inglesi ☐ francesi ☐ spagnole ☐ zaino ☐ penna
☐ libro ☐ professore ☐ 50 ☐ 40 ☐ indirizzo ☐ numero ☐ 121

14 Ascolta e scrivi il numero che senti. 听录音并写出你所听到的数字。 🎧19

a. _____ b. _____ c. _____ d. _____
e. _____ f. _____ g. _____ h. _____
i. _____ j. _____

15 Ascolta e seleziona il numero di telefono giusto. 听录音并选出正确的手机号码。 🎧20

1. a. 369 122 258 3   b. 369 132 158 3   c. 369 422 208 3
2. a. 338 64 78 120   b. 338 74 78 520   c. 338 74 68 502
3. a. 320 78 86 32 7   b. 320 68 69 23 7   c. 320 88 96 32 7
4. a. 335 390 850 4   b. 335 290 415 4   c. 335 190 580 4
5. a. 347 82 45 147   b. 347 28 54 147   c. 347 28 54 346
6. a. 399 154 863 8   b. 399 854 963 8   c. 399 845 973 8

Eserciziario

1 Al bar. Riordina le lettere per formare le parole. 重新组单词。

1. caeremeri _____
2. bastira _____
3. cltenei _____
4. strinocon _____
5. prerende _____
6. ordareni _____
7. oireffri _____
8. parega _____
9. barri _____
10. aricnaata _____

2 Completa le frasi con l'articolo indeterminativo appropriato. 用恰当的不定冠词填空。

1. Vorrei _____ panino e _____ acqua, per favore.
2. Oggi non ho fame, mangio solo _____ yogurt.
3. Lin ordina _____ spritz.
4. Vieni, ti offro _____ caffè!
5. A: Cosa prendi da bere? - B: Prendo _____ aranciata, grazie!
6. Il cliente ordina _____ tiramisù al cameriere.
7. Anna legge il menù e ordina _____ strudel.
8. Prendi _____ aperitivo al bar?

3 Completa le frasi con la desinenza corretta. 填上正确的词尾。

1. Maria guard___ il menù e poi decid___ cosa ordinare.
2. Io salut___ il professore.
3. Marco prend___ un panino al pomodoro.
4. Tu mang___ una pizzetta e un tiramisù.
5. Lei mangi___ mozzarella e pomodori.
6. Il barista offr___ l'aperitivo.
7. Io offr___ il caffè.
8. Lui chied___ un caffè macchiato.
9. Tu mett___ il limone nel tè.
10. Il cameriere scriv___ l'ordine.

4 Completa le frasi con la forma verbale coniugata. 用动词变位完成句子。

1. Xiao Li (studiare) _____ l'italiano.
2. (io - offrire) _____ il caffè a Lin.
3. (tu - studiare) _____ all'università?
4. A: Santiago, che cosa (tu - prendere) _____?
   B: (io - prendere) _____ un cappuccino e un cornetto.
5. A: Di dove (tu - essere) _____?
   B: (io - essere) _____ di Milano.
6. Il cliente (leggere) _____ il menù e (ordinare) _____ la pasta al pesto.
7. (tu - avere) _____ sete?
8. Diego non (avere) _____ fame. (lui - mangiare) _____ solo una piadina.

Eserciziario unità 2

5 Completa la tabella scrivendo i nomi nel riquadro sotto l'articolo determinativo corrispondente. 在对应的定冠词下写出名词。

> ~~telefono~~, penna, ristorante, strudel, indirizzo, aranciata, università, zucchero, bar, professore, professoressa, ascensore, studente, studentessa, zaino, amico, amica, aula, aperitivo, banca, tazza, libro, yogurt, acqua, caffè, negozio, gelateria, barista, scontrino, spritz, libreria, cameriere, cliente, menù, spuntino, anguria

Maschile			Femminile	
il	l'	lo	la	l'
telefono				

6 Determinativo o indeterminativo? Completa le frasi con l'articolo appropriato.
用恰当的冠词完成句子。

1. Lin parla bene _____ italiano.
2. Laura non mette _____ zucchero nel caffè.
3. A: Che cosa prendi? - B: _____ caffè, grazie!
4. Per me _____ insalata e da bere _____ birra.
5. A: Quant'è? - B: Sono dodici euro. Ecco _____ scontrino.
6. La studentessa non ha _____ libro di italiano.
7. A: Come ti chiami? - B: Mila Mashimoto, Mila è _____ nome e Mashimoto è _____ cognome.
8. A: Vorrei _____ piadina e un caffè. - B: _____ piadina, vegetariana o con lo speck?

> lo - un - lo - il - un'
> una - l' - il - il - la

7 Chi lo dice? Scegli quale frase corrisponde al barista (B) e quale al cliente (C).
这是谁说的？选出哪句话是酒吧员(B)说的，哪句是顾客(C)说的。

1. Buongiorno Signora, che cosa prende? ☐
2. Per me una piadina con lo speck. ☐
3. Ecco lo scontrino! ☐
4. E da bere? ☐
5. Un caffè, per favore. Quant'è? ☐
6. 1 euro, grazie! ☐

8 Collega le espressioni sulla destra a quelle sulla sinistra per formare dei mini-dialoghi.
将左右两边的表达方式连接起来来形成对话。

1. Grazie!
2. Quant'è?
3. Buongiorno Signora, cosa prende?
4. Da bere?
5. Lin, ti piace la carne?
6. Offro io!
7. Prendi un caffè?
8. Buongiorno, vorrei una Coca Cola.

a. No, grazie. Il caffè non mi piace. Prendo un tè.
b. Vorrei un cappuccino e un cornetto.
c. No, sono vegetariana.
d. Grazie!
e. Subito!
f. Solo un'aranciata.
g. Prego!
h. Sono 4 euro e 50.

9 **Completa i mini dialoghi con i verbi *bere* e *avere*.** 使用动词 bere e avere 完成对话。

1. A: Ciao Luca, che cosa _____?
   B: Non _____ niente, non _____ sete.
2. A: Ciao Anna, _____ qualcosa?
   B: Sì, grazie, _____ un caffè.
3. A: Paolo _____ una birra e tu, che cosa _____?
   B: Io prendo un'aranciata e anche un panino. _____ fame!
4. A: Che cosa prendono Anna e Marco?
   B: Lei _____ solo un cappuccino, lui _____ un caffè: non _____ fame.

10 **Scrivi sei frasi utilizzando (non) *mi piace* / *mi piacciono* e le espressioni nel riquadro qui sotto.** 使用 (non) *mi piace* / *mi piacciono* 和下面的表达方式写出六个句子。

> il caffè, le verdure, la pizza, andare al supermercato, gli spaghetti, lo yogurt, la Coca Cola, i panini, l'aranciata, la bistecca, i libri, studiare italiano, offrire al bar, leggere, i pomodori, i manga

1. _____
2. _____
3. _____
4. _____
5. _____
6. _____

11 **Caccia all'intruso. Sottolinea la parola che non appartiene all'insieme.**
找出多余的。在和其它词语不相符的单词下划线。

1. acqua – pizzetta – tè – caffè
2. ristorante – barista – cameriere – cliente
3. prendo – mangio – ordino – offre
4. pizza – cornetto – tiramisù – strudel
5. pasta – quaderno – carne – verdure
6. libreria – supermercato – università – gelateria

12 **Quante parole! Completa il cruciverba con le parole mancanti.**
这么多字！用漏掉的词语完成填字游戏。

Orizzontali
1. Sono 2 euro. Ecco il resto e lo _____.
4. Ho sete... prendo subito un' _____.
8. Coca _____.
9. 337 8767938 è il mio numero di _____.
10. Io prendo un' _____ tonica.

Verticali
2. Vorrei un _____ alla cioccolata.
3. La _____ di vino.
5. Per me un _____ con il pomodoro e la mozzarella.
6. Lavora al bar.
7. Questo è il mio _____ di italiano.

Eserciziario unità 2

13 La pausa pranzo degli italiani. Leggi il testo e indica se le affermazioni sono vere o false.
意大利人的午休时间。读短文并指出下面的陈述句是对还是错。

Dove mangia un italiano a pranzo? Un italiano che lavora non ha tempo per tornare a casa e quindi fa la sua pausa pranzo vicino all'ufficio oppure nella mensa della propria azienda. Il tempo a disposizione è di un'ora circa e quindi il pranzo è molto veloce. Agli italiani piace mangiare bene, in modo sano e gustoso, anche quando il tempo a disposizione è poco. Il bar è uno dei luoghi dove è possibile mangiare qualcosa di veloce, leggero e buono. Di solito un italiano prende un piatto di pasta e delle verdure. Un'alternativa è un'insalata con tonno e pomodori oppure mozzarella e uova. È possibile finire il pranzo con un dolce o un gelato. Da bere, sempre acqua minerale, al massimo una birra o un bicchiere di vino. E, naturalmente, non può mancare il caffè, che per un italiano è un vero e proprio rito.

	Vero	Falso
1. Un italiano che lavora mangia a casa, a pranzo.	☐	☐
2. Gli italiani hanno molto tempo per pranzare.	☐	☐
3. A pranzo è possibile mangiare al bar.	☐	☐
4. Al bar il pranzo è veloce e leggero.	☐	☐
5. Agli italiani non piacciono le verdure.	☐	☐
6. Dopo il pranzo un italiano beve un caffè.	☐	☐

14 La tradizione del caffè in Italia. Rispondi alle domande e poi collega i vari tipi di caffè alle immagini corrispondenti. 意大利人喝咖啡的习惯。回答问题，然后将不同种类的咖啡与对应的图片连接起来。

Un italiano beve il caffè a tutte le ore del giorno. Comincia la mattina, a colazione; poi a metà mattina, per fare una pausa; dopo pranzo, per favorire la digestione.
Ma "prendere un caffè" può essere anche un modo per incontrare un amico e stare in compagnia. Come si ordina un caffè al bar? Spesso uno straniero quando va al bar chiede "Un espresso, per favore!". Ma il caffè italiano è sempre "espresso"! Chiedere semplicemente "un caffè", non è sufficiente. Il caffè può essere: **macchiato caldo** ☐, con un po' di latte caldo; macchiato freddo, con un po' di latte freddo; **lungo** ☐, con più acqua del solito; **ristretto** ☐, con meno acqua del solito, più concentrato; decaffeinato o "deca", senza la caffeina; **con un po' di cacao** ☐, **con la panna** ☐, ecc. E poi c'è **il cappuccino** ☐, che è una bevanda con caffè espresso e latte scaldato con il vapore. E a casa? A casa il modo più tipico è usare **la moka** ☐, una caffettiera inventata da Alfonso Bialetti nel 1933 e famosa in tutto il mondo.

	Vero	Falso	Non presente
1. Agli italiani piace molto il caffè.	☐	☐	☐
2. Agli italiani non piace il tè.	☐	☐	☐
3. Agli italiani non piace bere il caffè a casa.	☐	☐	☐
4. In Italia abbiamo molti tipi di caffè.	☐	☐	☐

a.   b.   c.   d.

e.   f.   g.

15

Leggi il testo e metti in ordine cronologico le immagini. 读短文并将图片按时间顺序排列。

Oggi Sara è al bar del centro commerciale. Prende un bicchiere di acqua naturale perché ha sete, ma non mangia: ha fame, ma aspetta la sua amica Shijie per pranzare insieme al ristorante. Quando Shijie arriva è al telefono. Sara aspetta per ordinare e poi le ragazze ordinano due piadine vegetariane e gli spaghetti. Sara deve anche fare la spesa al supermercato, e dopo il pranzo compra la bistecca e la pasta perché questa sera ha amici a cena. Dopo compra un quaderno e una penna in libreria perché domani comincia il nuovo corso di cinese. Shijie parla italiano e Sara studia cinese e pratica il cinese con la sua amica. Dopo il supermercato è il momento di un delizioso gelato! Alle due ragazze piace molto questo centro commerciale perché ha tutto quello che amano.

a. □　b. □　c. □　d. □

e. □　f. □　g. □　h. □

16

Ascolta e scegli l'opzione corretta. 听录音并选出正确的选项。

Dialogo 1
1. La cliente beve *un tè/un caffè*.
2. Il cliente paga *3 euro e 50/2 euro e 50*.
3. Il cliente prende *lo scontrino/lo spuntino*.

Dialogo 2
1. Il cliente *guarda/non guarda* il menù.
2. Il cliente ordina *una pizza/una piadina*.
3. Il cliente *prende/non prende* da bere.

17

Ascolta e indica se le affermazioni sono vere (V), false (F), o Non presenti (NP).
听录音并选出对(V)、错(F) 或者不存在(NP)。

	Vero	Falso	NP
1. Giulio e Sara sono in un bar.	□	□	□
2. Sara prende un caffè e un succo di frutta.	□	□	□
3. Sara è vegetariana.	□	□	□
4. Giulio mangia un cornetto alla crema.	□	□	□
5. Giulio beve un cappuccino e un bicchiere d'acqua.	□	□	□
6. Sara offre la colazione a Giulio.	□	□	□
7. Giulio paga 7 euro e 50.	□	□	□
8. Il bar è in un centro commerciale.	□	□	□

Eserciziario unità 2

18 Ascolta e indica le parole che senti in ciascun dialogo.
听录音并指出在每段对话中你所听到的词语。

Il bar in Italia

Il bar è un locale dove è possibile bere un caffè, ma anche un cappuccino, una cioccolata calda, un'aranciata, un succo di frutta, una birra, ecc.

In un bar è possibile fare **colazione**, ma anche consumare un **pranzo veloce**.

In Italia la colazione classica al bar è cappuccino e cornetto anche se qualche italiano preferisce la colazione "salata", con pizzette, tramezzini o toast.

Il pranzo veloce è formato da un primo (un piatto di pasta), oppure da un panino o da un'insalatona, un toast, un gelato, ecc. Dalle 18:00 in poi è possibile prendere un **aperitivo**: l'aperitivo classico è formato da uno spritz* o un prosecco** con patatine, noccioline e salatini vari.

Orario: dalle 6:00-7:00 fino alle 18:00-20:00 e in alcuni casi fino a mezzanotte. L'orario dipende dalle regole di ogni singolo Comune.

Bar storici n Italia:

-Caffè Florian (Venezia, piazza San Marco). È il più antico nel mondo (1720)
-Caffè Gilli (Firenze, piazza della Repubblica)
-Antico Caffè Greco (Roma, via dei Condotti)
-Gran Caffè Gambrinus (Napoli, piazza del Plebiscito)

*Lo spritz è una bevanda alcolica: è formata da prosecco, Aperol (bevanda alcolica di colore arancione) e soda (acqua minerale frizzante).

** Il prosecco è un vino bianco frizzante prodotto in Veneto.

Eserciziario

1 **Verbi al presente in -ere/-ire. Completa le frasi con la forma appropriata dei verbi dati.**
用恰当的动词变位形式完成句子。

1. Noi (prendere) _____ un caffè.
2. Io (vivere) _____ a Roma.
3. Lei (scrivere) _____ un messaggio.
4. Lui (prendere) _____ l'autobus.
5. Voi (leggere) _____ il giornale.
6. Loro (preferire) _____ mangiare al ristorante.
7. Tu (chiedere) _____ il menù.
8. Voi (partire) _____ alle 17.00.
9. Lui (rispondere) _____ subito.
10. Giulia e Francesco (decidere) _____ di portare gli zaini.

2 **Completa le frasi con la forma coniugata del verbo *andare*.** 使用动词*andare*的变位形式完成句子。

Santiago, (tu) _____ *vai* _____ al supermercato?

1. Noi non _____ al ristorante stasera.
2. Giulia e Francesco _____ alla stazione. Devono prendere il treno.
3. (io) _____ in edicola a comprare la cartina di Firenze.
4. Tu e Anna _____ a mangiare in mensa a mezzogiorno.
5. (tu) _____ in segreteria oggi?
6. Mao _____ in Cina in aereo.

3 **Trasforma i nomi dalla forma singolare alla forma plurale e viceversa, come nell'esempio.**
把单数名词转换成复数名词，或者相反。

l'edicola → *le edicole*
lo spuntino → gli spuntini

1.	il ragazzo		7.		le città
2.		le professoresse	8.	il nome	
3.	il libro		9.		gli zaini
4.		le aule	10.		gli aperitivi
5.	lo strudel		11.	il computer	
6.	l'aranciata		12.		gli amici

4 **Una gita a Milano. Sottolinea l'opzione corretta.**

Oggi Giulia e Francesco vanno a Milano in treno. (1) *La/le/il* città è molto bella e (2) *i/gli/l'*amici del corso di inglese e (3) *i/gli/il* compagni dell'università parlano molto bene di Milano.
A Milano vivono anche Monica e Maria. Loro sono (4) *le/l'/gli* amiche di Giulia e Francesco.
Per andare in stazione non vanno a piedi, ma prendono (5) *l'/il/la* autobus. Non portano (6) *la/gli/le* valigie, preferiscono (7) *gli/i/ lo* zaini. Anche Giulia preferisce (8) *gli/i/ lo* zaino e non porta la borsa.

Eserciziario unità 3

I ragazzi prendono (9) *il/i/lo* smartphone, i documenti e (10) *la/le/il* carta di credito. Salutano (11) *i/gli/le* genitori di Francesco e vanno subito in stazione.
Non è tardi, ma devono comprare (12) *i /gli/il* biglietti e Giulia deve anche chiamare i nonni in Cina.
Giulia è cinese, ma abita in Italia. Lei parla bene l'italiano e anche (13) *il/lo/ le* cinese.
Non va in Cina tutti (14) *l'/gli/la* anni, ma chiama sempre i nonni cinesi per restare in contatto.

5 Completa le frasi con la preposizione corretta per indicare gli orari. 用正确的前置词填空。

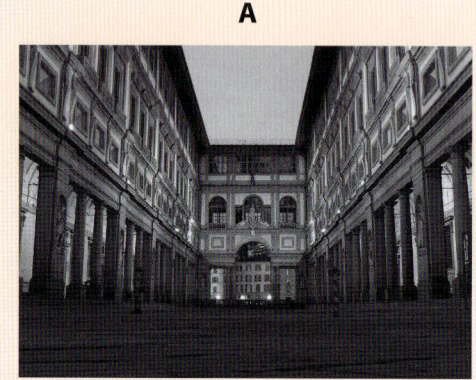

A
Galleria degli Uffizi – Firenze
Orari di apertura 9:00 -18:30 tutti i giorni.
Ultimo ingresso: ore 17:30.

B
Biblioteca della Scuola Normale Superiore di Pisa
Orari di apertura 8:00 - 20:00 tutti i giorni.
Sabato (星期六): chiusura ore 13:00.

1. Il museo apre _____ 9:00 _____ 18:30.
2. La biblioteca apre _____ 9:00 _____ 20:00.
3. L'ultimo ingresso è _____ 17:30.
4. Il sabato la biblioteca chiude _____ una.

6 Completa le frasi con le preposizioni nel riquadro.

di • a • in • all' • al • da

Mi chiamo Tatiana, sono russa, _____ (1) Mosca, ma abito _____ (2) Torino. Abito _____ (3) Italia per studiare. Studio _____ (4) università, sono studentessa di Design. La mattina vado a lezione _____ (5) piedi o _____ (6) autobus. È bello studiare _____ (7) Torino. Quando ho lezione la mattina, prendo un caffè _____ (8) bar e _____ (9) mangiare prendo sempre un cornetto. Il martedì e il giovedì ho il corso _____ (10) italiano: _____ (11) classe siamo 15 studenti. Cai studia italiano con me. Quando la lezione finisce, andiamo insieme _____ (12) supermercato, _____ (13) libreria e a fare shopping. Questa sera vado _____ (14) cena a casa di Cai con Akira, un'amica giapponese _____ (15) Cai. Quando resto _____ (16) casa, studio, parlo _____ (17) telefono con la mia famiglia e cucino. Mi piace viaggiare: adesso infatti vado _____ (18) stazione a comprare i biglietti per Firenze!

7. Completa le frasi con la preposizione corretta.

1. La biglietteria è vicino _____ edicola, sono 5 minuti _____ piedi.
2. Vado _____ farmacia, devo comprare i cerotti.
3. La segreteria è a sinistra _____ mensa.
4. Xiao Li va _____ Cina _____ aereo.
5. A che ora parte il treno regionale per Firenze? Parte _____ 18.40.
6. Oggi vado _____ Pisa _____ treno.
7. Il ristorante è lontano _____ edicola.
8. La farmacia è a sinistra _____ bar.
9. Andiamo a fare shopping _____ centro?
10. Mao parla _____ telefono con Giulia.
11. _____ mangiare prendo un panino e _____ bere un'aranciata.
12. Il bar è _____ l'edicola e la farmacia.

8. Completa con le congiunzioni corrette (e/o/ma).

1. **A:** Scusa, come ti chiami? Giulia *e/o/ma* Giada?
   B: Sono Giada.
   A: Di dove sei?
   B: Sono di Milano, *e/o/ma* abito a Firenze.
   A: Sei cinese *e/o/ma* italiana?

2. **A:** Paolo, ti offro un caffè?
   B: Grazie, *e/o/ma* il pomeriggio non bevo caffè.

3. **A:** Marco, prendiamo qualcosa al bar?
   B: Sì, perché no?
   A: Io prendo un caffè. Tu?
   B: Io preferisco un bicchiere di latte, *e/o/ma* senza zucchero! Lo zucchero non mi piace.

4. **A:** Signora, prende qualcosa?
   B: Sì, grazie, una piadina *e/o/ma* una bottiglia di acqua minerale.
   A: Preferisce l'acqua minerale *e/o/ma* frizzante?
   B: Frizzante
   A: E la piadina? Vegetariana *e/o/ma* con lo speck?
   B: Vegetariana.

9. Collega la parola al luogo appropriato (attenzione: ad alcune parole può corrispondere più di un luogo). 将词语与恰当的地方连接起来（注意:有些词语可以连接多个地方）。

a. la stazione   b. l'edicola   c. la biglietteria   d. la farmacia   e. il bar-ristorante   f. la tabaccheria

1. le sigarette ___   2. le riviste ___   3. le medicine ___   4. la pizza ___   5. i biglietti ___   6. il treno ___
7. l'accendino ___   8. la penna ___   9. la cartina della città ___   10. gli spaghetti ___
11. le patatine ___   12. il cornetto ___   13. i giornali ___   14. i cerotti ___

Eserciziario unità 3

10 Leggi 读 il dialogo e indica se le frasi sono vere (V) o false (F).

Francesco: Allora, sei contenta che andiamo a Napoli?
Giulia: Molto, è una città davvero bella e interessante. Gli amici dell'università parlano molto bene di Napoli.
Francesco: Anche Carlo e Silvio sono di Napoli?
Giulia: Carlo è di Napoli, ma Silvio è di un'altra città, però abita a Napoli da un anno. Lui posta su Facebook sempre tante foto di Napoli. Scrive che è una città molto divertente.
Francesco: Perché dopo non chiamiamo i ragazzi? Così parliamo un po' e chiediamo informazioni sulla città, su dove dormire, dove andare a mangiare…
Giulia: Ho il numero di Carlo, ma preferisco scrivere un messaggio.
Francesco: Non hai anche il numero di telefono di Silvio?
Giulia: Un momento che guardo nei contatti… No, non ce l'ho. Senti, Francesco, aspettiamo l'autobus? Ho due biglietti qui nel portafoglio.
Francesco: Ma no, andiamo a piedi, abbiamo tempo e poi la stazione non è lontana, quindici minuti e arriviamo! Sei pronta? Andiamo?
Giulia: Sì, abbiamo tutto? Documenti, telefono… e i biglietti del treno?
Francesco: Compriamo i biglietti a una biglietteria automatica prima di prendere il treno, dai, andiamo!

	V	F		V	F
1. Silvio è di Napoli.	☐	☐	4. Giulia ha i biglietti dell'autobus.	☐	☐
2. Giulia dopo telefona a Carlo.	☐	☐	5. I due ragazzi vanno in stazione in autobus.	☐	☐
3. Giulia non ha il numero di Silvio.	☐	☐	6. In 15 minuti i ragazzi arrivano alla stazione.	☐	☐

11 Leggi il testo e scegli l'opzione corretta.

Laura e Claudio abitano a Napoli. Domani non lavorano e così vanno da un amico a Roma per una breve gita. Decidono di prendere il treno perché non hanno l'auto e perché a Laura non piace viaggiare in autobus. Lei preferisce il treno: è più comodo e anche più economico. Alle 9:00 arrivano alla stazione, comprano il biglietto e poi mentre aspettano ordinano la colazione al bar. Claudio prende un caffè, un cornetto e una spremuta, Laura beve solo un cappuccino. Il treno per Roma di solito parte alle 10:00 dal binario 2, ma oggi è in ritardo di 30 minuti e parte dal binario 3. Alle 10:30 Claudio e Laura sono finalmente sul treno. Lui legge il giornale, lei prende il telefono, legge le e-mail e poi risponde ai messaggi degli amici. Quando arrivano a Roma vedono Luigi, un amico di Napoli che abita a Roma da 10 anni. Insieme vanno al ristorante e subito dopo in centro a fare shopping.

	Vero	Falso	Non presente
1. Laura e Claudio hanno un amico che abita a Roma.	☐	☐	☐
2. A Claudio non piace viaggiare in auto.	☐	☐	☐
3. Laura e Claudio comprano il biglietto su internet.	☐	☐	☐
4. Claudio mangia e beve.	☐	☐	☐
5. Laura non mangia niente (没什么).	☐	☐	☐
6. Laura paga la colazione 5 euro.	☐	☐	☐
7. Il treno oggi parte dal binario 2.	☐	☐	☐
8. Il treno è in orario.	☐	☐	☐
9. Sul treno Laura usa il telefono.	☐	☐	☐
10. Dopo pranzo i 3 amici vanno a fare acquisti.	☐	☐	☐

12 Leggi il dialogo fra il cliente e l'impiegata alla biglietteria dei treni e indica se le frasi sono vere (V), false (F) o non presenti (NP). 读对话并选出对 (V)、错 (F) 或者不存在 (NP)。

Cliente: Salve.
Impiegata: Buongiorno, mi dica.
Cliente: Un biglietto per Bologna stazione centrale per favore.
Impiegata: Andata e ritorno?
Cliente: Solo andata, ancora non lo so quando ritorno.
Impiegata: Benissimo. Allora, quando vuole partire?
Cliente: Oggi pomeriggio verso le 18:00.
Impiegata: Allora… ci sono due treni: il primo treno parte alle 17:30 e arriva a Bologna alle 19:00; è un treno regionale e il biglietto costa 11 euro. L'altro treno parte alle 18:45 e arriva a Bologna alle 19:25. Questo è un treno veloce.
Cliente: Hmm, il treno regionale parte troppo presto. Io finisco di lavorare alle 17:40! Quanto costa il biglietto del treno veloce?
Impiegata: 25 euro. Sul treno c'è il wifi e il servizio bar.
Cliente: Va bene. Prendo il treno veloce.
Impiegata: Paga in contanti o con la carta di credito?
Cliente: Mi dispiace, non ho contanti. Devo pagare con la carta. Eccola!
Impiegata: Grazie, ecco a lei la carta e il biglietto.
Cliente: Bene. Devo timbrare il biglietto?
Impiegata: Certo. Le macchinette per timbrare il biglietto sono ai binari 1, 2 e 3.
Cliente: Perfetto. Da quale binario parte il treno?
Impiegata: Controllo… treno per Bologna… 3… dal binario 3.
Giulia: D'accordo. Allora… grazie e arrivederci.
Impiegata: Grazie a Lei e buon viaggio!

	V	F	NP
1. Il cliente parte da Bologna.	☐	☐	☐
2. Il cliente compra un biglietto andata e ritorno.	☐	☐	☐
3. Il biglietto del treno regionale costa 11 euro.	☐	☐	☐
4. Il treno delle 18:45 è veloce.	☐	☐	☐
5. Il cliente lavora tutti i pomeriggi.	☐	☐	☐
6. Il cliente preferisce il treno regionale.	☐	☐	☐
7. Il cliente paga con la carta di credito.	☐	☐	☐
8. Le macchinette sono vicino alla biglietteria.	☐	☐	☐
9. La stazione ha 5 binari.	☐	☐	☐
10. Il treno veloce oggi è in orario.	☐	☐	☐

Eserciziario unità 3

13 Ascolta e indica dove si svolgono i seguenti dialoghi.

1. a. Al bar   b. Al supermercato   c. In farmacia
2. a. Al bar   b. Alla stazione   c. In farmacia
3. a. Al bar   b. In farmacia   c. In edicola
4. a. Al bar   b. In farmacia   c. In edicola

14 Ascolta i messaggi vocali e indica a che ora è l'appuntamento.

1. a. Alle 18:00   b. Alle 22:00
2. a. Alle 07:00   b. Alle 10:00
3. a. Alle 05:00   b. Alle 06:00
4. a. Alle 08:00   b. Alle 08:30
5. a. Alle 08:30   b. Alle 09:00

Eserciziario

4

1
Completa il dialogo con le forme corrette dei verbi tra parentesi.

Anna: Ciao Mao, che (1. tu - fare) _____ di solito nel fine settimana?
Mao: Ciao Anna. Di solito (2. io - uscire) _____ con gli amici. (3. Noi - andare) _____ sul corso e (4. noi - prendere) _____ un aperitivo al bar di Luca, poi (5. noi - mangiare) _____ qualcosa nel ristorante lì vicino. (6. Tu - uscire) _____ nel fine settimana?
Anna: No, di solito (7. io - restare) _____ a casa. Il mio ragazzo Andrea (8. lui - venire) _____ a casa mia e (9. noi - guardare) _____ un film in tv o (10. noi - giocare) _____ alla playstation.
Mao: Non (11. voi - andare) _____ mai in centro?
Anna: Qualche volta (12. noi - fare) _____ shopping sul corso.
Mao: Dai, una volta (13. noi - uscire) _____ tutti insieme!

2
Completa le frasi con le forme corrette dei verbi (用正确的动词变位形式完成句子) *giocare, pagare, andare, fare.*

1. Io e Andrea _____ spesso alla playstation.
2. **A:** Prendi un caffè con me? Offro io!
   B: Ma no, _____ sempre tu. Oggi _____ io!
3. Il venerdì Stefano _____ kung fu in palestra e poi _____ al cinema con la sua ragazza.
4. **A:** Anna, sei libera domani? Perché non (noi) _____ shopping sul corso!
   B: Ottima idea! E dopo lo shopping _____ a prendere un aperitivo.
5. Il martedì e il giovedì Bo Yuan _____ a basket con gli amici.
6. **A:** Ciao Giorgio, che _____ stasera?
   B: Ciao Luca, stasera _____ al cinema con Marco. Vuoi venire?
   A: Mmm, il cinema non mi piace molto. Dopo il film che _____ ?
7. **A:** Ciao Mao, _____ in palestra?
   B: No, non _____ molto sport.

3
Completa il cruciverba con i verbi mancanti coniugati nel modo corretto.

Orizzontali:
1. Io e Giulia _____ a basket insieme.
4. Voi _____ al cinema venerdì sera?
5. Xiao Li, _____ a casa mia a giocare alla playstation?
7. Mao _____ in mensa in bicicletta.
10. Sabato pomeriggio (io) _____ shopping sul corso.

Verticali:
2. Nel tempo libero Luca _____ la musica.
3. Anna e Paolo _____ la tv.
5. Paolo e Stefano _____ al cinema a vedere un film.
8. Di solito il sabato sera (io) _____ con gli amici.
9. Marco, quanti anni _____ ?

Eserciziario unità 4

4 Completa le frasi con le forme corrette dei verbi.

1. Oggi non (io - potere) _____ venire al cinema perché (io - dovere) _____ studiare.
2. Giulia e Andrea (volere) _____ andare in Cina questa estate e (dovere) _____ comprare i biglietti dell'aereo.
3. Luca non (potere) _____ venire alla festa perché non sta bene, (lui - dovere) _____ rimanere a casa.
4. A: Domani io e Luca (volere) _____ andare al ristorante. (Voi - volere) _____ venire con noi?
   B: Grazie, ma oggi non (noi - potere) _____ . (Noi - dovere) _____ studiare per l'esame di italiano di domani.
5. Mao ha fame e (volere) _____ ordinare un panino.
6. Perché non andiamo al bar? Non (tu - potere) _____ sempre studiare!
7. A: Ciao Xiao Li, (tu - volere) _____ venire a mangiare una pizza con noi?
   B: Sì, ma prima (io - volere) _____ telefonare a Giorgio. (Voi - potere) _____ aspettare dieci minuti?"
8. Santiago e Wang oggi non (potere) _____ andare a nuotare in piscina.

5 Riordina le seguenti frasi.

1. pomeriggio/ libero / sei / domani / ? _____
2. andiamo/ noi /a /a / basket / giocare / playstation / alla _____
3. piscina / di / me / con / venire / va / ti / in / ? _____
4. corso / aperitivo / sul / un / prendiamo _____
5. italiano/ studiare / ho / devo / perché / l' / di / esame _____
6. a / in / fine/ piscina / nuotare / settimana / vado / nel _____
7. playstation / mi / non / piace / la _____
8. mercoledì / tennis / il / con / gioco / Sara / a _____
9. vuoi / ciao / domani / Maria, / me / uscire / con/ ? _____
10. stasera / fai / pronto / che / Lucia, / ? _____

6 Riordina le battute per formare dei dialoghi. 按顺序排列。

a. No, stasera devo tornare presto. Domani ho lezione all'università. Perché non facciamo un aperitivo? b. Pronto Lucia, che fai stasera? c. D'accordo! d. Andiamo a ballare? e. Va bene! Però la prossima volta… a ballare! f. Ciao Massimo, non lo so ancora… 1. ___ / 2. ___ / 3. ___ / 4. ___ / 5. ___ / 6. ___	a. Come stai, Antonio? b. Scusa, Filippo, ma preferisco un altro giorno. c. Bene. Ti va di venire con me in piscina domenica mattina? d. Ma dai, andiamo tardi, non c'è molta gente! e. Noo, domenica mattina no, voglio dormire! f. Non c'è male e tu? 1. ___ / 2. ___ / 3. ___ / 4. ___ / 5. ___ / 6. ___

7 Che tempo fa? Utilizza le espressioni nel riquadro per formare delle frasi.

> c'è vento • c'è il sole • è caldo/fa caldo • è freddo/fa freddo • è nuvoloso • piove
> • il tempo è brutto • il tempo è bello

Napoli: *A Napoli è caldo/fa caldo*

Roma: _____

Milano: _____

Palermo: _____

Torino: _____

Trento: _____

8 Cerca i sette aggettivi utili per esprimere le emozioni (情感). Poi completa le frasi che seguono. 然后完成下列句子。

X	A	R	R	A	B	B	I	A	T	O
T	R	I	S	T	E	F	S	Z	H	B
K	T	A	N	N	O	I	A	T	O	W
N	P	F	Z	R	X	Q	C	W	Z	M
S	T	A	N	C	O	D	D	D	Q	H
A	C	A	N	E	R	V	O	S	O	X
Q	M	S	F	T	W	K	T	O	O	S
G	P	X	U	L	A	Y	N	M	T	B
F	E	B	Z	N	H	J	R	E	E	B
E	M	O	Z	I	O	N	A	T	O	W
L	N	B	F	E	L	I	C	E	L	X

1. Prima di un esame sono N_____ .
2. Prima di un appuntamento con una persona che mi piace sono E_____ .
3. Sono A_____ quando il treno arriva in ritardo.
4. Quando lavoro tanto sono S_____ .
5. Quando supero un esame importante sono F_____ .
6. Quando piove tutto il giorno sono T_____ .
7. Quando guardo un film che non mi piace sono A_____ .

Eserciziario unità 4

9 Il tempo libero degli italiani. Leggi il testo e indica se le affermazioni sono vere (V), false (F) o non presenti (NP). 意大利人的空闲时间。读短文并选出对 (V)，错 (F) 或者不存在 (NP)。

Gli italiani hanno poco tempo libero e quindi spesso preferiscono passare il tempo con la famiglia e stare a casa. Leggere, guardare la televisione oppure invitare gli amici a cena sono le attività più amate dagli italiani. Per la cultura italiana il cibo e la cucina sono molto importanti. Cucinare e sperimentare piatti nuovi e poi invitare gli amici a cena è un'abitudine molto popolare. Gli italiani passano anche molto tempo al computer, sui social network, come Facebook o Instagram e usano WhatsApp per chattare. Quali sono gli hobby preferiti degli italiani? Cosa fanno più spesso quando escono di casa? Molti amano fare sport: correre, giocare a calcio o a calcetto oppure andare in bicicletta. Agli italiani piace anche andare in palestra o praticare lo yoga. Anche nuotare in piscina o giocare a tennis sono attività molto popolari.

	V	F	NP
1. Agli italiani piace stare in famiglia.	☐	☐	☐
2. Agli italiani piace andare al ristorante.	☐	☐	☐
3. Gli italiani amano cucinare e stare con gli amici.	☐	☐	☐
4. Gli italiani usano i social per postare le foto.	☐	☐	☐
5. Gli italiani non fanno sport volentieri.	☐	☐	☐

Nel fine settimana agli italiani piace anche andare in giro nei centri commerciali per fare un po' di shopping o semplicemente guardare le vetrine (橱窗). Alle sette di sera poi, a molti piace prendere un aperitivo e dopo andare in pizzeria con la famiglia o con gli amici. A volte l'aperitivo diventa un "apericena": insieme alla bevanda è possibile mangiare degli stuzzichini. Un'altra attività tipica del sabato sera è andare al cinema oppure a teatro.

	V	F	NP
6. Nel fine settimana gli italiani escono di casa.	☐	☐	☐
7. Gli italiani spesso pagano in contanti.	☐	☐	☐
8. La sera incontrano gli amici per bere insieme.	☐	☐	☐
9. "Apericena" significa bere senza mangiare.	☐	☐	☐
10. Il sabato sera preferiscono guardare un film a casa.	☐	☐	☐

Quando arriva l'estate, il cinema diventa all'aperto. Ci sono molte attività che si possono fare: tutti possono andare ad ascoltare e vedere molti cantanti e musicisti rock e pop, italiani e stranieri. In tutte le città ci sono feste all'aperto dove si può ballare e mangiare dei piatti tipici ed economici.
E poi, non dobbiamo dimenticare l'abitudine di prendere un caffè al bar. Per incontrare un amico e passare il tempo con lui infatti, basta dire "Ci vediamo per un caffè?".

	V	F	NP
11. In estate gli italiani non amano guardare film.	☐	☐	☐
12. In estate gli italiani amano andare ai concerti.	☐	☐	☐
13. Gli italiani ascoltano solo la musica italiana.	☐	☐	☐
14. Gli italiani amano cantare alle feste.	☐	☐	☐
15. A volte gli amici si incontrano al bar.	☐	☐	☐

10. Leggi il testo e scrivi il nome della persona che fa le seguenti azioni.
读短文并写出做下列活动的人的名字。

Marta abita vicino a un grande parco che si trova nel centro della città. Quando la mattina esce per andare all'università, se il tempo è bello e c'è il sole, vede molte persone che passeggiano in mezzo al verde. Spesso vede Matteo, un suo compagno di università, che la mattina molto presto corre nel parco prima di andare a lezione. Qualche volta anche lei va a correre insieme a lui, ma lo sport non è la sua attività preferita, preferisce leggere o dipingere quando ha tempo libero. La mattina alle 9 saluta sempre Luisa, una signora che porta fuori il cane e che ha due bambini e spesso il sabato mattina Marta sente i bambini che sono nel parco a giocare con la palla. Nel pomeriggio vede Saverio che va in piscina con il suo borsone, lui è un insegnante di nuoto. Marta e Saverio qualche volta il giovedì sera escono insieme e vanno a bere insieme un aperitivo al bar che è vicino al parco. Il barista è un loro amico che si chiama Ernesto e che il giovedì fa prezzi speciali per gli studenti e i loro amici.

Marta • Matteo • le persone • Luisa • i bambini • Saverio • Ernesto

1. Studiare. _____
2. Fare passeggiate nel parco. _____
3. Correre nel parco. _____
4. Leggere. _____
5. Passeggiare con un animale. _____
6. Giocare nel parco. _____
7. Lavorare. _____
8. Andare al bar. _____
9. Lavorare in un bar. _____
10. Fare offerte per gli studenti. _____

11. Leggi i dialoghi e indica se la persona accetta (A) o rifiuta (R) l'invito.
阅读对话并指出接受 (A) 还是拒绝 (R) 邀请。

1
Giulia: Ciao Massimo, ti va di uscire con me e Irene domani sera? Vogliamo andare in pizzeria.
Massimo: Ciao Giulia, domani sera eh? Perché no? Volentieri!
Giulia: D'accordo allora! Ci vediamo domani sera alle 20 davanti alla farmacia.
Massimo: Perfetto! A domani!

2
Sergio: Sei libera sabato mattina?
Beatrice: Perché?
Sergio: Vorrei andare a fare colazione in pasticceria. Io e Sara ci vediamo alle 8 in piazza. Vieni?
Beatrice: Alle 8!? Ma il sabato mattina mi piace dormire.
Sergio: Dai, Bea, una volta puoi anche venire!
Beatrice: Mi dispiace, ma sabato voglio dormire.

3
Martina: Piero, domani vado in palestra, vieni con me?
Piero: Perché no? Vengo volentieri. A che ore vai?
Martina: Alle sei e mezzo.
Piero: Ah, allora no, devo lavorare fino alle 7, non posso finire prima.

4
Sara: Paolo, ti va di venire domani a cena a casa mia?
Paolo: Domani devo studiare, mi dispiace.
Sara: Dai, mangiamo presto, alle 8, e alle 9 sei a casa pronto a studiare.
Paolo: Ma sì, dai, devo portare qualcosa?

	A	R
Dialogo 1	☐	☐
Dialogo 2	☐	☐
Dialogo 3	☐	☐
Dialogo 4	☐	☐

Eserciziario unità 4

12 Ascolta e scegli la risposta giusta.

Dialogo 1
1. Oggi
   a. è nuvoloso   b. piove.
2. I due ragazzi
   a. vanno al mare   b. decidono di non uscire.
3. Domani
   a. c'è il sole   b. il tempo è brutto.

Dialogo 2
1. Al mare
   a. è bel tempo   b. è brutto tempo.
2. Pina
   a. va tutti i giorni al mare   b. sta sempre in casa.
3. In montagna
   a. fa caldo   b. è brutto tempo.

Eserciziario

5

1 Riordina le parole per formare le stanze della casa, come nell'esempio.
仿照例子，\重新组单词，组成家里房间的名称。

ba - azzo	cu - dio	ca - esso	sog - stiglio	posto a - **gno**
stu - mera	terr - uto	giar - giorno	ripo - cina	ingr - dino

1. _bagno_
2. _____
3. _____
4. _____
5. _____
6. _____
7. _____
8. _____
9. _____
10. _____

2 Riordina le lettere per formare gli aggettivi. 重新排列形容词字母。

1. dippoa _____
2. vhccieo _____
3. arrdaeto _____
4. garnde _____
5. limunoso _____
6. songila _____

7. biuo _____
8. occaputo _____
9. novuo _____
10. lebiro _____
11. policco _____
12. nno arrdaeto _____

3 Scrivi i contrari delle seguenti parole, come nell'esempio. 仿照例子，写出下列单词的反义词。

vicino → _lontano_

1. grande → _____
2. arredato → _____
3. buio → _____
4. singola → _____
5. nuovo → _____
6. sinistra → _____
7. occupato → _____
8. davanti → _____

4 Completa gli aggettivi con la vocale finale appropriata, come nell'esempio.
Attenzione: gli aggettivi devono essere accordati ai nomi. 仿照例子，在每个形容词的词尾填上恰当的元音。注意: 形容词和名词的性数和单复数一致性。

L'appartamento di Giulia è nuovo, con un soggiorno (1) grand____, due camere da letto (2) doppi____ e una cucina (3) piccol____. Il soggiorno è (4) luminos____ e la cucina è (5) nuov____ e (6) arredat____. Ci sono anche due bagni (7) grand____, ma (8) vecch____. Davanti all'appartamento c'è un (9) piccol____ giardino.

Eserciziario unità 5

5 **Scegli l'aggettivo corretto.** 选择正确的形容词。

Cerco un appartamento **piccolo**/piccola con un soggiorno (1) *nuovo/nuova*, una cucina (2) *luminoso/luminosa*, una camera (3) *doppio/doppia*, una camera (4) *singolo/singola* e un bagno (5) *grande/grandi*. Vorrei anche un (6) *piccolo/piccola* giardino e un posto auto. Telefonare a 3245678494.

6 **C'è o ci sono? Completa le frasi con l'alternativa corretta, come nell'esempio.**
仿照例子，用正确的 **C'è o ci sono** 完成句子。

Nell'appartamento di Mao _____ *ci sono* _____ cinque stanze.

1. _____ due camere nella casa di Giulia.
2. _____ una tabaccheria qui vicino?
3. _____ tre studenti cinesi al corso di italiano.
4. In un anno _____ dodici mesi.
5. _____ le scale o _____ l'ascensore?

7 **Collega le espressioni e forma le frasi, come nell'esempio.** 仿照例子，将表达方式连接起来，组成句子。

C'è	Ci sono		
	✓	1. *due camere*	(_e_)
		2. una farmacia	(___)
		3. una tv	(___)
		4. uno studente francese	(___)
		5. cinque clienti	(___)
		6. l'ascensore	(___)

a. davanti al bar / b. per andare al secondo piano? / c. al corso di italiano / d. tra l'edicola e la biglietteria? / e. nell'appartamento di Giulia. / f. in soggiorno

nella nuvoletta. 太乱了！使用云朵里的动词来代替错误的动词

1. Mi piace <u>stirare</u> _____ la pizza e <u>pulire</u> _____ gli amici a cena. Quando vengono <u>stiro</u> _____ per tutti! Ma non mi piace pulire e <u>guardare</u> _____ in ordine!

mettere - invitare - cucinare - cucino

2. <u>Esci</u> _____ domani a casa mia? Così <u>studi</u> _____ il mio divano nuovo! C'è anche Sara. Lei <u>legge</u> _____ alle 11:00.

vedi - viene - vieni

3. Prima di dormire di solito pulisco un libro oppure <u>mangio</u> _____ _____ la tv. Alcune volte <u>lavo</u> _____ con il cellulare o <u>cucino</u> _____ la musica.

gioco - ascolto - guardo - leggo

9 Come si chiamano questi oggetti? Completa il cruciverba con i nomi degli oggetti della casa, aggiungendo l'articolo determinativo corretto, come nell'esempio. 这些物体叫什么名字？仿照例子，使用家中物体的名词加上正确的定冠词来完成填字游戏。

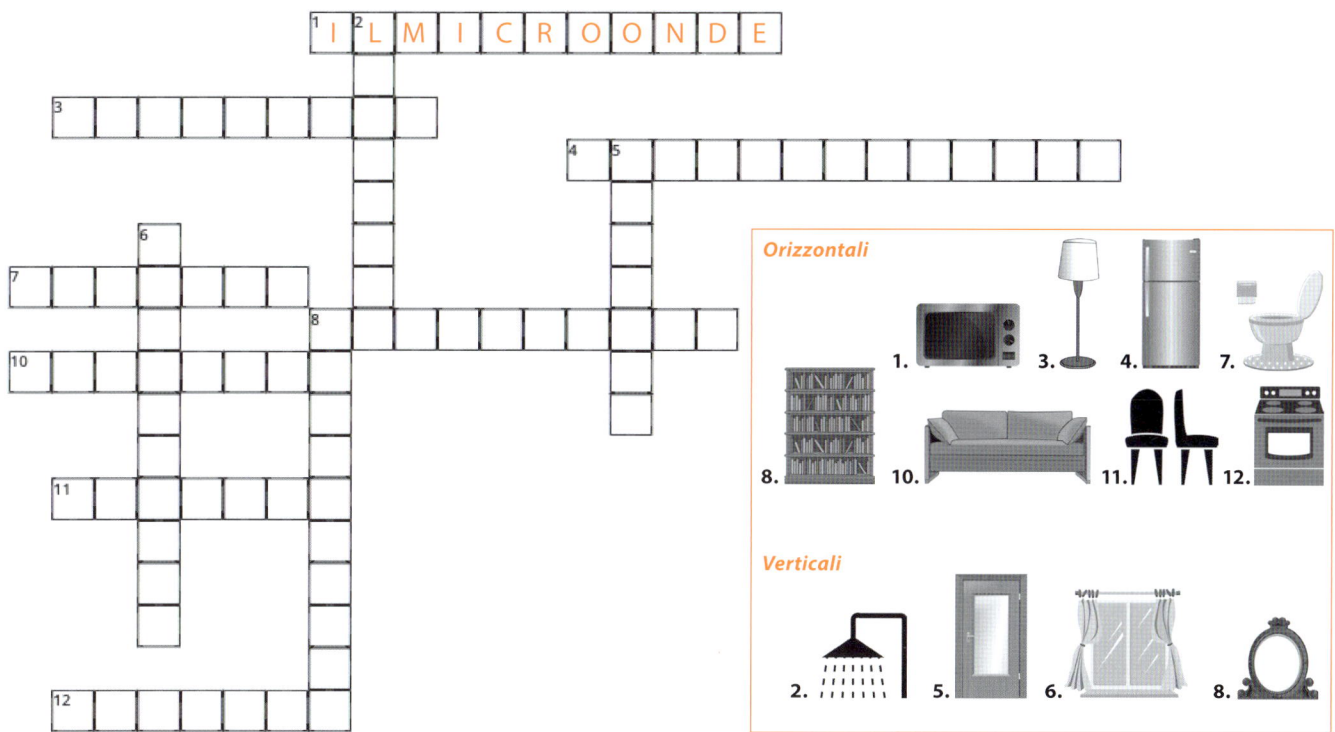

10 Il labirinto. Entra nel labirinto, individua tutte le espressioni corrette e seguile per arrivare all'uscita. Buona fortuna! 迷宫。进入迷宫，猜出所有正确的表达方式并跟随它们直到出口。祝你走运！

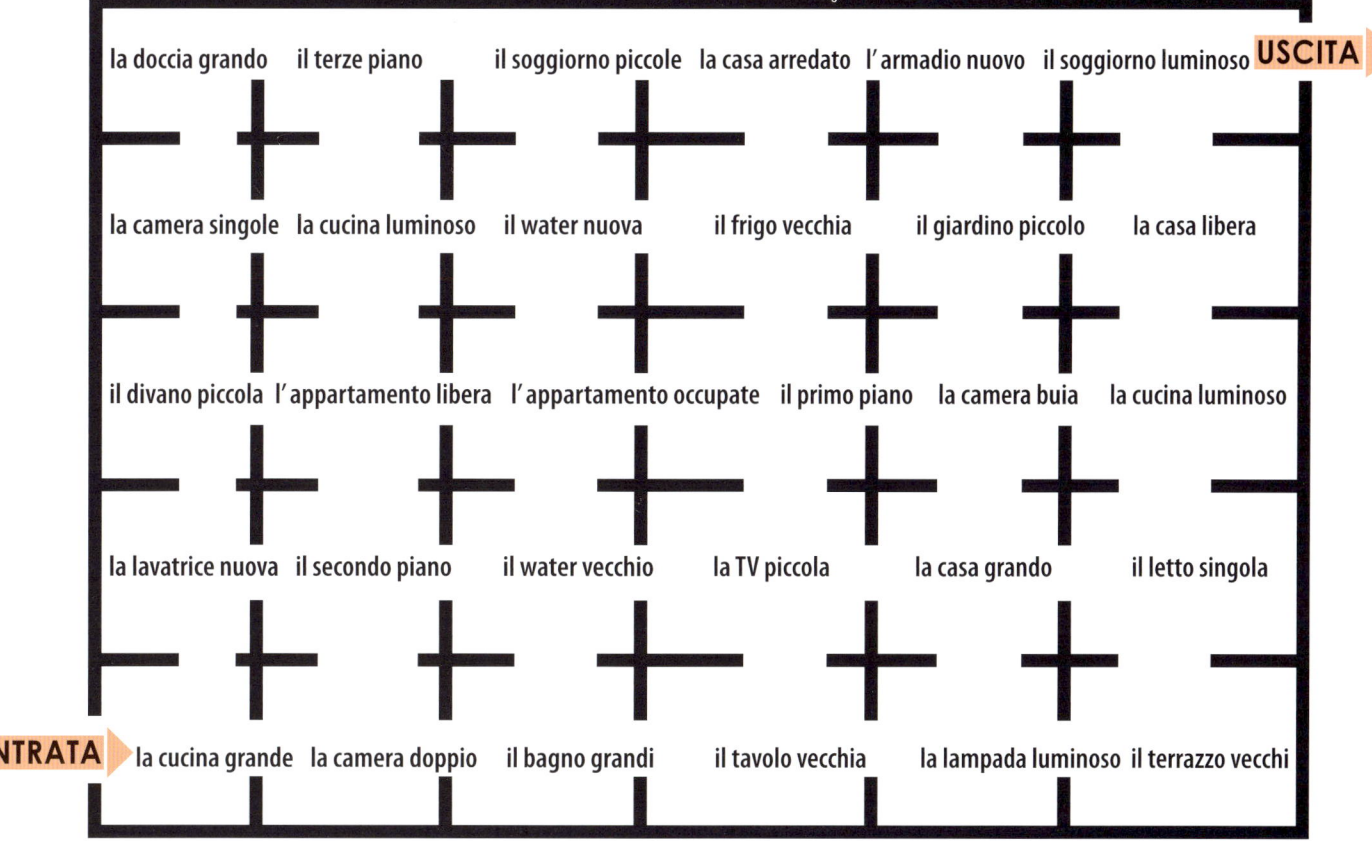

Eserciziario unità 5

11 Leggi il dialogo e indica se le affermazioni sono vere o false.

Roberto: Ehi Leshan, come va?
Leshan: Ciao Roberto, non c'è male. Sei libero questo fine settimana? Vieni in montagna con me e Matteo?
Roberto: Non posso perché fra tre giorni vado ad abitare in un nuovo appartamento e devo finire di mettere in ordine tutte le mie cose.
Leshan: Ma dai! Vai a vivere da solo?
Roberto: È un appartamento dove già abitano due ragazzi. Loro hanno una doppia, io invece prendo una camera singola perché voglio un po' di spazio e di silenzio per studiare e non amo andare in biblioteca.
Leshan: E com'è questo appartamento? Sono curiosa!
Roberto: L'appartamento è nuovo ma si trova in un vecchio palazzo nel centro della città.
Leshan: Accidenti! In centro!
Roberto: Eh, sì. È in via Pisacane n°10, tra il duomo e il museo, proprio lì davanti c'è anche la fermata dell'autobus… ma come sai preferisco sempre andare a piedi e fare due passi.
Leshan: Lo so, lo so… E com'è? È grande?
Roberto: Non molto. Ci sono una cucina, due camere e un bagno.
Leshan: Non c'è il soggiorno?
Roberto: Purtroppo c'è solo la cucina, però abbiamo una grande terrazza, dove d'estate è possibile mangiare e prendere il sole.
Leshan: La tua nuova stanza è già arredata, immagino.
Roberto: Beh, sì, insomma. Ci sono il letto, un tavolino e una sedia. Devo prendere dal vecchio appartamento l'armadio e lo specchio. E poi vorrei comprare una lampada e un quadro. A proposito, perché domattina non vieni con me in centro e mi aiuti a scegliere un bel quadro per la mia camera?
Leshan: Domattina… sì, perché no! Così poi pranziamo in quella pizzeria buonissima davanti alla farmacia.
Roberto: Bene, sono contento. Alle 9:00 di fronte all'edicola vicino a casa mia?
Leshan: D'accordo! A domani.
Roberto: A domani.

	V	F
1. Leshan passa il fine settimana con Matteo.	☐	☐
2. Roberto va a vivere in un'altra casa.	☐	☐
3. Nel nuovo appartamento c'è una camera doppia libera.	☐	☐
4. Roberto preferisce studiare in camera.	☐	☐
5. Il nuovo appartamento è a dieci minuti dal centro.	☐	☐
6. Roberto non ama prendere l'autobus.	☐	☐
7. L'appartamento ha un piccolo soggiorno.	☐	☐
8. Roberto vuole comprare un armadio e uno specchio.	☐	☐
9. La mattina dopo Leshan e Roberto vanno insieme a fare acquisti.	☐	☐
10. L'appuntamento è alle 9 a casa di Roberto.	☐	☐

12 Scegli l'appartamento giusto per ogni profilo. 根据每个人的情况，给他们选择合适的公寓。

1. Zona centro. Affittasi camera singola in appartamento già abitato da quattro ragazze. Due bagni, cucina abitabile, piccolo soggiorno con terrazza vista centro storico, camera arredata. Disponibile dal 28 maggio. No fumatori. 350 euro al mese spese escluse.

2. In appartamento composto da 3 camere singole, bagno, cucina abitabile con frigo grande e lavastoviglie, vicino a fermata di mezzi pubblici (stazione, autobus e tram) e all'ospedale, affittasi camera singola con arredamento nuovo. Appartamento abitato da un ragazzo e da una ragazza con gatto. 510 euro mensili + 170 euro di spese. Disponibile dal 1 Giugno.

3. Appartamento bilocale in Corso Italia, pieno centro storico. La casa è al quinto piano senza ascensore ed è composta da: soggiorno con terrazza, cucina abitabile, camera matrimoniale e bagno con box doccia. L'appartamento ha un piccolo giardino e un garage. Zona ben servita dai mezzi pubblici.

4. Luminoso appartamento di due locali, mq. 50 circa, al secondo piano e servito da ascensore. Al suo interno un soggiorno con piccola cucina e terrazza, camera matrimoniale e bagno con finestra. Posto auto all'interno dell'area condominiale. 500 euro + 150 euro di spese (gas, luce, acqua). Libero subito!

a. ☐ Polly è una ragazza che lavora in banca e che cerca un piccolo appartamento per vivere da sola. Vuole una terrazza, anche piccola, e una camera da letto grande. Il costo dell'affitto non è un problema.

b. ☐ Stefano e Simone sono una coppia di sportivi. Cercano un piccolo appartamento con una terrazza e un parcheggio privato (garage o posto auto). Stefano lavora all'università e vuole andare al lavoro a piedi. Simone lavora lontano dal centro e per andare al lavoro vuole usare l'autobus.

c. ☐ Ana è una ragazza spagnola che studia all'università di economia; nel tempo libero gioca a tennis ed esce col suo cane. A lei piacciono molto gli animali. A fine maggio vuole cambiare casa: cerca una camera singola nel centro della città e può spendere fino a 400 euro al mese.

13 Ascolta e indica se le seguenti affermazioni sono vere (V), false (F) o non presenti (NP).

	V	F	NP
1. A Lin piace il suo appartamento.	☐	☐	☐
2. L'appartamento di Lin è lontano dall'università.	☐	☐	☐
3. Alberto non è contento della sua casa.	☐	☐	☐
4. L'appartamento di Lin ha l'ascensore.	☐	☐	☐
5. Lin abita con altre ragazze.	☐	☐	☐
6. L'appartamento di Lin non costa molto.	☐	☐	☐

Adesso indica qual è l'appartamento di Lin.

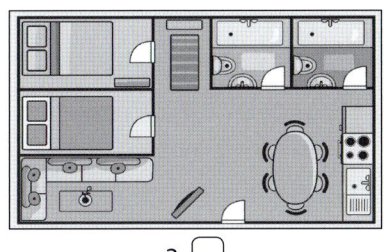

a. ☐

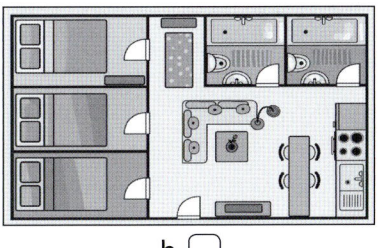

b. ☐

c. ☐

Eserciziario unità 5

14 Ascolta e indica l'opzione corretta.

Dialogo 1
Marco non può uscire con gli amici perché deve
    a. studiare.
    b. mettere in ordine.
    c. uscire con la ragazza.

Dialogo 2
L' appartamento in centro è
    a. occupato.
    b. libero.
    c. vicino alla fermata dell'autobus.

Dialogo 3
1. Nina vuole comprare
    a. una lampada.
    b. una libreria.
    c. una finestra.

2. Nina usa il soggiorno per
    a. lavorare al computer.
    b. passare il tempo libero.
    c. cucinare per gli amici.

Eserciziario

1 **Leggi e collega ogni azione all'immagine giusta.** 阅读并把每个动作和对应的图片连接起来。

È domenica mattina e Li (1) **si alza alle 7**. Si prepara per andare a correre: (2) **si mette abiti sportivi**, prende il cellulare e gli auricolari (耳机) ed (3) **esce**. (4) **Va a correre** lungo il fiume. Dopo 30 minuti ritorna a casa, (5) **si spoglia**, (6) **si lava** e finalmente (7) **fa colazione**: pane, burro e marmellata, un succo e un caffè! (8) **Si rilassa un po' sul divano**, legge un libro e… (9) **si addormenta**. (10) **Si sveglia alle 11**: è tardi!

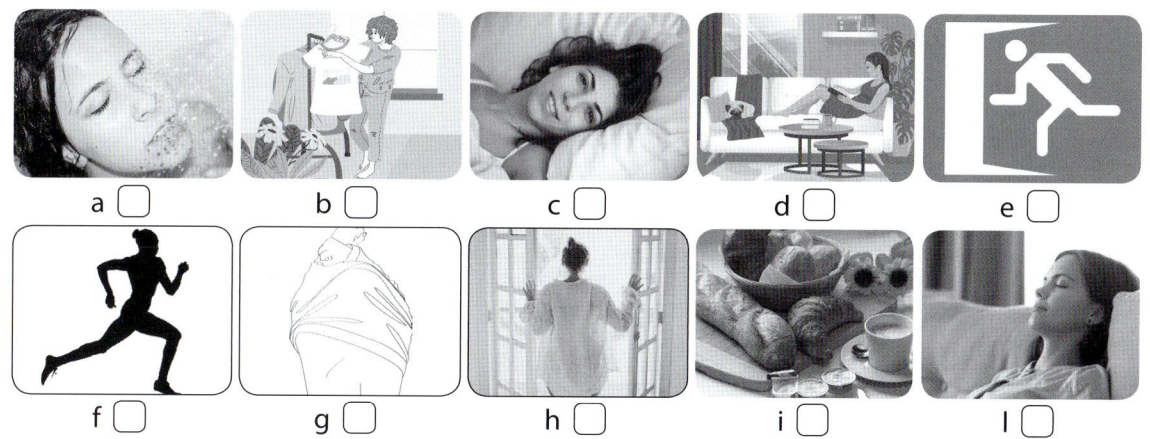

a ☐   b ☐   c ☐   d ☐   e ☐
f ☐   g ☐   h ☐   i ☐   l ☐

2 **Completa la forma verbale con il pronome e/o la desinenza.** 用代词和 / 或词尾完成动词变位形式。

1. mi alz____ / 2. ci pettin____ / 3. ____ trucca / 4. ____ svegli / 5. voi ____ prepar____ / 6. loro ____ lav____ / 7. ____ incontriamo / 8. mi mett____ / 9. io ____ divert____ / 10. ____ spoglia / 11. ci sent____ / 12. lei ____ mett____ / 13. io ____ annoi____ / 14. ____ siedono / 15. ti rilass____ / 16. ____ prepariamo / 17. lui ____ divert____ / 18. ti vest____ / 19. ____ pettinano / 20. ____ addormentate.

3 **Quante cose fa Santiago! Leggi le espressioni nel riquadro e, dopo aver coniugato i verbi al presente, ricostruisci la sua giornata tipica.** Santiago做这么多的事儿啊！读下面的表达方式，使用现在时的动词变位形式来说出他日常生活中的一天。

a. svegliarsi • b. prendere l'autobus delle 7:15 • c. alle 8:15 andare a lezione di italiano • d. uscire di casa • e. fare colazione con latte e cereali • f. pranzare all'una con i suoi amici • g. pettinarsi • h. vestirsi • i. alle 19 andare in palestra • j. cenare • k. studiare nel pomeriggio con Luca • l. addormentarsi 23 • m. arrivare all'universita alle 8

Santiago si sveglia alle sei e mezzo, poi

_____
_____
_____

4 **E tu? Scrivi un breve testo raccontando cosa fai durante la giornata.**
你呢？写一篇短文来讲述你一天的生活。

Eserciziario unità 6

5 Verbi riflessivi o non riflessivi? Sottolinea la forma appropriata dei verbi. 在恰当的动词变位形式下划线。

1. La mattina *vesto / mi vesto* e poi *trucco / mi trucco*.
2. Anna *pettina / si pettina* davanti allo specchio.
3. La mamma *veste / si veste* la bambina.
4. Quanto spesso *lavate / vi lavate* la macchina?
5. Noi *laviamo / ci laviamo* tutte le mattine.
6. Luca *spoglia / si spoglia* prima di fare la doccia.
7. La mattina Mao *sveglia / si sveglia* sempre Anna.
8. La bambina *trucca / si trucca* la bambola.

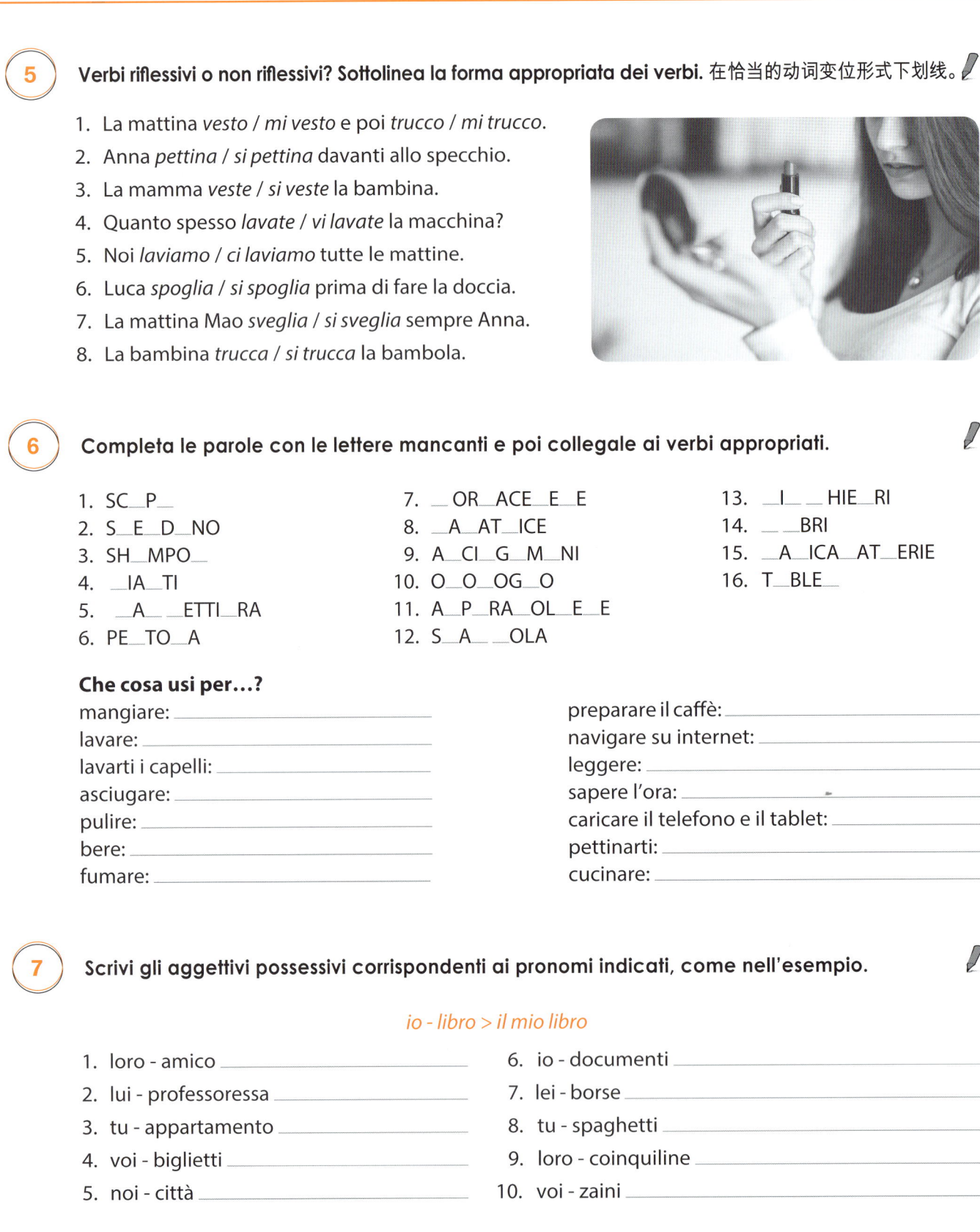

6 Completa le parole con le lettere mancanti e poi collegale ai verbi appropriati.

1. SC_ _P_
2. S_E_ _D_ _NO
3. SH_ _MPO_
4. _ _IA_ _TI
5. _ _A_ _ _ETTI_ _RA
6. PE_ _TO_ _A
7. _ _OR_ _ACE_ _E_ _E
8. _ _A_ _AT_ _ICE
9. A_ _CI_ _G_ _M_ _NI
10. O_ _O_ _OG_ _O
11. A_ _P_ _RA_ _OL_ _E_ _E
12. S_ _A_ _ _ _OLA
13. _ _I_ _ _ _HIE_ _RI
14. _ _ _ _BRI
15. _ _A_ _ICA_ _AT_ _ERIE
16. T_ _BLE_

Che cosa usi per…?

mangiare: _____
lavare: _____
lavarti i capelli: _____
asciugare: _____
pulire: _____
bere: _____
fumare: _____

preparare il caffè: _____
navigare su internet: _____
leggere: _____
sapere l'ora: _____
caricare il telefono e il tablet: _____
pettinarti: _____
cucinare: _____

7 Scrivi gli aggettivi possessivi corrispondenti ai pronomi indicati, come nell'esempio.

io - libro > il mio libro

1. loro - amico _____
2. lui - professoressa _____
3. tu - appartamento _____
4. voi - biglietti _____
5. noi - città _____
6. io - documenti _____
7. lei - borse _____
8. tu - spaghetti _____
9. loro - coinquiline _____
10. voi - zaini _____

8 Completa le frasi con gli articoli e gli aggettivi possessivi appropriati.

1. Signora, questo è _____ caffè.
2. Mao, quale è _____ indirizzo email?

3. Ragazzi, a che ora parte _____ treno?
4. Abitiamo a Chongqing, _____ città è molto grande.
5. (io) _____ appartamento è piccolo, ma mi piace molto.
6. (noi) _____ professore di italiano si chiama Marco.
7. Sara vive in centro, _____ casa è vicino all'università.
8. Ti piace (io) _____ borsa nuova?

9 Guarda l'immagine e rispondi alle domande.

1. Che cosa sta facendo Marco?
2. Che cosa sta facendo Andrea?
3. Che cosa stanno facendo Anna e Mario?
4. Che cosa sta facendo Stefano?
5. Che cosa stanno facendo Emilio e Giorgio?
6. Che cosa sta facendo Alessia?
7. Che cosa stanno facendo Eva, Lisa e Carlo?
8. Che cosa sta facendo Marta?
9. Che cosa sta facendo Giacomo?
10. Che cosa sta facendo Michele?

 Marco
 Emilio e Giorgio
 Giacomo
 Andrea
 Alessia
 Anna e Mario
 Eva, Lisa e Carlo
 Michele
 Stefano
 Marta

10 Conoscere o sapere? Sottolinea l'alternativa corretta.

1. (voi) *Conoscete / Sapete* il ragazzo di Anna?
2. Mao, *conosci / sai* dov'è un'edicola?
3. (noi) *Conosciamo / Sappiamo* una buona pizzeria a Firenze.
4. *Conosco / So* bene Roma, abito qui da dieci anni.
5. Io e Luca andiamo sempre in piscina insieme, *conosciamo / sappiamo* nuotare molto bene.
6. Ragazzi, *conoscete / sapete* che ore sono?
7. Sara *conosce / sa* cucinare bene la pizza.
8. Andrea e Giulia *conoscono / sanno* parlare bene l'inglese, vivono in Inghilterra da due anni.

Eserciziario unità 6

11 La giornata di Ciro e Alessia. Leggi il testo e rispondi: vero o falso?

Ciro e Alessia abitano insieme. La mattina di solito Alessia si sveglia alle sette, si alza subito e si fa la doccia. Dopo la doccia Alessia si veste, sveglia Ciro e prepara la colazione. Ciro resta cinque minuti a letto, poi si alza e fa colazione con Alessia. Dopo la colazione, mentre Alessia si trucca, Ciro si fa la doccia. Alessia esce di casa alle otto e va a lavoro in macchina. Arriva in ufficio alle 8.30 e finisce di lavorare alle tredici. Alle 13.30 Alessia pranza con i colleghi in mensa. Ciro dopo la doccia si veste, si prepara e va al lavoro a piedi. Alle 18 Ciro e Alessia tornano a casa, si rilassano un po' sul divano e alle 20 cenano. Dopo cena si sdraiano di nuovo sul divano e guardano insieme la tv. Verso mezzanotte si alzano e vanno a letto. Ciro si addormenta subito, Alessia legge un po' prima di dormire.

	V	F
1. Alessia si sveglia prima di Ciro.	☐	☐
2. Ciro prepara la colazione.	☐	☐
3. Alessia prende l'autobus.	☐	☐
4. La mattina Alessia lavora quattro ore e mezza.	☐	☐
5. Ciro pranza con i colleghi.	☐	☐
6. Prima di cena Alessia e Ciro si riposano.	☐	☐
7. Ciro e Alessia si addormentano sul divano.	☐	☐

12 La giornata tipo dell'attore Fabio di Ninno. Leggi il testo e indica se le frasi sono vere (V) o false (F).

Fabio di Ninno è un attore famoso. Questa è la sua giornata tipo. La mattina si alza presto, più o meno verso le 7, perché non ama stare a letto, e fa colazione. A Fabio piace bere un cappuccino e mangiare subito qualcosa di dolce. Poi si fa la doccia, si veste e va al lavoro. Non lavora sempre nello stesso posto. A volte lavora per settimane a Roma, nel teatro vicino a dove abita, e allora va a piedi perché così può fare un po' di movimento. Qualche volta, invece, lavora molto lontano da casa e così prende l'autobus o la macchina, dipende da dove deve andare. Se è possibile, preferisce spostarsi con i mezzi e non con l'auto perché così durante il viaggio si può riposare un po'. A pranzo mangia quasi sempre fuori. Generalmente le persone che lavorano con lui, i suoi colleghi attori ma anche le altre persone dello staff, pranzano insieme mentre continuano a parlare di lavoro. Ma a lui piace rilassarsi da solo e non pensare al lavoro quando mangia, quindi di solito cerca un ristorante vicino, ordina un primo o un secondo, o se non ha molto tempo prende qualcosa di veloce in un bar: un panino o una piadina. Quando prepara un nuovo spettacolo lavora anche 10 ore al giorno e quindi la pausa pranzo è breve e ritorna subito a teatro. Però la sera quando è in città cena sempre a casa. Dopo una giornata di lavoro ama stare tranquillo: arriva a casa, si spoglia, si fa una doccia e poi si mette a cucinare. A Fabio non piace mangiare cibi già pronti ed è abbastanza bravo in cucina. Dopo cena è stanco e quindi legge un po' il giornale… non si sdraia sul divano perché sa che poi si addormenta subito, allora va a letto, accende la tv in camera, guarda se c'è qualcosa di interessante ma non arriva mai alla fine perché si addormenta prima. Il suo lavoro è stancante ma si diverte molto perché non fa mai le stesse cose e conosce persone diverse.

	V	F
1. Fabio si sveglia alle sette ma resta un'ora a letto.	☐	☐
2. Prima fa colazione e poi fa la doccia.	☐	☐
3. Quando è a Roma cammina per andare a lavoro.	☐	☐
4. Quando lavora lontano da casa usa i mezzi.	☐	☐
5. Fabio pranza con le persone che lavorano con lui.	☐	☐
6. Pranza al bar quando ha poco tempo.	☐	☐
7. Fabio lavora anche di pomeriggio.	☐	☐
8. La sera è stanco e ordina qualcosa al ristorante.	☐	☐
9. La sera guarda la tv a letto.	☐	☐
10. Preferisce lavorare con le persone che già conosce.	☐	☐

13) Maria, studentessa in Erasmus. Leggi il testo e indica se le affermazioni sono vere (V), false (F) o non presenti (NP).

Maria è una studentessa spagnola, studia Farmacia all'Università di Oviedo, in Spagna, ma quest'anno è in Italia perché è "in Erasmus". L'Erasmus è un programma di studi che dà la possibilità a uno studente europeo di studiare in un altro paese dell'Unione europea per un periodo di tempo che va dai tre ai dodici mesi.
Infatti Maria adesso è in Italia, a Pisa e vive in un appartamento con altri due ragazzi spagnoli e due ragazze italiane. L'appartamento è vicino alla stazione, ma è un po' lontano dall'Università, così per andare a lezione Maria prende sempre la bicicletta. Non parla ancora bene l'italiano, anche se capisce quasi tutto. Dividere l'appartamento con gli studenti italiani la sta aiutando molto, ma non è sufficiente per seguire le lezioni all'Università. Per questo Maria frequenta anche le lezioni di italiano del Centro Linguistico dell'Università. Le lezioni di lingua sono importanti, ma sono anche divertenti perché gli insegnanti del corso sono simpatici e amichevoli. Nel corso ci sono studenti di tutte le nazionalità e Maria è molto contenta di conoscere e fare amicizia con ragazzi che vengono da tutte le parti del mondo. La sera, quando le lezioni sono finite, gli studenti Erasmus organizzano delle feste che a volte durano tutta la notte. Ma quando gli esami sono vicini Maria non va più alle feste, si alza presto la mattina, si lava, fa colazione e comincia a studiare presto. A volte studia fino a sera tardi, durante il giorno beve sempre tanti caffè e mangia frutta e cioccolata. Dopo cena parla con la sua famiglia in Spagna, guarda una serie al computer oppure esce per fare una passeggiata. Si addormenta sempre tardi, ma mai dopo la mezzanotte, perché sa che la mattina dopo deve svegliarsi presto per cominciare un'altra giornata di studio.

	V	F	NP
1. Maria sta frequentando l'università in Italia.	☐	☐	☐
2. Con "Erasmus" è possibile studiare un anno in un paese differente.	☐	☐	☐
3. Abita in un appartamento vicino all'Università.	☐	☐	☐
4. Maria è spagnola, ma parla molto bene l'italiano.	☐	☐	☐
5. Alcune lezioni sono in lingua inglese.	☐	☐	☐
6. Al Centro Linguistico Maria incontra molti studenti internazionali.	☐	☐	☐
7. Maria non va mai alle feste degli studenti Erasmus.	☐	☐	☐
8. Quando Maria deve preparare un esame studia tutto il giorno.	☐	☐	☐
9. Quando gli esami sono vicini Maria va a studiare in biblioteca.	☐	☐	☐
10. A Maria piace molto la cioccolata.	☐	☐	☐
11. La sera dopo cena Maria va in Spagna dalla sua famiglia.	☐	☐	☐
12. Si addormenta sempre dopo la mezzanotte.	☐	☐	☐

14) Sabato mattina: studio o relax? Ascolta l'intervista a studenti universitari e rispondi alle domande.

1. Il sabato mattina fa colazione
   a. prima di andare a correre.
   b. a casa, dopo la corsa.
   c. al parco, dopo la corsa.

2. Il sabato mattina si sveglia tardi e
   a. va a lezione.
   b. si mette a studiare subito.
   c. va a studiare al parco.

3. Il sabato mattina si prepara e poi
   a. esce con le sue amiche.
   b. va a lavorare in un bar del centro.
   c. fa colazione con il suo amico.

4. Il sabato mattina
   a. fa colazione e poi studia tutto il tempo.
   b. pulisce la casa e poi esce.
   c. mangia in casa con il suo ragazzo.

Eserciziario unità 7

1. Riordina le lettere per formare la parola corretta e associala all'immagine corrispondente.
重新排列字母组成正确的单词，然后用此正确的单词和对应的图片连接起来。

1. petno _____
2. paziza _____
3. sofamero _____
4. fumie _____
5. grocileatta _____

6. tarteo _____
7. plazzao _____
8. incrioco _____
9. sratda _____
10. anolgo _____

a. b. c. d. e. f. g. h. i. j.

2. Completa con il verbo *volere* o con le espressioni *ci vuole/ci vogliono*.

1. Peng _____ visitare Bologna.
2. Da Pisa a Firenze _____ cinquanta minuti in treno.
3. Noi _____ andare a Firenze in treno.
4. A: Quanto _____ per arrivare alla stazione a piedi?
   B: _____ poco.
5. Quante ore _____ in macchina da Roma a Napoli?
6. Ragazzi, _____ venire allo stadio con noi?

3. Sottolinea la forma corretta dell'imperativo (tu).

1. *Attraversa / Attraversi* l'incrocio.
2. *Prende / Prendi* la seconda strada a sinistra.
3. *Giri / Gira* a destra.
4. *Fermati / Fermate* all'incrocio.
5. *Continuo / Continua* dritto fino al semaforo.
6. *Vai / Vado* sempre dritto.
7. *Attraversi / Attraversa* il ponte.
8. *Non gira / Non girare* a sinistra.

4. Correggi le espressioni sottolineate sostituendole con quelle contenute nel riquadro.

A. all'incrocio - gira - a destra	*Luca*: Pronto Marco, sono all'università. Mi dai le indicazioni per arrivare a casa tua? *Marco*: Ciao Luca, certo. Esci dall'università e gira (1) <u>sempre dritto</u> _____. Poi fermati (2) <u>la piazza</u> _____ e (3) <u>continua</u> _____ a sinistra. Io abito lì, all'angolo.
B. vai - continua - prendi	*Elisa*: Ciao Anna, domani sera vieni in pizzeria con i nostri compagni del corso di italiano? *Anna*: Sì, volentieri. Però non conosco questa pizzeria, dove si trova? *Elisa*: Guarda, è molto facile. Da qui (4) <u>prendi</u> _____ sempre dritto fino al semaforo, poi (5) <u>vai</u> _____ la seconda strada a destra e (6) <u>gira</u> _____ fino alla piazza. La pizzeria *Bella Napoli* è proprio lì in piazza, il primo palazzo rosso.

214

5
Completa le frasi con la forma corretta dell'imperativo (tu).

1. Matteo, (avere) _____ pazienza (耐心) ancora cinque minuti. Mi pettino e sono pronta per uscire.
2. Luca, (dare) _____ gli appunti a Paolo quando lo vedi.
3. Anna, (essere) _____ buona e compra un regalo a Maria.
4. Feng, (stare) _____ attento (小心) quando attraversi la strada, c'è molto traffico.
5. Wang, (dire) _____ ai tuoi amici che sabato sera facciamo una festa nel nostro appartamento.
6. Maria, (fare) _____ la spesa al supermercato quando esci da lavoro e compra le uova.
7. Xiao Li, (sapere) _____ che l'esame di matematica è molto difficile. Devi studiare molto.
8. Ilaria, (andare) _____ in farmacia e compra i cerotti, per favore.

6
Luca, che pigrone (懒人)! Trasforma i verbi all'imperativo. Attenzione ai pronomi!

Mamma: Forza Luca, è tardi, devi andare a scuola! (1. svegliarsi) _____ e (2. alzarsi) _____ subito! Non (3. addormentarsi) _____ di nuovo. (4. Andare) _____ in bagno, (5. lavarsi) _____, (6. pettinarsi) _____ e (7. vestirsi) _____! (8. Fare) _____ colazione, non (9. fermarsi) _____ a giocare con il cellulare. Non (10. perdere) _____ l'autobus, (11. cercare) _____ di arrivare in tempo a scuola.
Luca: Ma dai mamma, non (12. preoccuparsi) _____, cinque minuti ancora e sono pronto.

7
Completa le frasi con il pronome diretto appropriato.

1. **A**: Quando dai l'esame di matematica? - **B**: _____ do al secondo appello.
2. Mi piacciono molto le verdure, _____ mangio sempre a pranzo.
3. **A**: Chi compra i biglietti per il film? - **B**: _____ prende Anna per tutti prima del film.
4. **A**: Ordiniamo una pizza? – **B**: Sì, _____ mangio volentieri.
5. Davanti al ristorante ci sono i giardini pubblici, _____ vedi?
6. **A**: Conosci le amiche di Lisa? – **B**: Sì, _____ conosco. Esco spesso con loro.
7. Ascolto spesso la musica, _____ ascolto anche mentre studio.
8. Il Duomo di Milano è molto famoso, _____ voglio andare a visitare.

8
Riscrivi le frasi usando la particella *ci*, come nell'esempio. 仿照例子，用小品词ci重新写句子。

A teatro? No, mi dispiace, non vengo <u>a teatro</u>!
*A teatro? No, mi dispiace, non **ci** vengo!*

1. Giulia ama la Cina e va <u>in Cina</u> ogni estate.
   _____

2. Mi piace il cibo della mensa e vado spesso <u>alla mensa</u> a pranzo.
   _____

Eserciziario unità 7

3. Vicino al mio appartamento c'è un grande parco e vado <u>al parco</u> a correre tutti i giorni.

4. Andate spesso al cinema? Sì, andiamo <u>al cinema</u> tutte le settimane.

5. Anna prepara la pizza e mette <u>sulla pizza</u> molta mozzarella perché sa che mi piace molto.

6. Preparo la valigia per le vacanze e metto <u>nella valigia</u> i miei vestiti.

7. Marco e Gianni vanno sempre a studiare in biblioteca e vanno <u>in biblioteca</u> anche domani.

8. Come vai all'università? Vado <u>all'università</u> in metropolitana.

9 Completa il cruciverba con le professioni corrette.

Verticali:
1. Il _____ vende le medicine.
2. Il _____ cura gli animali.
3. Il _____ porta le lettere.
4. Il _____ cura i malati.
8. L'_____ usa il computer.

Orizzontali:
5. Il _____ costruisce le case.
6. Il _____ pesca il pesce.
7. Il _____ controlla il traffico.
9. Il _____ lavora la terra.
10. L'_____ ripara l'impianto elettrico.

10 Dove lavorano? Sottolinea l'opzione corretta e inserisci la preposizione appropriata.
在正确的词语下划线并填入恰当的前置词。

1. *Il contadino / Il postino* lavora _____ ufficio postale.
2. *La farmacista / La barista* lavora _____ bar.
3. *Il vigile / Il veterinario* lavora _____ strada.
4. *L'operaio / Il tabaccaio* lavora _____ fabbrica.
5. *Il cuoco / L'elettricista* lavora _____ ristorante.
6. *L'insegnante / Il muratore* lavora _____ cantiere (工地.).
7. *Il pescatore / Il tabaccaio* lavora _____ barca.
8. *La postina / La contadina* lavora _____ campagna.

barca

11 Leggi la descrizione di Genova e di Ravenna e indica a quale città si riferiscono le seguenti affermazioni.

Genova	Ravenna
Una città italiana che devi visitare è Genova. Genova è sul mare e ha un grande porto, molto importante per l'economia italiana. La parte più vecchia del porto, il Porto Antico, è anche un luogo di grande interesse turistico. Per visitare Genova puoi partire dalla *Lanterna*, che è il simbolo della città: è il terzo **faro** più antico del mondo. È alto 77 metri ed è il faro più alto del Mediterraneo. Se sali fino in cima (ci sono 172 scalini) puoi ammirare un panorama meraviglioso sul porto e sulla città vecchia. Ma l'attrazione più famosa e amata di Genova è l'**Acquario**, ospita moltissime varietà di pesci ed è visitato ogni anno da milioni di visitatori. Anche il centro storico è tra i più grandi d'Europa ed è un patrimonio mondiale dell'umanità, dichiarato dall'Unesco nel 2006. Genova è famosa anche per la sua cucina. Qual è il piatto più tipico di Genova? La **focaccia**! I genovesi la mangiano in ogni momento del giorno, dalla colazione, insieme al cappuccino, alla cena. Genova è anche la capitale del **pesto**, il condimento verde con basilico, pinoli, aglio, olio e parmigiano famoso in tutto il mondo. Genova è famosa anche per i suoi "cantautori", cioè dei poeti che cantano le loro canzoni, come Fabrizio de Andrè, Gino Paoli e Bruno Lauzi.	Ravenna è una città della regione Emilia Romagna che è a pochi chilometri dal Mare Adriatico. Per la qualità dei servizi che offre è il luogo ideale per una vacanza dove ti puoi divertire e rilassare allo stesso tempo. Sole, relax, mare, giochi, attività sportive, escursioni e passeggiate nella natura: tutto questo puoi trovare a Ravenna, insieme ad una cucina gustosa e rinomata. Non puoi andare via da Ravenna senza aver provato la famosa **piadina** romagnola! La città è nota anche per i suoi straordinari monumenti dichiarati dall'Unesco patrimonio mondiale dell'umanità, come per esempio la **Basilica** di San Vitale, il Mausoleo di Galla Placidia, la Basilica di Sant'Apollinare in Classe e molte altre chiese dove ci sono mosaici bizantini unici. Ravenna è famosa anche perché qui si trova la **tomba** di **Dante Alighieri**, il grande poeta autore della Divina Commedia e considerato il padre della lingua italiana. Per ricordare Dante ogni settembre ci sono manifestazioni ed eventi in suo onore. Ogni anno a inizio estate è possibile partecipare al *Ravenna Festival*, dove puoi ascoltare concerti di musica classica e contemporanea e vedere spettacoli di teatro e la danza.

faro   **Acquario**   **focaccia**   **pesto**   **piadina**   **Basilica**   **tomba**   **Dante Alighieri**

	Genova	Ravenna	Tutte e due
1. Questa città è sul mare.	☐	☐	☐
2. Ha un grande porto molto importante.	☐	☐	☐
3. È una città dove ti puoi divertire.	☐	☐	☐
4. Ha un luogo da dove puoi vedere tutta la città.	☐	☐	☐
5. Il centro della città è patrimonio Unesco.	☐	☐	☐
6. Ha chiese e monumenti famosi.	☐	☐	☐
7. Ha un luogo dove puoi vedere molti animali.	☐	☐	☐
8. È famosa per la sua cucina.	☐	☐	☐
9. Ogni anno celebra un grande poeta.	☐	☐	☐
10. Offre spettacoli di musica.	☐	☐	☐

Eserciziario unità 7

12 Rimini Rimini. Completa il testo con le espressioni nel riquadro. Attenzione, ci sono delle parole in più!

> sue • in • da • dove • suoi • poi • per • di • nelle • dopo • da • al • quando • del • al • nelle • nel

Rimini è una delle città d'Italia con il più alto numero _____ (1) locali, pub, enoteche, lounge bar e discoteche. La vita della notte riminese è internazionale, i _____ (2) locali e le sue discoteche attirano turisti, giovani e non, _____ (3) tutto il mondo. La città è considerata infatti la capitale _____ (4) divertimento in Italia. Nelle sue famose discoteche è possibile infatti ballare e divertirsi fino _____ (5) mattino. Ma Rimini non è solo musica e locali, il centro storico con le _____ (6) piazze e piccole strade è luogo di incontro di giovani e adulti. La zona della Vecchia Pescheria con i suoi bar, pub e trattorie o la zona Porto e Marina Centro, sono ricchi di locali con musica dal vivo. _____ (7) piazzette di Borgo San Giuliano ci sono tante enoteche e trattorie tradizionali. Sul lungomare i tanti locali e ristorantini danno la possibilità di mangiare e bere a pochi passi dalle spiagge. Di giorno, _____ (8) le discoteche sono chiuse, i turisti vanno _____ (9) spiaggia e si riposano _____ (10) una notte di divertimento.

13 Lago Trasimeno: il mare dell'Umbria. Completa il testo con le espressioni nel riquadro. Attenzione, ci sono delle parole in più!

> assaggiare • isola • bicicletta • vacanza • all'aperto • pesce • piedi • parco • giro • possibilità • corso • passeggiata • palazzi • vedere

Fine settimana al lago Trasimeno: tra escursioni alle isole, visite guidate ai castelli, attività sportive e buon cibo. Il lago Trasimeno, il quarto lago più grande d'Italia, vi aspetta per un weekend dove cultura e natura si incontrano. Chi ama fare passeggiate e attività sportive _____ (1) non deve perdersi il lungolago, una _____ (2) di molti chilometri che permette di fare il _____ (3) del lago a piedi. Per chi invece vuole conoscere la zona in _____ (4), c'è la possibilità di visitare tutti i paesi intorno al Trasimeno. Se amate la natura e gli animali, non potete perdervi la visita all'Isola Polvese, _____ (5) naturale e luogo per il turismo verde e il relax. Qui potete fare lunghe passeggiate nel verde o prendere una barca e girare intorno all'_____ (6). Ma il lago Trasimeno non offre solo paesaggi molto belli e la _____ (7) di fare attività nella natura, ma anche visite a _____ (8) storici e castelli medievali molto caratteristici. Infine, prima di tornare a casa, non vi dimenticate di _____ (9) la cucina di _____ (10), e i tipici fagioli del Trasimeno!

14 Ascolta i dialoghi e indica l'opzione corretta.

Dialogo 1

1. La ragazza
    a. vuole andare al mare e cerca un ristorante lì vicino aperto a pranzo.
    b. ha un appuntamento con un amico in un ristorante ma non conosce la strada.
    c. chiede indicazioni per un ristorante e il ragazzo consiglia un altro ristorante.

2. Il ristorante *Da Gino*
    a. è caro. ▢
    b. è vicino. ▢

Dialogo 2

1. Il ragazzo
    a. chiede indicazioni per la farmacia e decide di andarci in autobus. ▢
    b. vuole andare in farmacia a piedi ma la ragazza consiglia l'autobus. ▢
    c. chiede alla ragazza dove può comprare i biglietti dell'autobus. ▢

2. L'autobus per la farmacia è il
    a. 40A. ▢
    b. 32A. ▢

Dialogo 3

1. Peng
    a. chiede indicazioni stradali perché alla stazione non ci sono taxi. ▢
    b. deve camminare per 5 minuti per arrivare a casa di Sun. ▢
    c. preferisce andare a piedi a casa di Sun perché non vuole sbagliare. ▢

2. La casa di Sun
    a. è in via Risorgimento. ▢
    b. è a 200 metri dalla stazione. ▢
    c. ha una porta rossa. ▢

Eserciziario unità 8

1 Separa le espressioni e poi separa le parole contenute all'interno di ogni singola espressione, come nell'esempio. Infine, associala all'immagine corrispondente.

/pollo-arrosto-con-patate/

panerisottoaifunghigelatoallavanigliacrostinimistispaghettialloscogliolasagnetiramisù
spaghettialpomodoroacquanaturaleinsalatamistacotolettaallamilanese

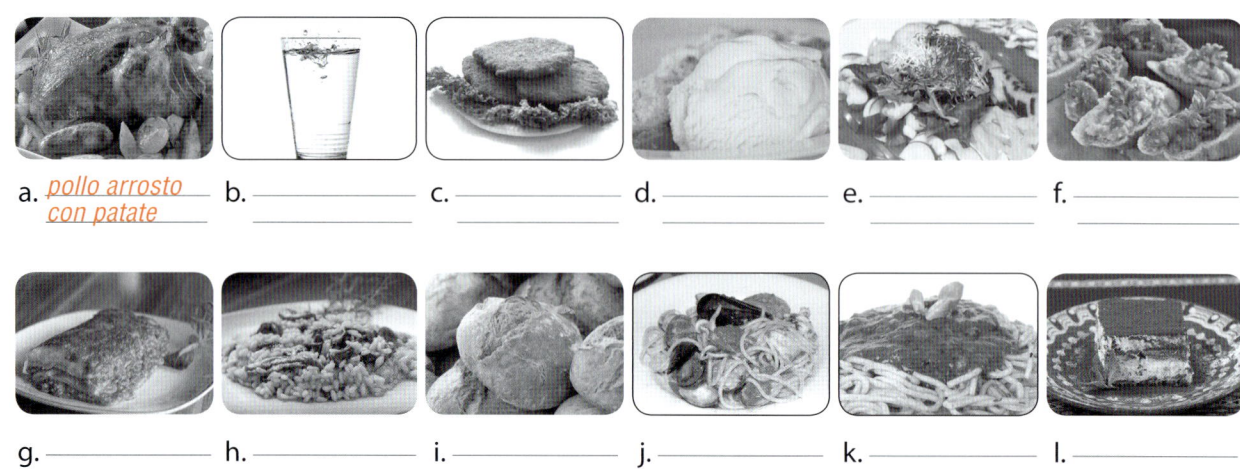

a. *pollo arrosto con patate* b. _____ c. _____ d. _____ e. _____ f. _____

g. _____ h. _____ i. _____ j. _____ k. _____ l. _____

2 Chi pronuncia queste frasi? Scrivi CA se sono pronunciate dal cameriere o CL se dal cliente.

1. Volete un dolce?
2. Vorrei dell'acqua naturale, grazie.
3. Prendo una bistecca ai ferri con un'insalata mista.
4. Naturale o gassata?
5. Cosa avete di primo?
6. Volete anche un secondo?
7. Come primo abbiamo ravioli al ragù, pasta al pomodoro e risotto ai funghi.
8. Avete il gelato?
9. Abbiamo cotoletta alla milanese, bistecca ai ferri e orata al forno.
10. Preferisce patatine fritte o insalata mista?
11. Vi porto subito l'acqua e anche un po' di pane.
12. Cosa vi porto da bere?

3 Riordina le battute per formare un dialogo tra il cameriere e i clienti.

a. ☐ Buongiorno Signori, ecco il menù. Posso portare qualcosa da bere intanto?
b. ☐ Prendiamo il pollo con patate.
c. ☐ Mi piacciono molto i crostini misti, prendo quelli. E poi vorrei le penne alla carbonara.
d. ☐ Certo, vi porto subito l'acqua e il vino.
e. ☐ Io invece passo direttamente al primo, vorrei le penne all'amatriciana.
f. ☐ Cosa avete come antipasto?
g. ☐ Abbiamo crostini e affettati misti.
h. ☐ Sì, grazie. Prendiamo dell'acqua naturale e del vino rosso della casa, grazie.
i. ☐ Volete anche un secondo? Abbiamo pollo arrosto con patate, orata al forno, cotoletta alla milanese...
j. ☐ Benissimo, porto subito l'antipasto.

4) Essere o avere? Metti i verbi al posto giusto.

andare • venire • arrivare • partire • ritornare • entrare • uscire • alzarsi • abitare • pensare • viaggiare • passeggiare • nuotare • essere • stare • rimanere • piacere • divertirsi • dormire • diventare • telefonare • ballare • giocare • prenotare • sentire • fermarsi • nascere • morire

avere	essere

5) Completa con l'ausiliare corretto e la vocale finale appropriata.

1. Ieri Laura _____ andat_____ a vedere una mostra di arte contemporanea.
2. Il treno _____ arrivat_____ in ritardo.
3. Maurizio _____ comprat_____ una casa in montagna.
4. Paolo e Francesca _____ partit_____ per le vacanze.
5. Ieri (io) _____ fatt_____ un giro in barca.
6. Veronica e Lin _____ rimast_____ a casa.
7. Alessia _____ nat_____ nel 1984.
8. Dante Alighieri _____ mort_____ a Ravenna nel 1321.
9. Loro non _____ mess_____ in ordine la loro stanza.
10. Marco e Monica _____ passat_____ le vacanze in Sicilia.

6) Inserisci le espressioni nel riquadro al posto giusto. Le espressioni sono in ordine. Dopo trasforma i verbi che nel testo sono *in corsivo* dal presente al passato prossimo. Attenzione, ci sono due spazi in più!

maggio • studiare • nel • balla • piazze

Carla Fracci *nasce* a Milano il 20 agosto 1936 e *muore* il 27 _____ (1) 2021, all'età di 84 anni. Nel 1946 *inizia* la Scuola di ballo del Teatro alla Scala. Nel 1954 *prende* il diploma e *continua* a _____ (2) danza: *partecipa* a stage avanzati a Londra, Parigi e New York. _____ (3) 1958 *diventa* prima ballerina. Negli anni 70 *balla* con alcune compagnie _____ (4) straniere come il London Festival Ballet o l'American Ballet Theatre. *Danza* _____ (5) con i più grandi ballerini del suo tempo come Rudolf Nureyev. Suo marito, Beppe Menegatti, è il regista di molte sue opere. Carla Fracci è una ballerina rivoluzionaria perché non solo _____ (6) nei teatri, ma *porta* il ballo anche nei luoghi più popolari, nelle chiese e nelle _____ (7), per far conoscere il balletto classico a tutti.

Al Passato prossimo

Carla Fracci è nata a Milano ed è morta...

Eserciziario unità 8

7 Completa con le forme mancanti del participio passato (regolare e irregolare) o dell'infinito.

Infinito	Participio	Infinito	Participio	Infinito	Participio
comprare		vendere			morto
avere		potere			nato
dormire		partire			messo
	venuto	uscire			bevuto
essere			stato	prendere	
fare			scritto		deciso
	piaciuto	perdere			

8 Trasforma le frasi dal presente al passato prossimo. Attenzione alle preposizioni!

1. Tutti i giorni Loretta scrive un post su Facebook.
   Invece stamattina/Instagram _____
2. In estate Franco ed Emanuela vanno sempre in vacanza in Grecia.
   Invece l'estate scorsa/Spagna _____
3. Di solito il sabato sera vado sempre al cinema.
   Invece sabato scorso/teatro _____
4. La mattina presto Cesare e Livia fanno sempre una passeggiata.
   Invece stamattina/giro in bicicletta _____
5. La sera Maria e Marta stanno sempre a casa.
   Invece ieri sera/cinema _____
6. Daniela perde sempre le chiavi di casa.
   Due giorni fa/le chiavi della macchina/supermercato _____

9 Abbina i verbi alle immagini e poi completa le frasi con il passato prossimo.

alzarsi ☐ • svegliarsi ☐ • addormentarsi ☐ • riposarsi ☐ • lavarsi ☐ • pettinarsi ☐ • truccarsi ☐ • divertirsi ☐ • annoiarsi ☐

a    b    c    d    e

f    g 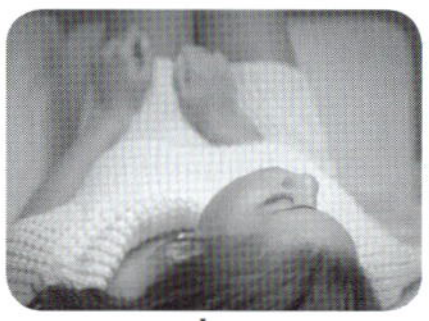   h 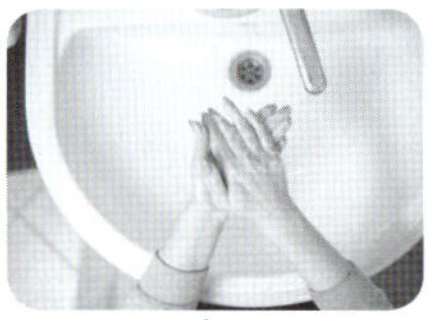   i

1. Stamattina Paola (alzarsi) _____ alle 7.
2. Domenica scorsa io (svegliarsi) _____ tardi.
3. Lo scorso fine settimana noi (riposarsi) _____ tutto il giorno.
4. Ieri Luca (lavarsi) _____ con l'acqua fredda.
5. Per andare in discoteca Laura e Livia (pettinarsi) _____ e (truccarsi) _____ con molta cura.
6. A: Ragazzi, (divertirsi) _____ alla festa di Giorgia?
   B: Veramente no, (noi - annoiarsi) _____ a morte (无聊死了).
7. Roberto, a che ora (addormentarsi) _____ ieri sera?
8. Giorgio e Lisa (lavarsi) _____ le mani?

10 Guarda le immagini e completa le frasi con il passato prossimo e con le espressioni di tempo *già* o *non... ancora*.

1. _____
2. _____
3. _____
4. _____

Lui/fare la spesa   *Lui/fare la spesa*   *Noi/bere il caffè*   *Noi/bere il caffè*

5. _____
6. _____
7. _____
8. _____

Lui/mettere la mascherina   *Lui/mettere la mascherina*   *Lei/aprire l'ombrello*   *Lei/aprire l'ombrello*

11 Sottolinea il pronome corretto.

1. Anna e Luisa hanno visto un film al cinema: *gli/le/ci* è piaciuto moltissimo!
2. Domani è il compleanno di Michele, *ti/gli/le* voglio regalare un bell'orologio.
3. Se Stefano *ci/le/mi* chiede un consiglio gli dico di studiare di più.
4. Quando vedo Maria *vi/le/mi* do il libro che mi ha prestato.
5. Stefano, perché non mi rispondi? *Ci/Gli/Ti* ho già scritto tre e-mail!
6. Ragazzi, *vi/ci/gli* ho preparato la merenda, venite!
7. A: Ti piace cantare? – B: No, non *mi/ti/le* piace per niente!
8. Stefano è venuto a casa nostra e *ci/vi/ti* ha portato un regalo.

Eserciziario unità 8

 12 Leggi il dialogo e riordina le frasi pronunciate da Lin.

Luca: Carino questo ristorante!
Lin: (0) *Vero?! È il mio preferito.*
Luca: Allora Lin, che cosa prendi?
Lin: (1) _____
Luca: Anch'io sono indeciso. Ci sono un sacco di piatti in questo menù e sembrano tutti molto buoni. Oggi poi non ho pranzato e adesso ho una gran fame!
Lin: (2) _____
Luca: Mmm l'ho già mangiata ieri sera. Prendo i ravioli al ragù.
Lin: (3) _____
Luca: No, no, anche il secondo: cotoletta alla milanese con patate arrosto.
Lin: (4) _____

a. Hai proprio fame!
b. Ti consiglio una bella pizza, la fanno molto buona in questo ristorante.
c. Prendi solo il primo?
d. Mah… non lo so. Oggi a pranzo ho mangiato molto e stasera vorrei stare leggera, prendo solo del pollo con un'insalata mista. E tu?
e. Vero?! È il mio preferito.

 13 La cucina delle regioni italiane. Leggi il testo e indica l'opzione corretta.

La cucina italiana è famosa in tutto il mondo, ma in realtà non esiste una sola cucina: in Italia ci sono venti regioni e ogni regione ha una propria tradizione gastronomica. Infatti, se passiamo da una regione all'altra possiamo vedere che cambiano i piatti, i sapori, gli ingredienti e i condimenti. Da Nord a Sud dello "stivale" le caratteristiche geografiche e climatiche del territorio italiano sono molto differenti e quindi è naturale trovare anche differenti cibi e tradizioni locali. Le diverse cucine regionali hanno, però, anche delle caratteristiche comuni. I piatti delle regioni italiane sono molto semplici, con pochi ingredienti; la preparazione dei cibi di solito non è mai molto complessa. Un'altra caratteristica della cucina italiana è la sua origine popolare: tutte le ricette più note e rinomate sono piatti tipici della cucina di tutti i giorni, preparati e inventati quasi sempre dalle nonne e raramente dai grandi chef. Perché allora parliamo di "cucina italiana"? Perché molti piatti che in passato erano tipici di una sola regione con il tempo sono diventati noti anche nel resto d'Italia.
La cucina italiana è il simbolo della "dieta mediterranea", è considerata una cucina molto sana, che fa bene alla salute e che è patrimonio dell'umanità dal 2010.
Molti sono i prodotti italiani famosi in tutto il mondo: l'olio extravergine di oliva, il vino, i formaggi, il caffè espresso e naturalmente la pasta, che è il simbolo stesso della cucina italiana, in particolare gli spaghetti. La pizza, nata a Napoli tra il 1500 e il 1600, è il prodotto italiano più noto e consumato al mondo ed è diventato un prodotto internazionale.

1. La cucina italiana
   a. è famosa da Nord a Sud.
   b. è diversa in ogni regione.
   c. presenta ingredienti simili.

2. I piatti della cucina italiana sono
   a. facili da fare.
   b. creati da grandi chef.
   c. veloci da preparare.

3. La dieta mediterranea è
   a. diversa dalla cucina italiana.
   b. nata nel 2010.
   c. ideale per stare bene.

4. La pizza è
   a. il cibo più mangiato dagli italiani.
   b. un prodotto inventato a Napoli.
   c. un piatto con oltre 1500 anni.

14 Il blog di Chiara. Leggi il testo e indica se le frasi sono vere (V), false (F) o non presenti (NP).

Carissim@, Natale è vicino e non avete ancora deciso cosa comprare ai vostri amici o al vostro partner? Non volete regalare il solito portafogli o la solita sciarpa? Fate come me, scegliete l'originalità! Ad esempio a mio padre Giorgio che sta sempre sul divano davanti alla TV ho regalato delle scarpe da corsa: il medico gli ha detto che deve fare un po' di movimento e forse con queste scarpe inizia a fare un po' di sport. Anche mia madre Franca sta sempre in casa e esce poco: così le ho regalato un abbonamento alla palestra dove so che vanno le sue amiche. Mio fratello, invece, è un appassionato di macchine da corsa, e così gli ho regalato due giri su pista alla guida di una Ferrari. Fare un regalo a mia sorella Giulia è sempre difficile: le ho chiesto che cosa vuole e mi ha risposto che non vuole niente perché ha già tutto. Forse le regalo un gattino, ma sono indecisa, non so se è una buona idea. Ai miei amici Marco e Monica, che tutti i giorni amano guardare in TV i programmi di cucina, ho regalato un set per fonduta, così iniziano a cucinare qualcosa. Inoltre, a loro piacciono molto i formaggi e sono convinta che questo regalo gli può piacere. E io? Tutti sanno che amo leggere e che adoro i libri. Purtroppo in casa non ho più spazio nella libreria, così spero di ricevere solo libri elettronici o abbonamenti alle piattaforme di audio-libri. È l'unica soluzione per poter continuare a leggere senza preoccuparmi di dove mettere i libri. Invece per Filippo, il mio fidanzato, ho pensato di regalare un biglietto per il concerto di Capodanno al teatro La Fenice di Venezia. Come tutti gli anni noi due passiamo il 25 e il 26 dicembre, i giorni di Natale veri e propri, con la famiglia, ma il 29 dicembre partiamo per Venezia e torniamo il 2 gennaio. In inverno a Venezia ci sono meno turisti, è una città molto romantica e a me e a Filippo piace molto la musica.

	V	F	NP
1. Chiara dà consigli per fare regali originali.	☐	☐	☐
2. Suo padre non fa mai sport.	☐	☐	☐
3. La madre è spesso fuori con le sue amiche.	☐	☐	☐
4. Il fratello vuole comprare un'auto veloce.	☐	☐	☐
5. Chiara non ha ancora comprato il regalo alla sorella.	☐	☐	☐
6. Marco e Monica passano tutto il giorno a cucinare.	☐	☐	☐
7. La libreria di Chiara è molto piccola.	☐	☐	☐
8. Chiara e Filippo passano il Capodanno in famiglia.	☐	☐	☐
9. Rimangono a Venezia per 4 notti.	☐	☐	☐
10. Venezia offre molti concerti in inverno.	☐	☐	☐

15 Ascolta il dialogo e indica se le affermazioni sono vere (V) o false (F).

	V	F
1. Mei prende un antipasto e un primo.	☐	☐
2. Leo prende una mozzarella.	☐	☐
3. Leo è vegano.	☐	☐
4. Mei non conosce la differenza tra vegano e vegetariano.	☐	☐
5. A Mei non piace la carne.	☐	☐
6. Leo preferisce bere acqua.	☐	☐
7. Mei accetta di guidare dopo il pranzo.	☐	☐
8. Mei e Leo vogliono anche il dolce.	☐	☐
9. Leo vuole bere due caffè.	☐	☐
10. Leo chiede il conto al cameriere.	☐	☐

Eserciziario unità 8

16 Ascolta i messaggi e indica l'opzione corretta.

Messaggio 1

1. Matteo è andato in montagna
   a. in macchina.
   b. due giorni.
   c. per camminare.

2. Carlo
   a. è stato male.
   b. è arrivato a 1800 metri.
   c. ha mangiato un panino.

Messaggio 2

3. Stamattina Francesca
   a. è stata al museo.
   b. è tornata dal Giappone.
   c. ha finito l'università.

4. Francesca
   a. capisce poco il giapponese.
   b. lavora con i turisti.
   c. da due settimane cerca una casa.

Messaggio 3

5. Bo non va da Paolo perché
   a. ha fatto tardi.
   b. la sua macchina non parte.
   c. va a cena a casa di Lin.

6. Bo e Lin
   a. sono partite con il gruppo delle 11:00.
   b. hanno nuotato nel fiume.
   c. sono andate in ospedale.

Eserciziario

1 Seleziona le forme corrette e trova la strada per uscire dal labirinto.

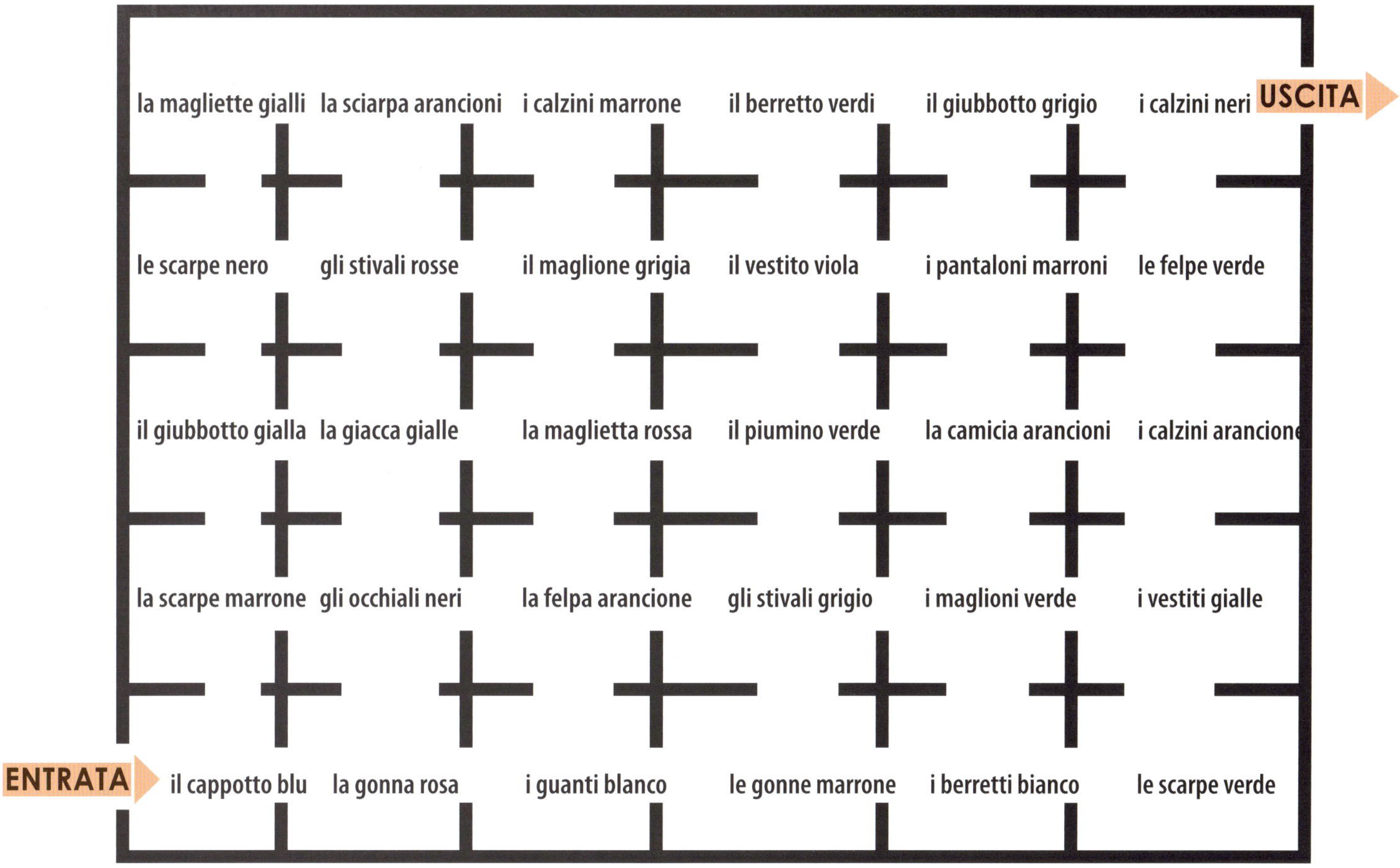

la magliette gialli	la sciarpa arancioni	i calzini marrone	il berretto verdi	il giubbotto grigio	i calzini neri **USCITA**
le scarpe nero	gli stivali rosse	il maglione grigia	il vestito viola	i pantaloni marroni	le felpe verde
il giubbotto gialla	la giacca gialle	la maglietta rossa	il piumino verde	la camicia arancioni	i calzini arancione
la scarpe marrone	gli occhiali neri	la felpa arancione	gli stivali grigio	i maglioni verde	i vestiti gialle
ENTRATA il cappotto blu	la gonna rosa	i guanti blanco	le gonne marrone	i berretti bianco	le scarpe verde

2 Collega i capi di abbigliamento con la descrizione del colore o della fantasia corretti.

a ☐ b ☐ c ☐ d ☐
e ☐ f ☐ g ☐ h ☐
i ☐ l ☐ m ☐ n ☐

1. a righe
2. in pelle
3. sportive
4. a quadri
5. di cotone
6. di lana
7. a fiori
8. di jeans
9. con il tacco alto
10. a pois
11. in vernice
12. di seta

Eserciziario unità 9

3 Metti in ordine le frasi del cliente della colonna di destra e inseriscile nella colonna di sinistra. Segui l'esempio.

Commesso: Buongiorno. La posso aiutare?
Cliente: **Cercavo delle scarpe eleganti** (1)
Commesso: Che colore desidera?
Cliente: _____ (2)
Commesso: Ci sono queste, di vernice, con il tacco alto.
Cliente: _____ (3)
Commesso: Che numero ha?
Cliente: _____ (4)
Commesso: Ecco a lei. Come le stanno?
Cliente: _____ (5)
Commesso: Certamente.
Cliente: _____ (6)
Commesso: 180 euro.
Cliente: _____ (7)
Commesso: Mi dispiace. I prezzi sono fissi. E poi, queste sono firmate, sono di Neri Boschetti.
Cliente: _____ (8)

a. Cercavo delle scarpe eleganti.
b. Il 38.
c. Sì, queste sono perfette. Quanto costano?
d. Sì, la vernice mi piace. Posso provarle?
e. Uhm, sono un po' strette. Ha un numero più grande?
f. Forse in nero, di pelle.
g. Ho capito. Va bene, le prendo lo stesso. Sono molto belle.
h. Ma sono carissime! Non avete uno sconto?

4 Collega le unità di misura ai prodotti corrispondenti.

1. **un vasetto** / _b_ / 2. un litro / ___ / 3. due etti / ___ / 4. un chilo / ___ / 5. un pacco / ___ /
6. una dozzina / ___ / 7. un barattolo / ___ / 8. una bottiglia / ___ / 9. due fette / ___ /

a. di pasta • **b. di marmellata** • c. di latte • d. di torta • e. di uova •
f. di prosciutto • g. di carne • h. di vino • i. di pomodori

5 Pronomi diretti *lo, la, li, le, ne*.

1. Ci serve del parmigiano, quanto ___ prendiamo? Mezzo chilo?
2. Belle quelle melanzane, ___ voglio cinque.
3. Belli questi peperoni, ___ prendo tutti.
4. Ho preparato il tiramisù, quanto ___ vuoi?
5. La mia amica Daniela ama molto i libri, ___ ha circa 5000.
6. Mi servono le uova, ___ compro una dozzina.
7. Mi piace molto il caffè, ___ bevo tanto, ___ bevo almeno cinque ogni giorno.
8. A: Ho fatto il caffè. Quanto ___ vuoi? - B: Oggi devo studiare, ___ voglio tutto!

6
Completa con il passato prossimo del verbo più appropriato fra quelli elencati (ATTENZIONE! I verbi NON sono in ordine).

perdere, prendere, aprire, dire, chiudere, rimanere

Maria, devo raccontarti cosa mi è successo oggi! Mi sono svegliata presto per andare a lavorare: _____ (1) la porta di casa, ma ho lasciato le chiavi sul tavolo in cucina. Quindi ho suonato il campanello e ho svegliato la mia coinquilina che _____ (2) la porta e mi _____ (3): "Sei troppo distratta! Sta' più attenta!" _____ (4) l'autobus perché sono arrivata tardi alla fermata, allora _____ (5) un taxi ma il taxi _____ (6) bloccato nel traffico e allora sono scesa e ho continuato a piedi. Sono arrivata stanchissima.

leggere, vedere, fare, mettere, nascere, chiedere

Il pomeriggio _____ (7) la spesa in un supermercato vicino al lavoro, sono salita sull'autobus per ritornare a casa, _____ (8) la spesa in un angolo ai miei piedi, _____ (9) vari messaggi delle mie amiche, poi sono scesa e… ho lasciato la spesa sull'autobus! Quando _____ (10) l'autobus ripartire con la mia spesa, ho cominciato a correre e gridare. Fortunatamente l'autista mi ha sentita, si è fermato, mi _____ (11): "Cos'è successo? Perché tanta agitazione?". In quel momento ci siamo guardati e…non ci crederai… _____ (12) un amore! Domani usciamo a bere un caffè !

7
Pronomi diretti e indiretti: scegli il pronome appropriato.

1. A: Ti piace il sushi? - B: Sì, *mi/ti/lo* piace moltissimo.
2. Anna, questo vestito *vi/ci/ti* sta benissimo!
3. Domani è il compleanno di Giulia *la/le/ti* voglio regalare un libro perché *la/le/ti* piace molto leggere.
4. Pino non guarda mai il calcio perché non *lo/gli/ti* interessa
5. A: Ragazzi, andiamo a fare una gita in montagna? – B: Sì, *ci/vi/gli* piace l'idea.
6. Questa cintura in vernice è bellissima, quasi quasi *la/le/lo* compro.
7. A: Conosci Maria? – B: Certamente, *la/le/ti* incontro sempre al bar davanti all'ufficio dove lavoro.
8. Roberto, guarda come sono eleganti questi pantaloni, perché non *li/gli/ti* provi?
9. Domani i miei amici partono per un lungo viaggio. *Gli/li/ci* voglio invitare a cena per salutar*vi*/salutar*li*/salutar*gli*.
10. Ho chiamato Maria e *gli/le/si* ho detto che Paolo *lo/gli/la* ama.

8
Sostituisci le parole in neretto con i pronomi. Attenzione all'accordo con il passato prossimo dove necessario.

Marco: Ciao Irene, hai visto **i miei occhiali**?

Irene: Sì, *ho visto* **i tuoi occhiali** (1. _____) quando sono entrata in casa.

Marco: Strano, non *trovo* **i miei occhiali** (2. _____), forse Giorgia *ha preso* **i miei occhiali** (3. _____) per giocare.

Eserciziario unità 9

Irene: A proposito, dov'è Giorgia? *Hai visto* **Giorgia** (4. _____)?

Marco: La nonna *ha portato* **Giorgia** (5. _____) a prendere un gelato.

Irene: Ma non *ha già mangiato* **il gelato** (6. _____) oggi?

Marco: Non lo so, comunque quando tornano *chiedi* **alla nonna e a Giorgia** (7. _____) dove sono i miei occhiali. Sono sicuro che la nonna e Giorgia *sanno* **dove sono i miei occhiali** (8. _____).

Irene: Scemo! Sono lì sul tavolo! A proposito, la nonna dopo resta a pranzo o va via?

Marco: No, *ho detto* **alla nonna** (9. _____) che andiamo a mangiare fuori.

Irene: E non *hai invitato* **la nonna** (10. _____)?

Marco: Sì, *ho invitato* **la nonna** (11. _____), ma lei *ha detto* **a me** (12. _____) che ha da fare.

9 Leggi il testo e indica se le frasi sono presenti (P) o non presenti (NP). Dopo, collega le parole in neretto alle immagini corrispondenti.

Anche la moda diventa ecologica

La collezione Nuova Vita è la nuova linea del supermercato *AltraSpesa* e è sviluppata con materiali 100% **riciclati** (1): la collezione permette di risparmiare materiali e energia per un **abbigliamento** (2) *Made in Italy* totalmente **ecosostenibile** (3). Dal 1 febbraio al 1 maggio, se spendi almeno 15 euro nei punti vendita *Altra Spesa*, ricevi un **bollino** (4). Se acquisti prodotti biologici nei reparti di **frutta e verdura** (5) ricevi un bollino ogni 5 euro di spesa. Puoi partecipare alla raccolta dei bollini anche se fai la spesa on line usando la tua **carta socio** (6). Con i bollini raccolti puoi richiedere i seguenti premi:

- **una sciarpa di seta a fiori** (7)   (10 bollini)
- un cappello per uomo o per donna   (3 bollini)
- guanti sportivi da moto *touch screen*   (2 bollini)
- cintura in pelle   (7 bollini)

Partecipare è semplice: per ritirare il prodotto scelto, devi presentare i bollini alla **cassa** (8) del supermercato. È possibile ritirare i prodotti direttamente al supermercato. La raccolta dei punti termina il 1° maggio. Puoi ritirare i premi entro il 30 maggio.

	P	NP
1. Il supermercato *AltraSpesa* vende abbigliamento.	☐	☐
2. È possibile ricevere i bollini solo per 3 mesi.	☐	☐
3. Se spendi 20 euro ricevi un bollino.	☐	☐
4. Chi spende 5 euro in carne o pane non riceve un bollino.	☐	☐
5. Chi fa la spesa su internet riceve due bollini ogni 15 euro.	☐	☐
6. Chi fa la spesa on line riceve il regalo scelto a casa.	☐	☐

a.   b.   c.   d.   e.   f.   g.   h.

10 Acquisti on line o nei negozi? Leggi i messaggi del forum e poi completa la tabella.

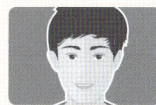
Diego99. Ciao a tutti. Sto facendo una ricerca sulle abitudini degli italiani. Secondo voi è preferibile comprare in internet o nei negozi fisici? Vorrei avere la vostra opinione. Grazie!

Miao. Io compro tutto sempre su internet! Vestiti, scarpe, elettronica, libri, oggetti per la cucina e per il tempo libero. Compro anche cibi e bevande, soprattutto quelli che non trovo nel supermercato vicino a casa. È troppo comodo! Non devo fare la fila nei negozi e posso comprare in ogni momento, anche la notte. È anche molto conveniente e c'è maggiore scelta. Spendo meno e non perdo tempo.

Lore19. Anch'io compro in internet, soprattutto libri e vestiti. Le scarpe invece no, preferisco andare in un negozio, per provarle, e farmi consigliare dal commesso. È vero che in internet è possibile cambiare il prodotto se non va bene, ma è così complicato!

Vale. Io non amo particolarmente gli acquisti on line. Dalle immagini non riesco mai a valutare la qualità di un articolo. Quando arriva a casa, spesso il colore o l'aspetto non sono uguali a come apparivano nella foto. Io preferisco ancora guardare gli oggetti dal vivo, toccarli e, se è un capo di abbigliamento, provarlo davanti a uno specchio.

AliceH. Per me fare shopping significa andare in giro con le amiche, entrare e uscire dai negozi, andare nelle grande profumerie e provare i profumi e, poi, dopo qualche ora, prendere un aperitivo in un bar del centro. È troppo divertente, è anche un modo per passare il tempo con gli amici. Non mi piace fare acquisti da sola, è triste e noioso.

France B. Io uso internet quando devo fare i regali di natale. Di solito mi piace andare in giro per negozi, ma quando si arriva a dicembre la gente diventa pazza. I supermercati e i negozi sono così pieni di gente e così rumorosi che non puoi vedere niente. È troppo stressante. Io amo riflettere e decidere con calma. Così preferisco navigare nei negozi on line e alla fine scegliere il regalo che mi sembra più adatto per questa o quella persona. Adesso è possibile anche inviare direttamente il regalo a casa delle singole persone. Uso questo sistema soprattutto se voglio regalare dei libri.

Chi fa o pensa questo? Indica la persona corrispondente.

	Miao	Lore19	Vale	AliceH	FranceB
1. Fare acquisti on line è più pratico ed economico.	☐	☐	☐	☐	☐
2. Usa internet per comprare libri.	☐	☐	☐	☐	☐
3. Restituire un articolo comprato *on line* non è semplice.	☐	☐	☐	☐	☐
4. Non compra mai le scarpe in Internet.	☐	☐	☐	☐	☐
5. Gli oggetti visti *on line* sono spesso diversi nella realtà.	☐	☐	☐	☐	☐
6. Preferisce fare gli acquisti nei negozi.	☐	☐	☐	☐	☐
7. Fare shopping on line non è divertente.	☐	☐	☐	☐	☐
8. Qualche volta fare acquisti nei negozi è stancante.	☐	☐	☐	☐	☐

Eserciziario unità 9

11 Annuncio al supermercato. Leggi e completa le tabelle con le informazioni mancanti.

Da oggi abbiamo delle offerte imperdibili!

Mele rosse biologiche quattro euro al chilo; arance siciliane due euro e cinquanta al chilo; due confezioni di banane del Brasile a soli 3 euro e settanta centesimi; latte fresco intero un euro e quaranta al litro; carne di manzo 100% italiano due euro e trentacinque centesimi all'etto, l'offerta è valida solo per chi ha la nostra carta socio ed è possibile acquistare fino ad un chilo di carne. Ma le offerte non finiscono qui: non perdete il prosciutto crudo di Norcia a soli 3 euro e novanta all'etto; due pacchi di pasta dai migliori grani italiani, spaghetti o penne, ottanta centesimi; un vasetto di marmellata biologica artigianale marca *Natura Nostra* 3 euro e quindici centesimi. Le offerte saranno valide fino al giovedì della prossima settimana. Ricordiamo che il supermercato è aperto dal lunedì al venerdì dalle 8 alle 21, il sabato dalle 8 alle 18 e la domenica dalle 9 alle 13.30. Buona spesa!

prodotto	caratteristiche	quantità	prezzo
	rosse biologiche	un chilo	
	siciliane		2,50
banane			3,70
	fresco intero		1,40
carne di manzo		un etto	
	crudo di Norcia		3,90
pasta		2 pacchi	
	biologica artigianale	un vasetto	

	lunedì - venerdì	sabato	domenica
Orario			

12 Ascolta e indica l'immagine corrispondente agli acquisti (购物) che ha fatto Alessia.

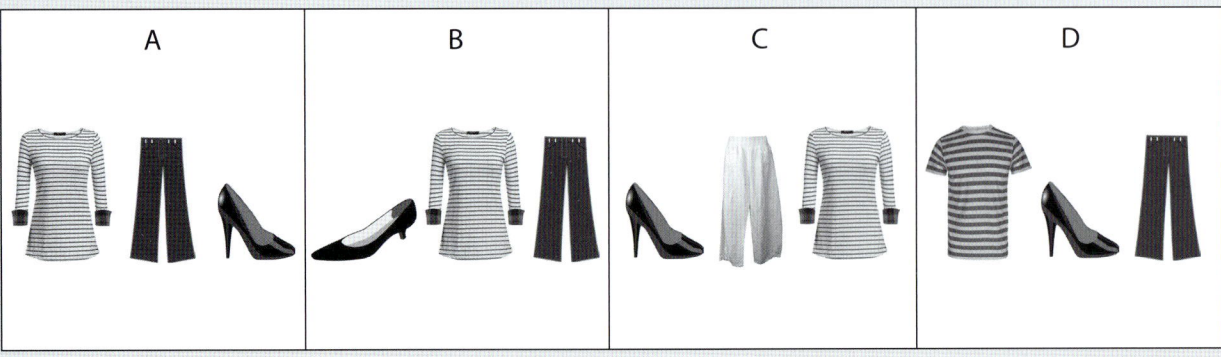

Eserciziario

1) Completa in base alle definizioni. Attenzione, c'è una parola nuova!

1. Luigi è il nipote di Antonio. Antonio è il ☐☐☐☐☐ di Luigi.
2. Gabriele è il figlio di tua zia. Gabriele è tuo ☐☐☐☐☐☐.
3. Luca è il figlio di Giovanni. Giovanni è il ☐☐☐☐☐ di Luca.
4. Giuseppe è il figlio di tuo padre, ma non sei tu. Giuseppe è tuo ☐☐☐☐☐☐☐.
5. Anna è la figlia del fratello di tua madre. Anna è tua ☐☐☐☐☐☐.
6. Ilenia è la figlia di Maria. Maria è la ☐☐☐☐☐ di Ilenia.
7. Maria è la zia di Giacomo: Giacomo è il ☐☐☐☐☐☐ di Maria.
8. Sabrina ha sposato il figlio di Sofia. Sabrina è la ☐☐☐☐☐ di Sofia.
9. Giorgio è il marito di Alessandra. Alessandra è sua ☐☐☐☐☐☐.
10. Ida è la madre di tua madre. Ida è tua ☐☐☐☐☐.

2) Scegli l'alternativa corretta.

1. In centro Luca ha incontrato *il suo / suo* cugino.
2. *Il mio / Mio* nonno ha 83 anni.
3. Giovanni ha deciso di andare a vivere a Londra. *I suoi / Suoi* figli vivono già là.
4. Che bei bambini! Sono *i vostri / vostri* nipoti?
5. Anna ha conosciuto *il suo / suo* fidanzato due anni fa in Cina.
6. Io e Gioia siamo sorelle. Sandra e Franco sono *i nostri / nostri* genitori.
7. Io vivo a Firenze, ma *la mia / mia* famiglia vive a Milano.
8. Dove hai conosciuto *il tuo / tuo* marito?
9. Lorenzo e Maria invitano sempre *la loro / loro* figlia a pranzo la domenica.
10. *La mia / Mia* mamma lavora a scuola, fa l'insegnante.

3) Leggi il testo e inserisci gli articoli corretti quando necessario.

Stefano e Maria si sono sposati domenica. Al matrimonio c'erano molti invitati. Stefano ha invitato _____ (1) suoi familiari e _____ (2) suoi amici. Maria, _____ (3) sua sorella, è arrivata per prima con _____ (4) sua macchina nuova rossa fiammante, poi è arrivato _____ (5) suo cugino Silvio con _____ (6) sua moglie e _____ (7) loro due figlie, Marta e Caterina. Poi sono arrivati _____ (8) suoi genitori e _____ (9) suo fratello con _____ (10) suoi due bambini. Infine sono arrivati _____ (11) suoi amici. Tra questi c'era Giulio, _____ (12) suo migliore amico, che faceva da testimone. _____ (13) sua madre, Gloria, era davvero emozionata e _____ (14) suo padre faceva tante foto. Alla fine della cerimonia la sposa ha lanciato in aria _____ (15) suoi fiori come da tradizione e _____ (16) sua migliore amica è riuscita a prenderli, era così felice! Dopo il pranzo al ristorante gli sposi sono partiti per _____ (17) loro viaggio di nozze a Parigi, _____ (18) loro città preferita.

Eserciziario unità 10

4 Completa il testo con i verbi all'imperfetto.

In passato le città durante i mesi più caldi dell'anno (1. essere) _____ vuote e quasi tutti gli uffici e i negozi (2. rimanere) _____ chiusi per ferie. Tutti (3. partire) _____ per destinazioni esotiche ed (4. essere) _____ pochi gli eventi organizzati per mantenere vive le città. Io (5. andare) _____ al mare, non (6. fare) _____ un lungo viaggio, infatti (7. rimanere) _____ in Sardegna, la mia regione, sempre bellissima e piena di sole. (8. trascorrere) _____ la maggior parte delle giornate in spiaggia, in riva al mare e (9. passare) _____ il tempo a leggere e a fare cruciverba sotto l'ombrellone. Non (10. essere) _____ una fanatica della tintarella, forse perché se (11. rimanere) _____ per più di cinque minuti sotto il sole (12. stare) _____ male! Non (13. restare) _____ però a dormire tutto il giorno! Mi (14. piacere) _____ stare in acqua e quindi spesso (15. mettersi) _____ maschera e boccaglio per ammirare la vita sott'acqua.

5 Completa le frasi con gli aggettivi appropriati.

1. Mario non è giovane, è a_____, non ha la barba nera ma b_____.
2. I capelli di Maria non sono lunghi e lisci, ma sono c_____ e r_____.
3. Luca non è grasso e basso, è m_____ e a_____.
4. Gina non ha gli occhi marroni e piccoli, ha gli occhi v_____ e g_____.
5. Ahmed non ha la pelle chiara, ma s_____; lui è bello, non è b_____.
6. Rosa non ha i capelli neri, ha i capelli r_____.
7. Paolo non ha i capelli castani, ma b_____.
8. Leo ha pochi capelli, è quasi c_____.

6 Aggettivi fuori posto. Metti gli aggettivi al posto giusto e poi usali per creare delle frasi.
把形容词放在正确的位置，然后用它们来造句。

1. avaro/a 2. onesto/a 3. disonesto/a 4. nervoso/a 5. generoso/a

6. timido/a 7. pigro/a 8. sportivo/a 9. tranquillo/a 10. socievole

1. _____ / 2. _____ / 3. _____ / 4. _____ / 5. _____ /
6. _____ / 7. _____ / 8. _____ / 9. _____ / 10. _____

7 Associa il problema al consiglio appropriato e coniuga il verbo tra parentesi, quando è presente, al condizionale.

1. Leo non riesce a trovare una ragazza che gli piace. ☐
2. Non so dove andare in vacanza la prossima estate. ☐
3. Stasera ho dieci persone a cena e non ho preparato niente. ☐
4. Non trovo più il mio passaporto. Cosa (potere) _____ fare? ☐
5. (Dovere) _____ comprare un vestito elegante per la mia festa di laurea, ma non so dove andare. ☐
6. Mio figlio è molto nervoso, ha un esame tra una settimana e non dorme bene. ☐
7. Lucio (volere) _____ cambiare lavoro e città. ☐
8. Non so come usare Excel. (Tu/essere) _____ così gentile da aiutarmi? ☐

a. (Dovere) _____ cercare meglio in casa.
b. Volentieri! (Io/essere) _____ libero sabato pomeriggio. Dove ci vediamo?
c. (Potere) _____ telefonare a JustEat.
d. (Dovere) _____ fare meditazione e bere una camomilla prima di andare a letto.
e. Davvero? Anch'io. Mi (piacere) _____ lasciare il lavoro in banca e andare a vivere in campagna.
f. (Potere) _____ provare il nuovo negozio che hanno aperto da poco in centro.
g. (Potere) _____ iscriversi a un sito di incontri.
h. (Potere) _____ chiedere a un'agenzia di viaggi.

8 Completa il testo con l'indefinito corretto tra quelli elencati.

Sono un'appassionata di libri soprattutto classici e di scrittori inglesi. È per questo motivo che ho deciso di studiare al liceo linguistico: imparare bene l'inglese, studiare la letteratura inglese e altre lingue straniere, così da potere viaggiare e scoprire (1) *qualcosa/qualcuno/qualche* di nuovo. Non vedo infatti l'ora di fare gli scambi all'estero e di vedere (2) *qualche/tutti/ogni* i luoghi che amo, ma che non ho ancora visto! Da questo punto di vista, (3) *qualcuno/tutti/nessuno* della mia famiglia è come me: sia i miei genitori che zie e nonni hanno una formazione da ragionieri o tecnici, mentre io non capisco (4) *qualcosa/nessuno/niente* di materie come matematica o informatica… preferisco le materie umanistiche! Mio padre, poi, mi ha trasmesso la passione per la musica: lui suona la chitarra e il pianoforte, e io da (5) *ogni/tutto/qualche* anno ormai studio il piano, anche se mi piacerebbe provare a imparare la batteria. Come (6) *tutte/ogni/qualcuna* le ragazze della mia età, amo anche uscire con le mie amiche: con (7) *qualche/qualcuna/qualcosa* vado a fare una passeggiata, con altre mi ritrovo per una maratona di serie tv su Netflix! E poi ovviamente (8) *ogni/tutto/qualcuno* giorno devo fare i compiti! È una vita un po' monotona, ma per il momento non mi lamento.

9 Leggi il racconto di Sara e scegli la risposta corretta.

Quando ero piccola, fino ai due anni sono stata a casa con mia madre. Quando ho compiuto due anni sono andata all'asilo. Ero figlia unica e per questo mia madre faceva tutto quello che volevo io. Quando sono cresciuta, per le vacanze andavo da mia nonna con mia cugina. A quei tempi c'era anche nostro nonno che ci amava tantissimo e ci portava sempre i dolci. Mio nonno aveva due cavalli, uno bianco e uno nero - non me lo ricordo ma ho visto le foto - e mia mamma mi racconta sempre come mio nonno mi metteva sul cavallo bianco. Amavo tanto mio nonno, e ogni sera lui mi teneva sulle ginocchia e mi raccontava cosa faceva quando era giovane. Adesso mio nonno non c'è più e quando lo ricordo mi arrivano le lacrime agli occhi. Quando io e mia cugina eravamo dai nostri nonni facevamo degli scherzi. Mi ricordo che una volta siamo rimaste a casa da sole, abbiamo preso le galline e gli abbiamo spruzzato il deodorante sotto le ali. Abbiamo fatto tanti scherzi belli, ma mia mamma non si è mai arrabbiata con noi: ci diceva che non andava bene così ma non ha mai urlato. Quando

Eserciziario unità 10

facevamo questi scherzi avevamo 6 o 7 anni tutte e due, forse anche di meno. In inverno andavamo sempre da nostra nonna come d'estate. Faceva freddissimo e c'era tantissima neve. E noi giocavamo tutto il giorno e di sera eravamo tutte bagnate. Nostra nonna ci puliva i vestiti e li metteva ad asciugare. Quando ho compiuto 7 anni ho cominciato la scuola; mi piaceva tantissimo e mia madre era contenta perché andavo bene. Sono cresciuta e non facevo più gli scherzi perché volevo studiare. Quando andavo da mia nonna, nessuno mi portava più i dolci, ma era bello comunque.

(Adattato da *Istitutopesenti.edu.it*)

1. **Sara è andata all'asilo**
   a. per due anni.
   b. fino a due anni.
   c. quando aveva due anni.

2. **La madre di Sara**
   a. faceva quello che la figlia voleva.
   b. preferiva Sara ai suoi fratelli.
   c. teneva la figlia lontana dai bambini.

3. **Passava le vacanze**
   a. spesso da sola con il nonno.
   b. con la cugina a casa dei nonni.
   c. a preparare i dolci per il nonno.

4. **Il nonno**
   a. si arrabbiava spesso e lei piangeva.
   b. parlava della sua vita da piccolo.
   c. le racconta di quando era piccola.

5. **Le giornate insieme a sua cugina erano**
   a. sempre uguali.
   b. piene di lavoro.
   c. spesso divertenti.

6. **La mamma di Sara di solito era**
   a. calma.
   b. arrabbiata.
   c. occupata.

7. **In inverno**
   a. pioveva spesso.
   b. giocava con la neve.
   c. faceva il bagno caldo.

8. **A 7 anni Sara**
   a. era felice di andare a scuola.
   b. andava raramente dai nonni.
   c. aiutava la nonna in cucina.

10 Riordina il racconto delle vacanze di Matteo.

A. A luglio restavo al paese e la mattina cercavo di non alzarmi troppo tardi perché così avevo più tempo per stare con i miei cugini e i miei amici.

B. Ad agosto invece andavo al mare a Lido di Savio, vicino Ravenna. Lì avevo tanti amici e con loro mi divertivo a fare lunghi bagni nell'acqua bassa e calma.

C. Quei giorni di vacanza passavano sempre velocemente. A settembre ricominciava la scuola e io parlavo al telefono con le mie amiche della spiaggia e già decidevamo il programma dell'estate successiva.

D. Qualche volta il pomeriggio il mio papà ci portava tutti in bicicletta a prendere il gelato dal nostro gelataio preferito nel paese vicino e altre volte provava ad insegnarci ad andare sui pattini. La sera eravamo sempre stanchissimi.

E. Da piccolo trascorrevo le mie vacanze estive un po' a casa, in un piccolo centro in provincia di Bologna, e un po' al mare.

F. Sulla spiaggia c'erano anche scivoli e tappeti elastici e lì dietro, nella pineta, c'erano i tavoli dove potevamo pranzare o fare la merenda.

G. Insieme a loro giocavo quasi sempre all'aria aperta, ai giardini pubblici o nel cortile di casa mia. La mattina facevamo lunghe corse in bicicletta e sul monopattino.

H. Dopo il soggiorno a Lido, andavamo sempre almeno un giorno a Mirabilandia, lì c'era un parco divertimenti veramente grande e bello e noi ci stavamo dalla mattina fino all'ora di chiusura.

1._____ / 2._____ / 3._____ / 4._____ / 5._____ / 6._____ / 7._____ / 8._____

Rileggi il testo e trova nei paragrafi indicati (A, B, C...) le parole/espressioni che hanno un significato simile (S) o opposto (O) a quelle date di seguito, come nell'esempio.

0. rimanevo   (S): restavo
(paragrafo A)

1. provavo (A)   (S): _____   6. programmavano (C)   (S): _____
2. meno (A)   (O): _____   7. molto riposati (D)   (O): _____
3. molti (B)   (S): _____   8. grande città (E)   (O): _____
4. mi annoiavo (B)   (O): _____   9. Da bambino (E)   (S): _____
5. lentamente (C)   (O): _____   10. parchi (G)   (S): _____

11a Leggi l'intervista a Marco B., attore italiano, inserisci le domande del giornalista al posto giusto.

a. E a scuola come andavi? • b. E come è iniziata la tua carriera di attore? • c. Qual era la materia che ti piaceva di meno? • d. Quali erano i tuoi giochi preferiti? E con chi giocavi? • e. Marco, oggi sei un attore famoso e ti conosciamo bene. Ma da piccolo com'eri?

Giornalista (0):   *e. Marco, oggi sei un attore famoso e ti conosciamo bene. Ma da piccolo com'eri?*
Marco: Ero molto diverso da come sono oggi. Oggi sono una persona calma e tranquilla ma da piccolo ero molto attivo, correvo, saltavo, facevo gli scherzi a mio fratello, non stavo mai fermo, ero un bambino sempre in movimento.

Giornalista (1): _____

Marco: Giocavo con i miei amici, che poi erano i miei vicini di casa. Con loro giocavo spesso a calcio e a ping pong. Mio padre mi aveva comprato un tavolo da ping pong che tenevamo in garage, io e i miei amici passavamo le ore in quel garage a giocare. Stefano, il mio migliore amico era il più bravo di tutti. A calcio invece ero io quello che giocava meglio e tutti mi volevano in squadra.

Giornalista (2): _____

Marco: In autobus! Ahah scherzo! Non ero molto bravo, però mi piaceva la letteratura. Al liceo avevo un professore giovane e molto preparato, grazie a lui è nato in me l'interesse per la poesia e il teatro antico. L'anno scorso abbiamo recitato una commedia greca e ho proprio pensato a lui quando ci parlava delle opere teatrali greche. Era proprio bravo, riusciva ad avere l'attenzione di tutti, in classe c'era un gran silenzio e tutti lo ascoltavamo con grande interesse.

Giornalista (3): _____

Marco: A parte la letteratura, tutte le altre materie le amavo e odiavo allo stesso modo. Sicuramente la matematica, di sicuro è la materia che mi ha dato più problemi fin dai primi giorni di scuola. Guardavo con curiosità il mio compagno di banco che riusciva a fare tutto velocemente e senza pensare troppo. Ma per me era impossibile. Mia madre due volte a settimana mi mandava da un professore a fare lezioni private. Ma io non ci ho mai capito niente. E poi la matematica non mi piaceva per due motivi: mi sembrava una materia inutile che non era possibile usare fuori dalla classe, e poi perché secondo me era una materia fredda che non mi aiutava a crescere come persona; a me piacevano la letteratura e la storia, le avventure degli uomini e non quelle dei numeri.

Giornalista (4): _____

Marco: Guarda, quando avevo 20 anni andavo spesso al Museo Nazionale del Cinema a Torino perché mi piaceva l'atmosfera di quel luogo. Un giorno c'erano poche persone e un signore mi ha detto che avevo la faccia da attore. Poco dopo ho scoperto che quel signore era Ennio Annio, il famoso regista che tutti conosciamo e che è diventato poi il mio maestro.

Eserciziario unità 10

11b Leggi di nuovo il testo 11a e scegli la risposta corretta.

1. **Da bambino Marco era**
   a. simile a come è oggi.
   b. agitato e sempre in azione.
   c. molto unito al fratello.

2. **Giocava a ping pong**
   a. con suo padre.
   b. a casa sua.
   c. e vinceva sempre.

3. **A calcio**
   a. giocava molto bene.
   b. si annoiava spesso.
   c. vinceva sempre Stefano.

4. **A scuola**
   a. aveva problemi con il professore di letteratura.
   b. era uno dei più bravi della sua classe.
   c. ha iniziato ad amare il teatro e la poesia.

5. **Quando il professore parlava**
   a. gli studenti prendevano appunti.
   b. Marco e i compagni stavano attenti.
   c. i ragazzi non sembravano interessati.

6. **Quando faceva matematica**
   a. aveva un professore per aiutarlo.
   b. era veloce a fare i compiti.
   c. aiutava il compagno di banco.

7. **Secondo lui la matematica**
   a. era meno interessante della letteratura.
   b. serviva a capire molte altre cose.
   c. poteva aiutare i ragazzi a crescere.

8. **Ha iniziato la sua carriera di attore grazie**
   a. a un film visto in un cinema di Torino.
   b. a un suo amico che faceva l'attore.
   c. a un incontro casuale con un regista.

12 Ascolta come queste persone passavano le vacanze e per ognuna scegli la frase corrispondente. (ATTENZIONE! Ci sono due frasi in più!)

a. Insieme alla famiglia andava alle feste di paese e si divertiva a ballare.
b. Passava le giornate a leggere i libri che prendeva in prestito.
c. Durante le vacanze estive studiava con l'aiuto di un professore.
d. Andava con tutta la famiglia in luoghi dove non faceva caldo.
e. Una volta alla settimana mangiava fuori e guardava un film.
f. Passava le vacanze sempre nello stesso posto dove ritrovava gli stessi amici.
g. Per le vacanze restava a casa e non aveva amici per giocare.
h. Ogni anno andava a visitare un luogo diverso con i suoi genitori.

1. _____ / 2. _____ / 3. _____ / 4. _____ / 5. _____ / 6. _____

TEST UNITÀ 0-1-2

1. **Dialogo 1:** 1. informale; 2. di Madrid; 3. turca
   Dialogo 2: 1. piace; 2. non piacciono; 3. difficile
   Dialogo 3: 1. al distributore dell'università; 2. 5; 3. Alev
   Dialogo 4: 1. in classe; 2. una matita; 3. 3-3-9-76-57-83-5
2. Michele: 4, 5, 6, 7, 8 / Luisa: 1, 2, 3, 9, 10, 11, 12
3. 1. g; 2. b; 3. c; 4. e; 5. a; 6. d
4. 1. Un… una… La; 2. lo; 3. il… un'; 4. il… il
5. 1. studente turco; 2. studentessa australiana; 3. studenti spagnoli; 4. ragazze cinesi; 5. ragazza francese; 6. ragazzi francesi
6. 1. e; 2. f; 3. a; 4. b; 5. d; 6. c
7. 1. ha; 2. mangia; 3. beve; 4. prende; 5. legge; 6. ordina; 7. scrive; 8. ascolta
8. 1. di; 2. a; 3. in; 4. è; 5. in; 6. per; 7. ho; 8. mi piace; 9. mi piacciono; 10. bravi; 11. per; 12. di

TEST UNITÀ 3-4

1. 1. b; 2. a; 3. b; 4. a; 5. c
2. 1. mare; 2. centro commerciale; 3. piove; 4. gelato; 5. bar; 6. stanca; 7. cinema; 8. nove
3. 1. V; 2. F; 3. F; 4. F; 5. V; 6. V; 7. V; 8. F
4. 1. studia; 2. esce; 3. va; 4. ha; 5. fa; 6. bevono; 7. escono; 8. vanno; 9. torna; 10. fa; 11. gioca; 12. corre; 13. sta; 14. legge; 15. vanno; 16. deve; 17. vuole; 18. può
5. *stagioni*: estate, autunno, primavera, inverno; *mesi*: novembre, agosto, aprile, dicembre; *giorni della settimana*: domenica, mercoledì, sabato, martedì; *tempo atmosferico*: è brutto, piove, fa freddo, è bello
6. 1. martedì; 2. a; 3. inverno; 4. farmacia; 5. marzo; 6. stazione; 7. vento; 8. edicola; 9. volta; 10. tra/fra; 11. piscina; 12. nuvoloso; 13. marzo; 14. venerdì; 15. triste
7. FARE: shopping; sport; yoga; colazione; il cuoco
8. Quando ho tempo libero mi piace passeggiare. Vado al parco e vedo le persone che passeggiano come me. Al parco incontro anche molti ragazzi che corrono e guardo i bambini che giocano con la palla. Quando vado al parco sono sempre felice. Qualche volta nel mio tempo libero vado a casa di Sara: Sara è la ragazza che abita vicino a casa mia e ha un ragazzo che vuole fare il pasticciere: insieme prepariamo delle torte buonissime!

TEST UNITÀ 5-6

1. 1. c; 2. a; 3. c; 4. a; 5. b
2. 1. V; 2. F; 3. F; 4. V; 5. F; 6. V; 7. F; 8. V; 9. V; 10. F
3. 1. trovare; 2. telefono; 3. appuntamento; 4. giusta; 5. piedi; 6. divano; 7. città; 8. ascensore; 9. auto; 10. difficile; 11. luminoso; 12. si diverte
4. 1. si svegliano; 2. si fa; 3. si veste; 4. prepara; 5. lava; 6. sveglia; 7. vuole; 8. dice; 9. vengo; 10. si alza; 11. fa; 12. si toglie; 13. si prepara; 14. va; 15. si lava; 16. si cambia; 17. si mette; 18. escono; 19. deve; 20. può
5. 1. perché; 2. sto; 3. esco; 4. miei; 5. suo; 6. mia; 7. a; 8. facendo; 9. sa; 10. sua; 11. da; 12. con; 13. simpatici; 14. So; 15. grande; 16. doppia; 17. vivere; 18. vecchia; 19. vieni; 20. loro; 21. libera
6. 1. sul; 2. tra le; 3. Nel; 4. Nella; 5. Sul; 6. dell'; 7. al; 8. Nell'; 9. della; 10. sul; 11. delle; 12. Sulla

TEST UNITÀ 7-8

1. 1. c; 2. b
2. 1. c; 2. b; 3. a
3. 1. b; 2. a; 3. c; 4. b; 5. b; 6. a
4. 1. perdere; 2. vieni; 3. scegli; 4. la; 5. Le; 6. Ti; 7. Partecipa; 8. gli; 9. li; 10. Fa'/fai
5. 1. organizzare; 2. visitatori; 3. mondo; 4. palazzi; 5. vedere; 6. visita; 7. monumento; 8. centro
6. 1. siamo andati; 2. abbiamo fatto; 3. ha preso; 4. siamo stati; 5. abbiamo visto; 6. è stata; 7. mi sono addormentato/a; 8. ho avuto

TEST UNITÀ 9-10

1.

N°	capi d'abbigliamento & scarpe	numero di scarpe	taglia	prezzo
1	scarpe sportive-gonna corta-camicia bianca	38	44	80 €
2	maglietta	-	L	45 €
3	stivali marroni-guanti di pelle-vestito bianco	39	42	130 €

2. 1. e; 2. a; 3. f; 4. c
3. (2) **la** spesa degli italiani è cambiata… (3) in **queste** ultime settimane… (4) **nei** negozi ma anche online… (5) Le abitudini dei consumatori **italiani** stanno profondamente cambiando… (6) insieme alle uova, **al** latte a lunga conservazione… (7) A casa gli italiani cucinano, impastano, **passano** il tempo ai fornelli… (8) sono tutti **gli** ingredienti base delle ricette più classiche… (9) **Chi** non sa

Chiavi Test

cucinare o non ha mai cucinato… (10) a crescere come la **pizza** surgelata… (11) Da segnalare anche l'aumento notevole delle **vendite** di camomilla… (12) **preferisce** sempre la spesa online e i negozi vicino a casa… (13) periodo dello scorso **anno** gli acquisti sono infatti aumentati del 17,8%.

4. 1. Gli; 2. Lo; 3. gli; 4. gli; 5. le; 6. ne; 7. Le; 8. la; 9. lo; 10. li; 11. la; 12. la

5. 1. passavo; 2. facevo, 3. giocavo, 4. eravamo, 5. ci divertivamo, 6. tornavo, 7. mangiavo, 8. preparava, 9. uscivo; 10. potevano

6. 1. generosa… infatti; 2. pigri… e; 3. tranquilla… ma; 4. socievole… e. 5. sportive… ma; 6. timide… anche; 7. disonesto… infatti; 8. gelosa… perché; 9. nervoso… anche; 10. avari… ma

Chiavi Eserciziario

UNITÀ 0

1. 1. sono, sono; 2. sei, sono; 3. è, sono

2. 1. A: Ciao B: Ciao; 2. A: Piacere B: piacere; 3. A: Buonasera B: Buonasera; 4. A: Buongiorno B: Buogiorno; 5. A: ci vediamo B: a presto; 6. A: Arrivederci B: Arrivederci; 7. A: Ciao B: Ciao; 8. A: Buonanotte B: Buonanotte

3. 1. Ho capito; 2. Non lo so; 3. Non ho capito; 4. Ciao, come stai?; 5. Non c'è male; 6. Scusi, vado in bagno; 7. È difficile capire l'italiano; 8. Che cosa significa "lavagna"? 9. Scusi, può ripetere per favore? 10. Come si dice "cestino" in cinese? 11. Buongiorno signora Luisa, come sta? 12. Ciao, mi chiamo Marco. E tu, come ti chiami?

4. 1. d; 2. i; 3. g; 4. e; 5. h; 6. a; 7. m; 8. b; 9. l; 10. c; 11. f

5. libro; pagina; penna; quaderno; matita; lavagna; professore; zaino; cestino, sedia

6. 1. aprire; 2. ascoltare; 3. piacere; 4. leggere; 5. parlare; 6. scrivere; 7. ripetere; 8. collegare

7. aprire *il libro, la pagina, lo zaino*; ripetere *l'italiano, le parole*; leggere *il libro, le parole, la pagina*; scrivere *le parole*; parlare *l'italiano*; ascoltare *il professore, le parole*; capire *l'italiano, le parole, il professore*; collegare *le parole*

8.

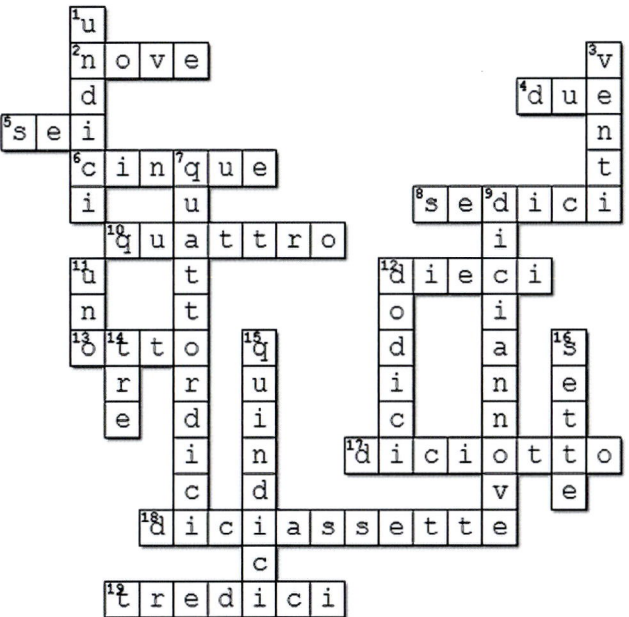

9. 1. A/B; 2. A; 3. B; 4. B; 5. A; 6. A/B; 7. A; 8. A; 9. A/B; 10. A/B; 11. A; 12. A; 13. B; 14. A/B; 15. A; 16. A; 17. B; 18. A/B

10. 1. F; 2. I; 3. F; 4. I; 5. I; 6. F; 7. F; 8. I

11. 1. penna, zaino; 2. libro, pagina; 3. parole, lentamente; 4. difficile; 5. studentessa; 6. capire, facile; 7. computer; 8. cestino, professore; 9. quaderno; 10. matita, sedia

UNITÀ 1

1. 2; 4; 5.

2. 1. giapponese; 2. argentino; 3. argentina; 4. cinese; 5. cinese; 6. italiano; 7. italiana; 8. turco; 9. tailandese

3. 1. Io… tu; 2. Lei… io; 3. Lei; 4. Lei; 5. tu; 6. Noi; 7. Loro; 8. Voi… noi

4. 1. è; 2. hanno; 3. ha; 4. siamo; 5. Sono; 6. hai; 7. Siete; 8. hanno.

5. 1. studenti italiani; 2. studentesse italiane; 3. studenti italiani; 4. ragazze spagnole; 5. ragazzi spagnoli; 6. ragazzi spagnoli; 7. ragazze francesi; 8. ragazzi francesi; 9. ragazzi francesi

6. a. centotredici; b. trecento; c. milleottocentoquindici; d. millenovecentoventuno; e. duemilauno; f. ventiquattromila; g. centomila

7. 1. Sì, il professore è di Firenze; 2. No, Pisa non è grande; 3. No, Diego non è francese; 4. Sì, Mila studia italiano; 5. No, (io) non ho il libro di italiano; 6. No, Le studentesse cinesi non hanno una penna; 7. Sì, (io) mi chiamo Maria; 8. No, Santiago non abita a Milano.

8. 1. F; 2. F; 3. V; 4. F; 5. V; 6. V; 7. F; 8. F; 9.V; 10. F

1. Mark è un professore di inglese; 2. Mark è inglese di Londra; 4. L'amica di Mark non è una professoressa; 7. Due studenti non sono in ritardo; 8. Gli studenti hanno il libro; 10. Mark scrive il nome e l'indirizzo e-mail

9. 1. B; 2. nessuno; 3. A; 4. A/B; 5. B; 6. A/B; 7. A/B; 8. nessuno; 9. B; 10. A/B; 11. B; 12. nessuno

10. C

11. 1. egiziana, 2. giapponese, 3. francese, 4. americano, 5. argentino, 6. spagnolo, 7. italiana, 8. australiane, 9. cinese, 10. tailandese

12. Testo 1: 1. F; 2. F; 3. V / Testo 2: 1. V; 2. F; 3. F; 4. V

13. lezione; classe; francesi; spagnole, libro; professore; 40; indirizzo; numero

14. a. 108, 2; b. 24; c. 580; d. 2500; e. 1984; f. 1000; g. 65; h. 40; i. 90; j. 721

15. 1. a; 2. b; 3. c; 4. a; 5. b; 6. b

Chiavi Eserciziario

UNITÀ 2

1. 1. cameriere; 2. barista; 3. cliente; 4. scontrino; 5. prendere; 6. ordinare; 7. offrire; 8. pagare; 9. birra; 10. aranciata

2. 1. un, un'; 2. uno; 3. uno; 4. un; 5. un'; 6. un; 7. uno; 8. un

3. 1. guarda; decide; 2. saluto; 3. prende; 4. mangi; 5. mangia; 6. offre; 7. offro; 8. chiede; 9. metti; 10. scrive

4. 1. studia; 2. offro; 3. studi; 4. prendi, prendo; 5. sei, sono; 6. legge, ordina; 7. hai; 8. ha, mangia

5. **il:** telefono, ristorante, bar, professore, libro, caffè, negozio, barista, cameriere, cliente, menù

   l' (maschile): indirizzo, ascensore, amico, aperitivo,

   lo: strudel, zucchero, studente, zaino, yogurt, scontrino, spritz, spuntino

   la: professoressa, studentessa, banca, tazza, gelateria, libreria, cliente, barista

   l' (femminile): aranciata, università, amica, aula, acqua, anguria

6. 1. l'; 2. lo; 3. un; 4. un', una; 5. lo; 6. il; 7. il, il; 8. una, La

7. 1. B; 2. C; 3. B; 4. B; 5. C; 6. B

8. 1. g; 2. h; 3. b; 4. f; 5. c; 6. d; 7. a; 8. e

9. 1. bevi, bevo, ho; 2. bevi, bevo; 3. bevo, bevi, ho; 4. beve, beve, hanno

10. Risposte aperte

11. 1. pizzetta; 2. ristorante; 3. offre; 4. cornetto; 5. quaderno; 6. università

12.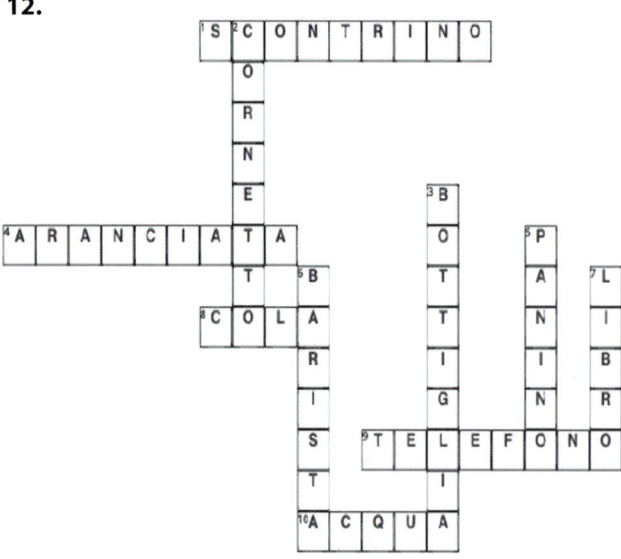

13. 1. F; 2. F; 3. V; 4. V; 5. F; 6. V

14. 1. V; 2. NP; 3. F; 4. V / macchiato caldo: d; lungo: f; ristretto: c; con un po' di cacao: g; con la panna: b; il cappuccino: e; la moka: a

15. 1. e; 2. d; 3. b; 4. c; 5. h; 6. f; 7. a; 8. g

16. **Dialogo 1:** 1. un tè; 2. 3 euro e 50; 3. lo scontrino

    Dialogo 2: 1. guarda il menù; 2. una piadina; 3. non prende

17. 1. V; 2. F; 3. NP; 4. V; 5. V; 6. F; 7. NP

18. 1. bistecca, verdure, spaghetti, gelato; 2. cappuccino, panino, aranciata, yogurt; 3. penna, quaderno, pane, carne, vino; 4. verdure, gelato, spaghetti, vino, pane

UNITÀ 3

1. 1. prendiamo; 2. vivo; 3. scrive; 4. prende; 5. leggete; 6. preferiscono; 7. chiedi; 8. partite; 9. risponde; 10. decidono

2. 1. andiamo; 2. vanno; 3. Vado, 4. andate; 5. Vai; 6. va

3. 1. i ragazzi; 2. la professoressa; 3. i libri; 4. l'aula; 5. gli strudel; 6. le aranciate; 7. la città; 8. i nomi; 9. lo zaino; 10. l'aperitivo; 11. i computer; 12. l'amico

4. 1. La; 2. gli; 3. i; 4. le; 5. l'; 6. le; 7. gli; 8. lo; 9. lo; 10. la; 11. i; 12. i; 13. il; 14. gli

5. 1. dalle, alle; 2. dalle, alle; 3. alle; 4. all'

6. 1. di; 2. a; 3. in; 4. all'; 5. a; 6. in; 7. a; 8. al; 9. da; 10. di; 11. in; 12. al; 13. in; 14. a; 15. di; 16. a; 17. al; 18. in

7. 1. all', a; 2. in; 3. della; 4. in, in; 5. alle; 6. a, in; 7. dall'; 8. del; 9. in; 10. al; 11. Da, da; 12. tra

8. 1. o, ma, o; 2. ma; 3. ma; 4. e, o, o

9. 1. f; 2. b; 3. d; 4. e; 5. c; 6. a; 7. f; 8. b; 9. b; 10. e; 11. e; 12. e; 13. b; 14. d

10. 1. F; 2. F; 3. V; 4. V; 5. F; 6. V

11. 1. V; 2. NP; 3. F; 4. V; 5. V; 6. NP; 7. F; 8. F; 9. V; 10. V

12. 1. F; 2. F; 3. V; 4. V; 5. NP; 6. F; 7. V; 8. F; 9. NP; 10. NP

13. 1. a; 2. b; 3. c; 4. b

14. 1. a; 2. a; 3. b; 4. a; 5. b

UNITÀ 4

1. 1. fai; 2. esco; 3. Andiamo; 4. prendiamo; 5. mangiamo; 6. Esci; 7. resto; 8. viene; 9. guardiamo; 10. giochiamo; 11. andate; 12. facciamo; 13. usciamo

2. 1. giochiamo; 2. paghi, pago; 3. fa, va; 4. facciamo, andiamo; 5. gioca; 6. fai, vado, fate; 7. vai, faccio

3.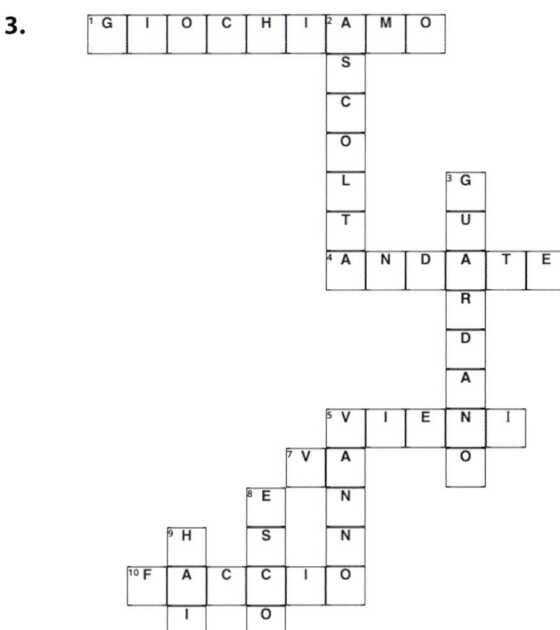

4. 1. posso, devo; 2. vogliono, devono; 3. può, deve; 4. vogliamo, Volete, possiamo, Dobbiamo; 5. vuole; 6. puoi; 7. vuoi, voglio, Potete; 8. possono

5. 1. Sei libero domani pomeriggio?; 2. Noi andiamo a giocare a basket alla playstation; 3. Ti va di venire in piscina con me?; 4. Prendiamo un aperitivo sul corso; 5. Devo studiare perché ho l'esame di italiano; 6. Nel fine settimana vado in piscina a nuotare; 7. Non mi piace la playstation; 8. Il mercoledì gioco a tennis con Sara; 9. Ciao Maria, vuoi uscire con me domani?; 10. Pronto, Lucia, che fai stasera?

6. **Dialogo A:** 1. b, 2. f, 3. d, 4. a, 5. e, 6. c
Dialogo B: 1. a, 2. f, 3. c, 4. e, 5. d, 6. b

7. A Roma è nuvoloso; A Milano piove/il tempo è brutto; A Palermo c'è il sole/il tempo è bello; A Torino c'è vento; A Trento è/fa freddo

8.

X	A	R	R	A	B	B	I	A	T	O
T	R	I	S	T	E	F	S	Z	H	B
K	T	A	N	N	O	I	A	T	O	W
N	P	F	Z	R	X	Q	C	W	Z	M
S	T	A	N	C	O	D	D	D	Q	H
A	C	A	N	E	R	V	O	S	O	X
Q	M	S	F	T	W	K	T	O	O	S
G	P	X	U	L	A	Y	N	M	T	B
F	E	B	Z	N	H	J	R	E	E	B
E	M	O	Z	I	O	N	A	T	O	W
L	N	B	F	E	L	I	C	E	L	X

1. NERVOSO; 2. EMOZIONATO; 3. ARRABBIATO; 4. STANCO; 5. FELICE; 6. TRISTE; 7. ANNOIATO

9. 1. V; 2. NP; 3. V; 4. NP; 5. F; 6. V; 7. NP; 8. V; 9. F; 10. F; 11. F; 12. V; 13. F; 14. NP; 15. V

10. 1. Marta, Matteo; 2. le persone; 3. Marta, Matteo; 4. Marta; 5. Luisa; 6. i bambini; 7. Saverio, Ernesto; 8. Marta, Saverio; 9. Ernesto; 10. Ernesto

11. **Dialogo 1:** A; **Dialogo 2:** R; **Dialogo 3:** R; **Dialogo 4:** A

12. **Dialogo 1:** 1a; 2b; 3a. **Dialogo 2:** 1b; 2b; 3a

UNITÀ 5

1. 2. cucina; 3. camera; 4. soggiorno; 5. posto auto; 6. studio; 7. terrazzo; 8. giardino; 9. ripostiglio; 10. ingresso

2. 1. doppia; 2. vecchio; 3. arredato; 4. grande; 5. luminoso; 6. singola; 7. buio; 8. occupato; 9. nuovo; 10. libero; 11. piccolo; 12. non arredato

3. 1. piccolo; 2. non arredato; 3. luminoso; 4. doppia; 5. vecchio; 6. destra; 7. libero; 8. dietro

4. 1. grande; 2. doppie; 3. piccola; 4. luminoso; 5. nuova; 6. arredata; 7. grandi; 8. vecchi; 9. piccolo

5. 1. nuovo; 2. luminosa; 3. doppia; 4. singola; 5. grande; 6. piccolo

6. 1. Ci sono; 2. C'è; 3. Ci sono; 4. ci sono; 5. Ci sono, c'è

7. 2. C'è una farmacia (d); 3. C'è una tv (f); 4. C'è uno studente francese (c); 5. Ci sono cinque clienti (a); 6. C'è l'ascensore (b)

8. 1. cucinare/invitare/cucino/mettere; 2. Vieni/vedi/viene; 3. guardo/gioco/ascolto

9.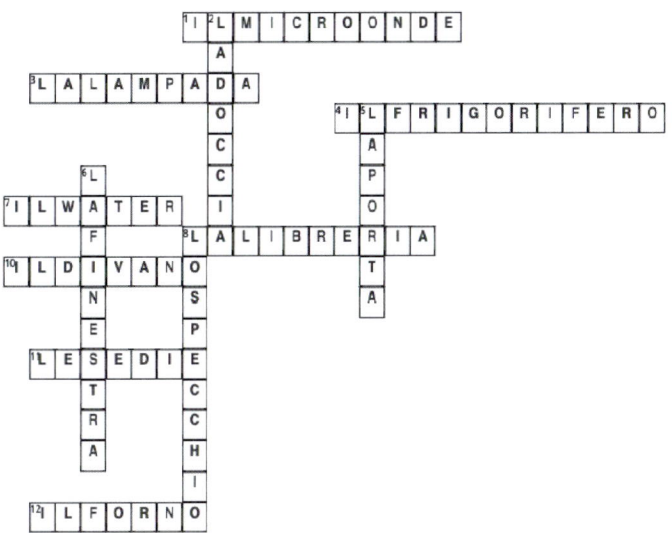

Chiavi Eserciziario

10. la cucina grande; il secondo piano; il water vecchio; la TV piccola; il primo piano; la camera buia; il giardino piccolo; la casa libera; il soggiorno luminoso

11. 1. V; 2. V; 3. F; 4. V; 5. F; 6. V; 7. F; 8. F; 9. V; 10. F.

12. a. 4; b. 3; c. 1

13. 1. V; 2. F; 3. V; 4. NP; 5. V; 6. F; l'appartamento di Lin è: b

14. **Dialogo 1:** b

    Dialogo 2: a

    Dialogo 3: 1.a; 2. b

UNITÀ 6

1. 1. h; 2. b; 3. e; 4. f; 5. g; 6. a; 7. i; 8. d; 9. l; 10. c

2. 1. mi alzo; 2. ci pettiniamo; 3. si trucca; 4. ti svegli; 5. voi vi preparate; 6. loro si lavano; 7. ci incontriamo; 8. mi metto; 9. io mi diverto; 10. si spoglia; 11. ci sentiamo; 12. lei si mette; 13. io mi annoio; 14. si siedono; 15. ti rilassi; 16. ci prepariamo; 17. lui si diverte; 18. ti vesti; 19. si pettinano; 20. vi addormentate

3. Possibile risposta: Santiago si sveglia alle sei e mezzo, poi si veste e si pettina. Fa colazione con latte e cereali ed esce di casa. Prende l'autobus alle 7:15 e arriva all'università alle 8. Alle 8:15 va a lezione di italiano. Pranza all'una con i suoi amici e studia nel pomeriggio con Luca. Alle 19 va in palestra, poi cena. Santiago si addormenta alle 23.

4. Risposta libera

5. 1. mi vesto, mi trucco; 2. si pettina; 3. veste; 4. lavate; 5. ci laviamo; 6. si spoglia; 7. sveglia; 8. trucca

6. 1. SCOPA; 2. STENDINO; 3. SHAMPOO; 4. PIATTI; 5. CAFFETTIERA; 6. PENTOLA; 7. PORTACENERE; 8. LAVATRICE; 9. ASCIUGAMANI; 10. OROLOGIO; 11. ASPIRAPOLVERE; 12. SPAZZOLA; 13. BICCHIERI; 14. LIBRI; 15. CARICABATTERIE; 16. TABLET

    Che cosa usi per…

    mangiare: *piatti;* lavare: *lavatrice;* lavarti i capelli: *shampoo;* asciugare: *stendino, asciugamani;* pulire: *aspirapolvere, scopa;* bere: *bicchieri;* fumare: *portacenere;* preparare il caffè: *caffettiera;* navigare su internet: *il tablet;* leggere: *libri;* sapere l'ora: *orologio;* caricare il telefono e il tablet: *caricabatterie;* pettinarsi: *spazzola;* cucinare: *pentola*

7. 1. il loro amico; 2. la sua professoressa; 3. il tuo appartamento; 4. i vostri biglietti; 5. la nostra città; 6. i miei documenti; 7. le sue borse; 8. i tuoi spaghetti; 9. le loro coinquiline; 10. i vostri zaini

8. 1. il suo; 2. il tuo; 3. il vostro; 4. la nostra; 5. Il mio; 6. Il nostro; 7. la sua; 8. la mia

9. 1. Sta leggendo un libro; 2. Sta bevendo un caffè; 3. Stanno facendo la spesa; 4. Si sta svegliando; 5. Stanno giocando; 6. Sta dormendo; 7. Stanno giocando a carte; 8. Sta vestendo il bambino; 9. Sta facendo la doccia; 10. Sta cucinando

10. 1. Conoscete; 2. sai; 3. Conosciamo; 4. Conosco; 5. sappiamo; 6. sapete; 7. sa; 8. sanno

11. 1. V; 2. F; 3. F; 4. V; 5. F; 6. V; 7. F

12. 1. F; 2. V; 3. V; 4. V; 5. F; 6. V; 7. V; 8. F; 9. V; 10. F

13. 1. V; 2. V; 3. F; 4. V; 5. NP; 6. V; 7. F; 8. V; 9. NP; 10. V; 11. F; 12. F

14. 1. b; 2. C; 3. A; 4. b

UNITÀ 7

1. 1. ponte d; 2. piazza f; 3. semaforo e; 4. fiume h; 5. grattacielo a; 6. teatro g; 7. palazzo b; 8. incrocio j; 9. strada i; 10. angolo c.

2. 1. vuole; 2. ci vogliono; 3. vogliamo; 4. ci vuole… ci vuole; 5. ci vogliono; 6. volete

3. 1. Attraversa; 2. Prendi; 3. Gira; 4. Fermati; 5. Continua; 6. Vai; 7. Attraversa; 8. Non girare

4. **A:** 1. a destra; 2. all'incrocio; 3. gira / **B:** 4. vai; 5. prendi; 6. continua

5. 1. abbi; 2. dai/da'; 3. sii; 4. stai/sta'; 5. di'; 6. fai/fa'; 7. sappi; 8. vai/va'

6. 1. Svegliati; 2. alzati; 3. addormentarti/ti addormentare; 4. Vai/Va'; 5. lavati; 6. pettinati; 7. vestiti; 8. Fai/Fa'; 9. fermarti/ti fermare; 10. perdere; 11. cerca; 12. ti preoccupare/non preoccuparti

7. 1. Lo; 2. Le; 3. Li; 4. la; 5. li; 6. le; 7. la; 8. lo

8. 1. Giulia ama la Cina e ci va ogni estate; 2. Mi piace il cibo della mensa e ci vado spesso a pranzo; 3. Vicino al mio appartamento c'è un grande parco e ci vado a correre tutti i giorni; 4. Andate spesso al cinema? Sì, ci andiamo tutte le settimane; 5. Anna prepara la pizza e ci mette molta mozzarella perché sa che mi piace molto; 6. Preparo la valigia per le vacanze e ci metto i miei vestiti; 7. Marco e Gianni vanno sempre a studiare in biblioteca e ci vanno anche domani; 8. Come vai

all'università? Ci vado in metropolitana.

9.

10. 1. Il postino... all'; 2. La barista... al; 3. Il vigile... per; 4. L'operaio... in; 5. Il cuoco... al; 6. Il muratore... in; 7. Il pescatore... in; 8. La contadina... in

11. Genova: 1; 2; 4; 5; 7 / Ravenna: 3; 6; 9; 10 / Tutte e due: 8

12. 1. di; 2. suoi; 3. da; 4. del; 5. al; 6. sue; 7. Nelle; 8. quando; 9. in; 10. dopo

13. 1. all'aperto; 2. passeggiata; 3. giro; 4. bicicletta; 5. parco; 6. isola; 7. possibilità; 8. palazzi; 9. assaggiare; 10. pesce

14. **Dialogo 1:** 1 c; 2. b / **Dialogo 2:** 1 b; 2. b / **Dialogo 3:** 1b; 2c

UNITÀ 8

1. 2. pane - i; 3. risotto ai funghi - h; 4. gelato alla vaniglia - d; 5. crostini misti - f; 6. spaghetti allo scoglio - j; 7. lasagne – g; 8. tiramisù - l; 9. spaghetti al pomodoro - k; 10. acqua naturale - b; 11. insalata mista - e; 12. cotoletta alla milanese - c

2. 1. CA; 2. CL; 3. CL; 4. CA; 5. CL; 6. CA; 7. CA; 8. CL; 9. CA; 10. CA; 11. CA; 12. CA

3. a. 1; b. 9; c. 6; d. 3; e. 7; f. 4; g. 5; h. 2; i. 8; j. 10

4. Avere: abitare; pensare; viaggiare; passeggiare; nuotare; dormire; telefonare; ballare; giocare; prenotare; sentire

   Essere: andare; venire; arrivare; partire; ritornare; entrare; uscire; alzarsi; essere; stare; rimanere; piacere; divertirsi; diventare; fermarsi; nascere; morire

5. 1. è andata; 2. è arrivato; 3. ha comprato; 4. sono partiti; 5. ho fatto; 6. sono rimaste; 7. è nata; 8. è morto; 9. hanno messo; 10. hanno passato

6. *nasce: è nata... muore: è morta* (1) maggio... *inizia: ha iniziato... prende: ha preso... continua: ha continuato...* (2) studiare... *partecipa: ha partecipato...* (3) Nel... *diventa: è diventata... balla: ha ballato... Danza: Ha danzato... è: è stata...* (6) *balla: ha ballato... porta: ha portato...* (7) piazze

7. comprare, *comprato;* avere, *avuto;* dormire, *dormito;* venire, *venuto;* essere, *stato;* fare, *fatto;* piacere, *piaciuto;* vendere, *venduto;* potere, *potuto;* partire, *partito;* uscire, *uscito;* stare, *stato;* scrivere, *scritto;* perdere, *perso;* morire, *morto;* nascere, *nato;* mettere, *messo;* bere, *bevuto;* prendere, *preso;* decidere, *deciso*

8. 1. Invece stamattina ha scritto un post su Instagram; 2. Invece l'estate scorsa sono andati in Spagna; 3. Invece sabato scorso sono andato/-a a teatro; 4. Invece stamattina hanno fatto un giro in bicicletta: 5. Invece ieri sera sono state al cinema; 6. Due giorni fa ha perso le chiavi della macchina al supermercato

9. a. annoiarsi; b. divertirsi; c. alzarsi; d. truccarsi; e. svegliarsi: f. addormentarsi; g. pettinarsi; h. riposarsi; i. lavarsi

   1. si è alzata; 2. mi sono svegliato/a; 3. ci siamo riposati/e; 4. si è lavato; 5. si sono pettinate; si sono truccate; 6. vi siete divertiti; ci siamo annoiati; 7. ti sei addormentato; 8. si sono lavati

10. 1. Lui ha già fatto la spesa; 2. Lui non ha ancora fatto la spesa; 3. Noi non abbiamo ancora bevuto il caffè; 4. Noi abbiamo già bevuto il caffè; 5. Lui ha già messo la mascherina; 6. Lui non ha ancora messo la mascherina; 7. Lei ha già aperto l'ombrello; 8. Lei non ha ancora aperto l'ombrello

11. 1. gli; 2. gli; 3. mi; 4. le; 5. ti; 6. vi; 7. mi; 8. ci

12. 1. d, 2. b, 3. c, 4. a

13. 1. b; 2. a; 3. c; 4. b

14. 1. V; 2. V; 3. F; 4. NP; 5. V; 6. F; 7. NP; 8. F; 9. V; 10. NP

15. 1. V; 2. V; 3. F; 4. V; 5. F; 6. F; 7. V; 8. V; 9. F; 10. F

16. 1. c; 2. a; 3. a; 4. b; 5. a; 6. c

UNITÀ 9

1. il cappotto blu; la gonna rosa; gli occhi neri; la felpa arancione; la maglietta rossa; il piumino verde; il vestito viola; i pantaloni marroni; il giubbotto grigio; i calzini neri

2. a. 8; b. 10; c. 7; d. 2; e. 12; f. 4; g. 3; h. 5; i. 11; l. 6; m. 9; n. 1

3. 2. f; 3. d; 4. b; 5. e; 6. c; 7. h; 8. g

4. 2. c; 3. f; 4. g; 5. a; 6. e; 7. i; 8. h; 9. d

5. 1. ne; 2. ne; 3. li; 4. ne; 5. ne; 6. ne; 7. ne, ne; 8. ne, lo

6. 1. ho chiuso; 2. ha aperto; 3. ha detto; 4. Ho perso; 5. ho preso; 6. è rimasto; 7. ho fatto; 8. ho messo; 9. ho letto; 10. ho visto; 11. ha chiesto; 12. è nato

7. 1. mi; 2. ti; 3. le… le; 4. gli; 5. ci; 6. la; 7. la; 8. li; 9. Li… li; 10. le… la

8. 1. li ho visti; 2. li trovo; 3. li ha presi; 4. L'hai vista; 5. l'ha portata; 6. l'ha già mangiato; 7. chiediglli; 8. lo sanno; 9. le ho detto; 10. l'hai invitata; 11. l'ho invitata; 12. mi ha detto

9. 1. NP; 2. P; 3. P; 4. P; 5. NP; 6. NP / a. 3; b. 4; c. 8; d. 2; e. 1; f. 5; g. 7; h. 6

10. 1. Miao; 2. Miao, Lore19; FranceB; 3. Lore19; 4. Lore19; 5. Vale18; 6. Vale18, AliceH; 7. AliceH; 8. FranceB

11.

prodotto	caratteristiche	quantità	prezzo
mele	rosse biologiche	un chilo	4 €
arance	siciliane	un chilo	2,50 €
banane	del Brasile	due confezioni	3,70 €
latte	fresco intero	un litro	1,40 €
carne di manzo	100% italiano	un etto	2,35 €
prosciutto	crudo di Norcia	un etto	3,90 €
pasta	spaghetti/penne	2 pacchi	0,80 €
marmellata	biologica artigianale	un vasetto	3,15 €

	lunedì - venerdì	sabato	domenica
Orario	8.00 - 21.00	8.00 - 18.00	9.00 - 13.30

12. A

UNITÀ 10

1. 1. nonno; 2. cugino; 3. padre; 4. fratello; 5. cugina; 6. madre; 7. nipote; 8. nuora; 9. moglie; 10. nonna

2. 1. suo; 2. mio; 3. i suoi; 4. i vostri; 5. il suo; 6. i nostri; 7. la mia, 8. tuo; 9. la loro; 10. la mia

3. 1. i; 2. i; 3. X; 4. la; 5. X; 6. X; 7. le; 8. i; 9. X; 10. i; 11. i; 12. il; 13. X; 14. X; 15. i; 16. la; 17. il; 18. la

4. 1. erano; 2. rimanevano; 3. partivano; 4. erano; 5. andavo; 6. facevo; 7. rimanevo; 8. trascorrevo; 9. passavo; 10. ero; 11. rimanevo; 12. stavo; 13. restavo; 14. piaceva; 15. mi mettevo

5. 1. anziano… bianca; 2. corti… ricci; 3. magro… alto; 4. verdi e grandi; 5. scura… brutto; 6. rossi; 7. biondi; 8. calvo

6. 1. pigro/a; 2. timido/a; 3. nervoso/a; 4. sportivo/a; 5. socievole; 6. onesto/a; 7. avaro/a; 8. disonesto/a; 9. generoso/a; 10. tranquillo/a

7. 1. g potrebbe; 2. h potresti; 3. c potresti; 4. a potrei, dovresti; 5. f dovrei, potresti; 6. d dovrebbe; 7. e vorrebbe, piacerebbe; 8. b saresti, sarei

8. 1. qualcosa; 2. tutti; 3. nessuno; 4. niente; 5. qualche; 6. tutte; 7. qualcuna; 8. ogni

9. 1. c; 2. a; 3. b; 4. b; 5. c; 6. a; 7. b; 8. a

10. 1E; 2A; 3G; 4D; 5B; 6F; 7H; 8C / 1. cercavo; 2. più; 3. tanti; 4. mi divertivo; 5. velocemente; 6. decidevamo il programma; 7. stanchissimi; 8. piccolo centro; 9. Da piccolo; 10. giardini pubblici

11a. 1. d; 2. a; 3. c; 4. b

11b. 1. b; 2. b; 3. a; 4. c; 5. b; 6. a; 7. a; 8. c

12. 1. g; 2. f; 3. c; 4. d; 5. e; 6. b

Fonti

U0 Per cominciare
Frasi utili
- Questura: www.foggiatoday.it/~media/horizontal-hi/430 44806146186/questura-di-foggia-12.jpg
- Non posso venire a lezione: www.parrocchialucrezia.it/ images/cover/il-banco-vuoto-hp3.jpg

U1 Di dove sei?
- Attività 4

    https://www.unito.it/sites/default/files/styles/paragrafo grande /public/contenuto_generico/immagini/segreterie_studenti.jpg? itok=SdIOYJjn

U2 Prendiamo un caffè?
- Attività 2
    11. Pizzetta: www.puntocaldo.it/wp-content/uploads/2019/10 /pizzetta-1024x1024.jpg
    12. Scontrino: www.ilmessa ggero.it/photos MED/66/54/49566 54_23_2020-01-01_TLB.jpg
- Attività 4

    Amaro: www.intavoliamo.it/Info/media/k2/items/cache/67 fbf663b0b6a7c227eb8b80a52fdec6_XL.jpg?t=20201216_1 51746

    Acqua tonica: https://www.bevandeadomicilio.com/2530 -large_default/fever-tree-tonica-vendita-miglior-prezzo.jpg
    Scontrino: www.ilmessaggero.it/photos/MED/66/54/495665 4_23_2020-01-01_TLB.jpg
- Attività 9

    Manga: images-na.ssl-images-amazon.com/images/I/71OuA 3MDoFS.jpg

U3 Milano andata e ritorno!
- Attività 1.1

    Tabaccheria: www.nanopress.it/wp-content/uploads/2015 /05/licenza-tabacchi.jpg
    Farmacia: https://besport.org/sportmedicina/wp-content /uploads/2010/09/1440267109puertas-de-farmacia.jpg
    Biglietto: http://www.studentepercaso.com/wp-content/ uploads/2014/11/biglietto-treno.jpg
- Attività 10.1
    3. estensemedialibrary.s3.eu-west-1.amazonaws.com/wp- content/uploads/2020/08/05174717/treno_biglietto.jpg
    5. ilcaffe.tv/wp-content/uploads/2016/02/882.png
    6. www.studentepercaso.com/wp-content/uploads/2014/11/ biglietto-treno.jpg
    7. www.piacenzasera.it/photogallery_new/images/2018/10/ ritardo-treni-138239.660x368.jpg
    8. https://tessere.org/wp-content/uploads/2018/07/Oblitera- trici-trenitalia-2-2-225x300.jpg

U5 Camera singola o appartamento?
- Che cosa impariamo?

    Appartamento: pwm.im-cdn.it/image/107218843 9/cover-m-c.jpg

U6 Che giornata!
- Attività 5
    1. stendino: miglioriprodotti.com/wp-content/uploads/2021/ 08/stendino-elettrico.jpg

U7 Gira a destra e poi sempre dritto!
- Che cosa impariamo?

    Ponte: upload.wikimedia.org/wikipedia/commons/2/26/Lungarno %2C_Pisa_-_middle_bridge.JPG
- Attività 3

    Napoli
    9. https://static.fanpage.it/wp-content/uploadssites/4/2019/12/sta- zione-centrale-napoli-1575377835640.jpg
    10. upload.wikimedia.org/wikipedia/commons/9/91/Piazza_Plebisci- to_-_panoramio.jpg
    11. https://live.staticflickr.com/5571/15227809862_81a5f57d57_z.jpg
    12. https://upload.wikimedia.org/wikipedia/commons/3/38/Cristo_Vela- to_Volto.jpg
    13. https://upload.wikimedia.org/wikipedia/commons/3/38/ChiesaSan DomenicoMaggiore.JPG

    Pisa
    17. https://upload.wikimedia.org/wikipedia/commons/d/dc/Campanile _di_San_Francesco_%28Pisa%29_-_Dettaglio.jpg
    19. upload.wikimedia.org/wikipedia/commons/2/26Lungarno%2C_ Pisa_-_middle_bridge.JPG
    20. upload.wikimedia.org/wikipedia/commons/9/9d/Pisa_-_Palazzo_ blu.JPG

U8 Che vita stupenda!
- Che cosa impariamo?

    Ravioli: blog.giallozafferano.it/delizieinpentola/wp-content/uploads /2020/05/Ravioli-alla-crescenza-con-ragu-di-salsiccia.jpg
- Attività 1

    Penne all'amatriciana: appetit-sa.ch/ti/wp-content/uploads/2020 /12/amatriciana-big.jpg
    Salsicce e fagioli: www.ricettariotipico.it/system/files/styles/img_ 550x500_scale_and_crop/private/ricette/stufato_di_fagioli_e_ salsiccia.jpeg?itok=KNsLJ0Iy
    Tonno alla piastra: www.ilgiornaledelcibo.it/wp-content/uploads /2008/11/filetto-di-tonno-ai-ferri-con-salmorgilio-arancia-e-menta.jpg
    pollo arrosto con patate: www.oggi.it/cucina/wp-content/uploads /sites/19/2014/07/PolloTacchino27g-473x330.jpg
    orata al forno: wips.plug.it/cips/buonissimo.org/cms/2018/10/ Orata-al-forno-con-patate.jpg
    verdure grigliate: www.ricettasprint.it/wp-content/ uploads/2018/ 08/verdure-grigliate-alpesto.jpg
- Attività 4.1

    Pollo gongbao: www.vivailpollo.it/wp-content/uploads/2014/08/ Gongbao-di-pollo_rid.jpg
- Attività 7
    3. Collezione di pipe: napoli.repubblica.it/ima-ges/2014/04/ 13/174922755-e31bd380-7166-483f-b60f-15a3f89b4c7b.jpg

Unità 9 Che taglia porti?
- Che cosa impariamo?

    Gonna: m.media-amazon.com/images/I/81CXed44ehL._AC_UL3 20_.jpg
    Felpa: m.media-amazon.com/images/I/918UZlbggTL._AC_UY60 6_.jpg
    Cappello: m.media-amazon.com/images/I/61D1Wwu4OpL._AC_ UX679_.jpg
    Scarpe: cdn.fashiola.it/L672749555/balenciaga-pu-mps-essex-in- pelle.jpg
    A quadri: m.media-amazon.com/images/I/61VV-AXIIPL._AC_UX3 85_.jpg
- Attività 2.1
    3. m.media-amazon.com/images/I/71LGoXWKXXL._AC_UX679_.jpg
    5. m.media-amazon.com/images/I/61pSWFAP26L._AC_UX679_.jpg
    8. m.media-amazon.com/images/I/71Vj7JeGOKL._AC_UX342_.jpg

Fonti

10. m.media-amazon.com/images/I/71j-pEDdgrL._AC_UX679_.jpg
11. m.media-amazon.com/images/I/61Ajyt5WFfL._AC_UX522_.jpg
12. m.media-amazon.com/images/I/918UZlbggTL._AC_UY606_.jpg
13. m.media-amazon.com/images/I/51DrcvQM6SL._AC_SX425_.jpg
14. m.media-amazon.com/images/I/61mKzqx0wUL._AC_UL320_.jpg
15. m.media-amazon.com/images/I/51OIpFfTXrL._AC_UX385_.jpg
16. m.media-amazon.com/images/I/71IGZF1WhYL._AC_SX466_.jpg
17. m.media-amazon.com/images/I/61D1Wwu4OpL._AC_UX679_.jpg
18. m.media-amazon.com/images/I/71Rk5K-gjYL._AC_UL320_.jpg
19. m.media-amazon.com/images/I/61pyY2SAaVL._AC_UY606_.jpg
20. m.media-amazon.com/images/I/61uGoPKmkPL._AC_UX679_.jpg

- Attività 3.1
    a. m.media-amazon.com/images/I/61NC274aMtL._AC_SY450_.jpg
    c. quattro-stagioni.it/50448-home_default/giacca-bianca-con-bottoni-a-contrasto-dsquared2-s75bn0779s48427-100.jpg
    e. m.media-amazon.com/images/I/61Pf1Nim7RL._AC_UX679_.jpg
    g. m.media-amazon.com/images/I/415GROU+RML._AC_.jpg
    i. m.media-amazon.com/images/I/61Hd373Vb1L._AC_SY450_
    j. cdn.fashiola.it/L672749555/balenciaga-pumps-essex-in-pelle.jpg
    k. m.media-amazon.com/images/I/41BsK35T4yL._AC_SY450_.jpg
    l. m.media-amazon.com/images/I/81hdz7k9bcL._AC_UX522_.jpg
    m. m.media-amazon.com/images/I/81497+KuGEL._AC_UY879_.jpg
    n. image3.stileo.it/images/91457321/ts/scarlet-darkness-gonna-retro-rinascimentale-a-vita-alta-a-linea-ad-a-marrone-m-amazon-marroni.jpg
    p. m.media-amazon.com/images/I/51ts7GwHUCL._AC_UX679_.jpg
    r. image1.stileo.it/images/78739404/ts/killtec-combloux-wmn-ski-jckt-a-amazon-arancione.jpg
    s. m.media-amazon.com/images/I/61mMU5yTYFL._MCnd_AC_UL320_.jpg

- Attività 4.2
    80€: m.media-amazon.com/images/I/61x4QLerYcL._AC_UX522_.jpg
    30€: m.media-amazon.com/images/I/61-1n2h5+gL._AC_UL320_.jpg
    20€: m.media-amazon.com/images/I/31s5ity6H2S._AC_UL320_.jpg
    40€: m.media-amazon.com/images/I/71ED2PhDPaL._AC_UY606_.jpg
    35€: m.media-amazon.com/images/I/71VSpHXGl3L._AC_UX569_.jpg
    60€: m.media-amazon.com/images/I/81JRYdMsXiL._AC_UX569_.jpg
    25€: m.media-amazon.com/images/I/41Ns8VEh5xL._AC_SX425_.jpg
    40€: m.media-amazon.com/images/I/81X8zOFpqtS._AC_UY606_.jpg
    5€: m.media-amazon.com/images/I/61hyTuatB8L._AC_UY606_.jpg
    25€: m.media-amazon.com/images/I/6101FjnkI0L._AC_UX679_.jpg
    15€: m.media-amazon.com/images/I/51YaQ+d4GCL._AC_UX385_.jpg

- Attività 5.1
    1. un vasetto: m.media-amazon.com/images/I/31CjhGAOGaL._AC_SX425_.jpg
    2. due etti: m.media-amazon.com/images/I/51zD0vzeRHL._AC_SX425_.jpg
    4. un pacco: bennet-cdn.thron.com/delivery/public/thumbnail/bennet/24a78914-78ac-4bf0-a9e9-3298d2745935/BEB9AN0/std/1000X1000/M_2682409_1.jpg
    6. tre confezioni: m.media-amazon.com/images/I/81akilWH5xL._AC_SX679_.jpg

Unità 10 In questa foto che cosa facevi?
- Attività 1
    c. m.media-amazon.com/images/I/41UmJ2PBpuL._AC_SX425_.jpg

TEST
Unità 0-2
- Attività 2
    1. https://upload.wikimedia.org/wikipedia/commons/d/dd/Cornetto alla_crema.jpg

    4. www.puntocaldo.it/wp-content/uploads/2019/10/pizzetta-1024x1024.jpg

Quaderno degli esercizi
Unità 3
- Attività 5
    Biblioteca della Scuola Normale Superiore di Pisa: citynews-pisatoday.stgy.ovh/~media/61876572292093/nuovo-ingresso-biblioteca-scuola-normale-nuove-sale-interno-palazzo-dell-orologio-2-2.jpg

Unità 7
- Attività 11
    Piadina: www.sognoincucina.it/wp-content/uploads/2017/08/IMG_5244.jpg

Unità 9
- Attività 12
    m.media-amazon.com/images/I/61buWu48aIL._AC_UL1000_.jpg

Attenzione! Tutte le altre immagini non presenti in questo elenco sono state prese da www.shutterstock.com e www.pixabay.com.